한국 근대성 연구의 길을 묻다

한국 근대성 연구의 길을 묻다

장석만·권보드래·김석근·신동원·오성철·유선영·윤해동·천정환 지음

2006년 10월 16일 초판 1쇄 발행
2013년 6월 10일 초판 2쇄 발행

펴낸이 한철희 | 펴낸곳 돌베개 | 등록 1979년 8월 25일 제406-2003-000018호
주소 (413-756) 경기도 파주시 회동길 77-20 (문발동)
전화 (031) 955-5020 | 팩스 (031) 955-5050
홈페이지 www.dolbegae.com | 전자우편 book@dolbegae.co.kr

책임편집 박숙희 | 편집 김희진·이경아·윤미향·김희동·서민경
표지디자인 박정은 | 본문디자인 박정영·이은정 | 인쇄·제본 영신사

ⓒ 장석만 외, 2006

ISBN 89-7199-247-6 03300
책값은 뒤표지에 있습니다.

이 도서의 국립중앙도서관 출판시도서목록(CIP)은 e-CIP 홈페이지
(http://www.nl.go.kr/cip.php)에서 이용하실 수 있습니다.(CIP제어번호: CIP2006001746)

한국 근대성 연구의 길을 묻다

장석만·권보드래·김석근·신동원·오성철·유선영·윤해동·천정환 지음

돌베개

차례

- 서론: 우리에게 근대성 공부는 무엇인가 _ 장석만   7

- 새로운 맹목을 찾아서 _ 권보드래   41
- 근대의 문학, 탈근대의 문화 _ 천정환   71
- 20세기 전후 한국 사회의 위생, 의학과 근대성 _ 신동원   95
- 식민지 교육 연구 잡감 _ 오성철   139
- 나의 공부 _ 장석만   169
- 나의 근대: 연관된 아이러니의 세계 _ 윤해동   189
- 근대성과 내셔널리즘, 그리고 국민국가 _ 김석근   221
- 황색식민지의 근대성과 아메리카나이제이션 _ 유선영   253

서론: 우리에게 근대성 공부는 무엇인가

장석만

이 책은 한국의 근대성을 공부하는 사람들이 쓴 글을 모은 것이다. 이 글을 읽으면 왜 이들이 한국의 근대성이란 주제에 대해 관심을 갖게 되었는지, 그리고 이들이 그동안 해온 공부의 내용이 어떤 것인지 알 수 있다. 그러면서 우리는 자연스럽게 한국의 근대성에 관한 공부가 우리에게 어떤 의미를 지니고 있는지 묻게 된다. 왜 우리가 한국의 근대성에 대해 질문을 던져야 하는지, 그것이 지금 우리의 삶과 어떤 관계가 있는지 말이다. 결국 이런 물음은 왜 공부하고 있는지의 문제로 우리를 이끈다. 도대체 공부는 무엇이고, 우리는 왜 공부라는 것을 하고 있는 것인가? 그리고 지금, 우리가 하고 있는 공부의 정체는 무엇인가? 이런 근본적인 문제에 쉽게 답할 수 있는 것은 아니지만, 이들의 글을 읽다보면 조그만 단서를 찾을 수 있지 않을까 한다. 이런 근본적인 물음을 곰곰이 생각해보는 것은 공부와 연관된 우리의 삶을 다르게 보도록 만들 수 있다. 한국의 근대성 공부에 관한 이 책이 우리의 공부 자세를 진지하게 되돌아보는 계기를 마련해준다면 더 바람직한 일이 없을 것이다.

서론은 지금 우리에게 나타나 있는 공부의 모습에서 시작하여, 어째서 이 모양의 공부가 우리의 삶에 주어지게 되었는지, 그리고 공부라는 것을 어떻게 이해해야 하는지, 또 한국 근대성을 묻는 것이 우리의 공부에 어떤 도움이 되는지에 관한 내용이다. 서론은 문제를 제기하는 것이지 그에 대한 답은 아니다. 어차피 서론은 다른 여러 가지 문제의식을 전제하면서 하나의 실마리를 던질 뿐이다. 이에 호응하여 여러 다른 물음과 그에 대한 답변이 제기되기를 바라마지 않는다.

■ 공부는 고통스럽고 재미없다

> 나는 공부를 못해서 걱정이다.
> 집에 가마 맞기마 한다.
> 내 속에는 죽는 생각만 난다.[1]

초등학교 3학년 아이의 이 시는 공부라는 것이 얼마나 고통스러울 수 있는지를 잘 보여준다. 그는 공부를 못한다고 늘 구박을 받으며, 집에서 얻어맞기 일쑤다. 십년 남짓 산 그의 인생은 때 이르게 삶의 의미를 묻는다. 학교에서나 집에서 공부의 강압 속에 시달리면서 그가 떠올릴 수 있는 출구는 바로 '죽어버리는 것'이다. 이 아이에게 공부는 너무나 고통스러워서 죽어서야 비로소 그로부터 탈출할 수 있는 것이다.

이런 고달픈 상황은 공부 못하는 이 아이만의 것이 아니다. 공부를 잘하는 이들도 공부가 고통스럽기는 마찬가지다. 우리는 거의 누구나 공부하는 동안에는 즐거움이 없다고 생각한다. 공부의 즐거움이 있다면, 그것은 공부의 과정에서 절대 얻을 수 없다. 다만 공부가 성공적으로 끝났다고 여길 때, 이른바 '출세'를 한 다음 회고적인 시선을 가지고 자신의 과거를 정리할 때, 비로소 그때의 공부가 즐거웠노라고 말할 따름이다.

---

[1] 「공부를 못해서」, 이오덕, 『삶을 가꾸는 글쓰기 교육』, 도서출판 보리, 2004, 220쪽.

사는 것도 공부와 같다. 우리는 사는 것이 괴로움 자체이고, 결코 고통스러움을 벗어날 수 없다고 여긴다. 이 경우, 사는 것과 공부하는 것은 괴로움으로 서로 연결된다. 공부의 괴로움은 필연적이며, 고통은 공부라는 것에 원래부터 내재되어 있다고 보는 것이다.

하지만 우리 대부분은 사는 것과 공부가 고통스럽다는 공통점 이외에 별 연관성이 없다고 생각한다. 학교 공부와 삶은 연관성이 없는 별개의 것일 뿐이다. 공부를 잘한다고 해서 사회에서 반듯한 모범이 되는 것은 아니다. 공부는 기껏해야 이상理想적인 차원에서 당위를 언급할 뿐이며, 대개 '공염불'처럼 현실과 동떨어져서 현실을 오도하는 폐단을 불러오는 것이라고 본다. 뻔하고 듣기 좋은 말, '있으나마나 하나마나한' 말, 현실의 실상을 감추고 왜곡하는 말을 늘어놓는 기술이 바로 공부를 해서 얻은 것이다.

물론 공부와 삶 사이의 이런 간격에 대하여 공부보다는 삶 쪽에 비난을 돌리는 견해도 있다. 공부는 올바른 길을 제시하지만, 현실의 삶이 그것을 따르지 않고 쉽고 편한 길을 택하여 문제가 발생한다는 것이다. 이 경우, 공부의 잘못은 없다고 생각한다. 오히려 밤하늘의 북극성처럼 늘 해온 대로 공부의 원칙이 지속되기를 바란다. 우리의 삶이 잘되는 것은 공부가 제시해주는 이상적인 방향을 따라감으로써 이루어진다는 것이다. 하지만 여기서 왜 현실의 삶이 공부의 방향을 따를 수 없게 되었는지는 말해주지 않는다. 간혹 인간의 본래적인 악의 속성 때문에 그렇다고 주장하는 자도 있지만, 이런 식의 선험적인 전제를 내세우며 말문을 닫는 것은 일종의 폭력이라고 할 수 있다. 더구나 공부의 첫걸음은 이렇게 말문을 막는 전제를 꼼꼼하게 살피는 데서 시작하는 것이 아닌가.

지금의 공부를 옹호하든지 비난하든지 공부를 재미없고, 지루하며, 고통스러운 것으로 여기는 것은 마찬가지다. 그리고 상당수 사람들이 공부는 정작 중요한 문제인 우리의 삶과 별로 관계가 없다고 생각한다. 이러한 공부관을 가지게 될 경우, 우리가 취할 방도의 범위는 그리 넓지 않다. 공부를 시키려면 지금의 힘겨움을 참고 견딜 만한 미래의 보상을 분명하게 제시하든지, 여러 가지 공부 가운데 그나마 실용적인 것을 선택하여 자신이 연관성을 만들어나가든지 해야 한다. 이런 분위기가 지배하는 곳에서 학생들로 북적이는 분야는 뻔하다. 졸업 후에 곧바로 돈과 권력을 얻을 수 있다고 여겨지는 분야에 학생들이 쏠리는 것이다.

대부분의 사람들에게 공부는 미래의 출세를 위해 고통을 무릅쓰고 해야 하는 일이다. 공부는 우리의 인내忍耐심을 시험한다. 고통을 참는 자는 승리하고, 견디지 못하는 자는 패배한다. 이 경우, 공부는 우리에게 엄청난 긴장을 안겨주며, 결코 재미를 주지는 못하는 것으로 각인된다. 하지만 요즘 대학에서는 이런 공부관에 변화가 생기고 있다. 최근 대학 공부에 재미를 강조하는 풍조가 등장하고 있기 때문이다.

대학 공부와 재미

대학에서 재미를 강조하게 된 최근의 변화는, 대학생 수의 감소현상이 가시화되고 신자유주의적 무한 경쟁이 교육계에도 급속하게 진행될 것이라고 여겨지면서 생겼다. 그동안 눈길도 주지 않던 학생들의 요구사항에 대학 당국이 화급히 관심을 갖게 된 것이다. 지금 대학은 독립된 경제단위로서 스스로 유지하기 위해 돈을 벌지 않으면 안 되는 상황에 몰려 있다. 현재 대학은 상품처럼 광고를 하면서 학생들의 호기심을 끌고, 그들의 관심사에 부합하기 위해 노심초사勞心焦思하고 있다. 드디어 대학 경영자들이 수요와 공급 법칙에 순종하여, 교육의 소비자인 학생들에게 '혹' 할 만한 강의를 제공하려고 애쓰게 된 것이다. 이에 따라 대학에서 강의하는 사람들은 서둘러 재미있는 수업을 위해 동분서주하게 되었으며, 심지어 재미 강박증에 사로잡히는 경우도 나타났다. 특히 인문·사회 과학 분야를 가르치는 사람들이 더 그런 경향이 있다. 기득권을 가지지 못한 군소群小대학일수록 그런 경향은 심해서, 재미없는 강의는 곧바로 강사의 퇴출로 이어진다. 그래서 대학의 말단에 있는 시간강사의 경우에 강의가 재미있냐의 여부는 생존과 직결되게 되었다.

이런 맥락에서 대학이 재미에 집착하는 것을 꼭 학생들에 대한 아부라고 말할 필요는 없다. 수많은 유혹과 자극에 노출되어 있는 소비자로서의 학생이 대학 강의에 관심을 갖도록 하기 위해 아마도 재미는 불가결한 부분일 것이다. 하지만 요즘처럼 재미 강박증에 걸린 듯한 대학의 모습은 곰곰이 생각해볼 문제를 던져준다. 적어도 대학은 광고나 코미디 프로그램과 같은 '얼 빼기 재미'에 가담하기 전에, '무엇이 진정으로 재미있는 것이냐'라는 문제를 따져봐야 하는 곳이다. 그렇지 않다면 그저 '엔터테인먼트' 산업의 한 분야에 대학이 편입되어도 별로 이상하지 않을 것이다. 이 때문에 '돈을 벌어야 한다'는 깃발 아래 '재미주의'에 헌신하기 전에, 대학은 도대체 '재미가 무엇인가'를 놓고 진지하게 성찰할 필요가 있다.

흔히 우리 주변에서 '재미있다'는 것을 유별난 것, 엽기적인 것에 대한 반응으로 보는 경향이 있다. 하지만 이전에 못 보던 '잡동산이'雜同散異를 늘어놓는다고 해서 재미가 생기지는 않는다. 어떤 것에 재미를 느끼는 것은 여태까지 보던 것과 다른 모습이 드러나면서도, 그동안 보이지 않던 '질서'를 볼 수 있어서이다. 다시 말해 그동안 자연스럽게 여겼던 세상 보는 방식이 꼭 당연한 것만은 아닐지도 모른다는 의혹을 제기하며, 그 의혹에 기반을 마련해주면서 재미가 생기는 것이다. 기존의 관점과는 다른 새로운 시각이 제시되고, 이전의 자리에 머물러 있으려는 자세가 도전받을 때, 그리고 그 도전이 지속적으로 이루어질 때, 비로소 재미가 만들어진다. 따라서 순간적으로 사람들의 관심을 끌었다고 해서 재미가 생기는 것은 아니다. 무엇이 재미있다는 것은 기존의 관점이 동요하고 있다는 것, 그 동요에 하나의 질서를 부여할 수 있다는 것, 그래서 이전과는 다른 관점을 만들어낼 수 있다는 것을 내포하고 있다.

이런 '재미있음'은 상투성에 지루해하고 있는 태도에서 벗어나게 하고, 새로운 시각이 주는 생기를 불러일으킨다. 생생하게 새로운 관심이 부각되면서, 관심 대상이 된 것에 대해 말과 글로 표현이 이루어진다. 남의 뒷전에서 우왕좌왕하며 수군대던 이전의 잡동산이에 대한 관심과는 달리, 이번의 관심은 세상 보는 관점의 체계를 지속적으로 살펴보면서, 여러 가지 체계의 다양한 차이에 놀라워하는 것이다. 이런 재미를 즐기기 위해서는 준비가 필요하다. 그런 준비가 없다면, 일시적인 엽기 취미에 지나지 않거나, 안락했던 이전의 관점이 흔들리는 것에 대해 심한 불쾌감을 느낄 수도 있다. 대학의 공부는 유행을 좇는 것과 같은 엽기적이고 피상적인 재미가 아니라, 바로 우리 현실을 새롭게 보면서 재미를 즐기도록 체계적인 훈련을 마련하는 것이다.

대학 공부는 어디서부터 우리를 새롭게 하고 재미있게 하는가? 대학 공부는 세상을 보는 방식이 다양하며, 복합적인 성격을 띠기 마련이라는 것을 학생들이 인식하도록 하면서 시작된다. 세상을 보는 관점은 하나일 수밖에 없고, 그것이 결국 최종적인 진리로 밝혀질 것이라는 주장은 대학 공부에서 설 자리가 없다. 너그럽게 봐준다고 해도 그런 주장은 고등학교 수준에서만 통할 수 있는 것이다. 종교학자인 조너선 스미스는 고등학교와 대학 교육의 근본적 차이점을 다음과 같이 말한다.

> 그 차이점은 말(단어)과 담론에 대한 태도가 달라지는 데에서 찾을 수 있다. 대학에서 말은 더 이상 (단순히) 사물을 표현해주는 것으로 여겨지지 않는다. 말이 곧바로 '실재'와 연결되어 있다고 보면서, 문제는 단지 (말을) 숙달하는 것뿐이며, 얼마만큼 외적 대상과 상응하느냐를 아는 것이라는 주장은 이제 더 이상 우리의 관심을 끌지 못한다. 대학에서는 말이 우리를 다루는 것이 아니라 우리가 말을 다룬다. 말과 사물과의 관계를 평가하는 것이 아니라, 말과 다른 말과의 관계에 대해, 그리고 인간 상상력의 다른 행위와의 관계에 대해 평가한다. 이런 작업에 관해 여러 이름을 붙여 이야기하고 있으나 무엇보다도 논증argument(이모저모 따지기)이라고 알려져 있다. 대학에서의 독특한 담론 양식을 드러내는 것은 바로 이런저런 해석에 대해 (치밀하게) 따지는 일이다. …… '내러티브를 문젯거리로 만들기,' 바로 이것이 대학 교육을 한마디로 요약하는 표현이라고 할 수 있다.[2]

언어의 역할이 단지 외부의 사물을 가능한 한 정확하게 반영하는 것이라고 생각한다면, 세상을 보는 방식의 복합성은 거추장스러운 것으로 여겨질 수밖에 없다. 스미스가 "대학 교육의 특징을 나타내는 독특한 언어 양식이 바로 논증"이라고 할 때, 그 논증의 자리는 외부의 사물을 있는 그대로 반영하려는 언어에 바탕을 둔 것이 아니라, 세상을 보는 다양한 관점이 빚어낸 각양각색의 언어를 바탕으로 한다. 내러티브는 이런 언어의 '설'說이다. 이렇게 볼 때, 이 세상은 하나가 아니라 다종다양한 관점으로 굴절되어

---

2 Jonathan Z. Smith, "Narratives into Problems: The College Introductory Course and Study of Religion," *Journal of the American Academy of Religion* Vol. 56, 1988, pp. 728~729.

나타난 것이다. 이 세상은 하나의 '진정한' 관점에 의해 결국에는 투명하게 드러날 것이 아니다. 이 세상에 관한 여러 가지 '설' 혹은 소문은 언제나 끊이지 않고 계속될 것이다. 어떤 '설'도 그 자체로 잘못되거나 오류인 것은 없다. 다만 특정의 문제의식 속에서 쓸모 있는 것과 없는 것의 구별이 생길 뿐이다. 그래서 다종다양한 '설'을 이모저모 따지는 논증이 부각될 수밖에 없다. '설'이란 이 세상의 여러 가지 측면에 대한 나름의 해석이다. 그래서 '설'을 따지는 일은 여러 가지 측면에 걸친 이 세상에 대한 다양한 해석을 검토하는 일이다. 다른 사람이 내놓은 해석을 살피는 일은 이 세상을 '우리'의 세상으로 만드는 데 필수적이다. 왜냐하면 이 세상은 그저 "거기에 존재하며," 우리에게 주어져 있는 것이 아니라 우리의 해석을 통해 끊임없이 구성되는 것이기 때문이다.

공공성의 장場에서 자신의 관점과 다른 사람의 관점은 서로의 차이성을 드러내면서 부딪치고, 밀고 당기는 교섭의 작용을 벌인다. 이 과정에서 쌍방의 관점은 서로 변화할 수 있는 가능성에 활짝 열려 있다. 교섭의 조건은 남의 '설'을 따지는 자신의 관점의 기준과 근거를 밝히고, 자신의 관점이 지닌 현실적인 결과에 대해서 명확한 인식을 보여주는 것이다. 이것이 바로 자기 관점에 대한 책임성의 윤리이고, 변화에 두려워하지 않고 열려 있음을 나타내는 논증의 자세이다. 결국 '우리의 이 세상'을 이루고 있는 해석의 바다에서 자신의 스타일로 헤엄칠 수 있는 법을 배우는 것, 그것이 바로 공부인 셈이다.

다른 이의 '설' 혹은 해석을 논의하는 것은 자기의 관점에서 다른 이의 해석을 나름대로 '번역'함을 뜻한다. 번역은 저것을 저것과는 다른 이것으로 바꾸는 작업이다. 이것과 저것 사이의 간격은 결코 없어지지 않는다. 그래서 번역은 항상 이것과 저것의 중간 어디인가에서 동요하고 있다. "번역하는 것은 반역하는 것"이라는 오래된 구절이 가리키는 것도 바로 번역의 이런 어중간한 모습 때문이다. 하지만 번역의 반역성은 제거해야 할 측면이 아니라, 오히려 포용하고 음미해야 할 점이다. 넘을 수 없는 이 간격으로 따지는 일이 끊임없이 이루어지고 소통이 계속될 필요가 생기기 때문이다.

이것과 저것의 불일치, 여러 가지 '설' 사이에 어쩔 수 없이 생기는 간격에 의해 긴장감이 조성된다. 하지만 이 긴장감은 사람을 위축시키고 혼란에 몰아넣는 성격을 지닌 것이 아니고, 새로움에 각성하게 하고 흥미를 불러일으키는 것이다. 번역 작업이 내재적으로 불완전할 수밖에 없다는 인식은 차이성에 대한 긴장을 늦추지 않게 만들기 때문에, 일치一致의 기만이 주는 안락함에 물들지 않는다.

이것과 저것을 소통하려는 번역 작업이 결코 일치의 꿈을 이룰 수 없다는 인식은, 번역을 하고 따지는 작업을 하고 있는 주체인 '나' 혹은 '우리'의 위치에 대한 분명한 파악을 강요한다. 번역을 하고 따지는 '우리'는 번역과 논의의 대상인 '그들'과는 전연 다른 처지에 있다. '그들'은 '우리'와는 시간적 혹은 공간적으로 다른 영역에 있는 타자이다. '그들'과 '우리'는 번역과 따지는 일에 의한 소통의 욕망으로 묶여 있지만, 언제나 불일치의 긴장이 있는 만큼 서로 타자의 위치에 처해 있다.

결국 대학에서의 공부는 자기성찰에 바탕을 두고 타자와 만나면서 시작되는 것이다. 그리고 타자와 만나서 엮이는 이야기를 풀어내는 것이 바로 공부하는 이의 '지적知的 자서전自敍傳'을 이룬다. 이럴 때 반드시 요청되는 것은 우선 자신의 관점이 도대체 어떤 선택성을 가지고 있는가, 그리고 그에 따라 필연적으로 나타나는 평가의 편파성은 무엇인가를 명확하게 아는 일이다. 그리고 부분적일 수밖에 없는 그런 관점을 자기가 선택한 이유가 무엇인지 밝히는 것이 필요하다. 여기서 자기 공부가 왜 특정 주제에서 출발하는지 그 이유에 대해 스스로 묻고 대답할 수밖에 없는 처지에 직면하게 된다. 이처럼 당면한 우리의 문제의식 아래 타자와 만나는 긴장을 수용하고, 그 안에서 우리의 한계와 가능성을 검토하면서 새롭게 열리는 영역과 대면하는 것이 바로 대학 공부이고, 거기에서 재미의 본모습이 나타난다고 할 수 있다.

여태까지 공부, 특히 대학 공부에 대한 다분히 일반적인 이야기를 해왔다. 이제 우리가 이전에 해왔던 공부, 그리고 그것이 지금의 공부로 변하게 된 맥락에 관한 이야기를 해보자.

조선조의 공부와 지금의 공부

조선 사회에서 공부는 대부분 두 가지 종류로 나누어진다. 하나는 과거에 합격하여 관료로 입신출세하기 위한 것이고, 다른 하나는 몸과 마음을 닦아 군자君子, 혹은 신선, 도사가 되는 것이다. 관료로서의 입신출세는 자신만을 위한 것이 아니라, 조상과 가문을 위한 것이었다. 조선시대 양반의 묘비에 자랑스럽게 새겨져 있는 관직의 중요성이 어느 정도였는가를 지금 우리가 제대로 파악하기는 어려울 것이다. 현재 우리가 고시 공부에 대해 가지고 있는 생각으로 옛 과거 공부의 의미를 살펴보는 것은 그 의미를 훨씬 축소할 수 있기 때문이다. 하지만 개인이든 가문이든 입신출세를 위해 공부를 했다는 점은 예나 지금이나 별로 차이가 없다. 공부는 사회적, 경제적 배경이 없는 자들의 출세 수단이거나, 이미 특권적 지위를 누리는 자들이 자신의 권력 기반을 다지기 위해 사용한 수단이었다. 이 경우, 공부가 고통스럽다는 점과 우리의 삶과 동떨어져 있다는 점은 크게 문제가 되지 않는다. 오히려 공부가 그런 성격을 지닌다면 경쟁자를 물리치는 데 유리하게 작용할 것이라고 생각한다. 공부는 수단에 불과하고, 어쨌든 목표 달성을 위해 공부라는 '장애물'을 넘어야 하기 때문이다. 강한 의지와 뛰어난 참을성을 가진 사람만이 출세라는 최종적 영광의 자격을 가질 뿐이라고 여기는 것이다.

반면 몸과 마음을 닦는 것은 입신출세의 길과 거리가 있다. 물론 "수신제가치국평천하"修身齊家治國平天下의 이념이 지배하는 체제에서 자기수양과 정치 참여는 분리되어 있지 않다. 하지만 한 개인의 인생 단계, 그리고 한 시대의 성격 혹은 소속집단의 성격에 따라 입신출세의 공부와 자기수양 공부는 뚜렷하게 구별될 수 있다. 예컨대 조선조에 이퇴계가 지속적으로 벼슬을 사양하고 낙향하려 했던 점은 공부를 수양의 한 방편으로 여기는 자세를 잘 보여준다.[3] 자기수양에 힘쓰려는 관점에 서 있으면서도 출사出仕하는 것은 수양으로 얻은 바를 조정에서 펼침으로써 많은 사람이 널리 그 혜택을 얻게 하려는 의도이다. 물이 넘쳐흐르듯이 수양의 효과가 저절로 퍼져나가게 하는 것이다. 하지만 그 뜻을 제대로 펼칠 수 없는 상황이라면 언제나 벼슬을 버리고 낙향하는 것이 군자의 도리라고 간주되었다.

이렇게 현실에 몸담고 있으면서 참여와 은둔을 순환하는 군자와는 달리, 이른바 도사道士는 이 세상을 벗어나려고 한다. 도사의 자기수양은 속세를 떠난 도원경桃源境에서 불로장생하기 위해서 혹은 우화등선羽化登仙의 경지를 얻기 위해서이다. 과거를 통한 입신출세가 가문의 영광을 앞세운다면, 도사의 우화등선에서는 개인의 초탈超脫적 영광이 두드러진다. 하지만 도사의 이러한 초탈적 출세와 관료의 입신출세가 과연 얼마나 다른지는 생

---

3 「사직하고 물러나는 일의 어려움」, 『퇴계와 고봉, 편지를 쓰다』, 김영두 옮김, 소나무, 2003, 109~113쪽.

각해봐야 할 문제이다. 각각 저 세상과 이 세상 지향성의 상반된 방향을 취하고 있지만, 입신출세와 같은 바탕을 지니고 있을 수 있기 때문이다.

조선조의 공부와 비교할 때, 지금의 공부 상황은 어떠한가? 지금의 공부는 약 100여 년 전에 기본 윤곽이 만들어졌다. 이것은 조선시대의 공부 상황을 이어받으면서도 19세기 말과 20세기 초라는 동아시아 격변기의 위기의식이 전면적으로 공부의 판도版圖를 재편하여 이루어진 것이다. 이 시기에 새롭게 등장한 민족국가는 이미 수명을 다한 왕조를 대신하여 집단 아이덴티티의 단위로서 부각되었으며, 무엇보다도 민족국가를 중심으로 역량을 결집시키는 일이 당시의 핵심적인 과제로 부각되었다. 일제의 침략은 이런 경향을 더욱 촉발하고 강화하였다. 이에 따라 공부의 영역에서도 새롭게 나타난 것은 나라와 민족을 구하기 위한 공부의 당위성이었다. 이른바 애국심을 고양시키기 위한 '우국지사의 공부'가 절대적으로 요청된 것이다. 독립운동을 하듯이 공부를 해야 했다고 말할 수 있고, 그보다는 공부 자체가 일종의 독립운동이었다고 말할 수도 있다. 당시의 위기상황에서 다른 종류의 공부는 별로 의미를 지닐 수 없었기 때문이다.

조선조의 체제 유지 이데올로기가 종묘사직宗廟社稷을 지키는 일에 몰두하였고, 많은 공부가 그 목적에 봉사하도록 동원되었다면, 이제 대한大韓이라는 새로운 체제는 한민족 중심 국가의 유지를 지상과제로 하였으며, 공부도 이에 기여하는 것이 되어야 했다. 새로운 집단 아이덴티티의 체제에서는 왕의 혈통을 보존하기 위한 이전의 종묘 대신 민족의 혈통을 보존하는 장치가 필요했고, 토지와 곡물의 신은 근대적 영토개념과 경제적 생산을 담당하는 국민으로 대체되어야 했다. 하지만 1905년 이후 일제가 대한의 영토를 실제적으로 장악하고 그 국민을 통치하게 되자, 새롭게 등장했던 정치체제는 유명무실하게 되었다. 일제에 저항하는 해외 망명정부가 수립되면서, 한국의 집단적 아이덴티티는 한반도 안과 밖으로 분할되었다. 일제의 점령 아래에 있는 실체적 조선과 해외에서 자주성을 주장하는 상징적인 조선이 그것이다. 이런 분할 상태에서도 하나의 민족이라는 이데올로기는 더욱 강조되었다. 하나의 민족이라는 이미지를 강하게 부각시킴으로써 그 통합력으로 집단적 아이덴티티를 지탱하면서 일제에 대항하려고 한 것이다.

이처럼 나라와 민족을 구하기 위한 공부가 19세기 말과 20세기 초의 격변기에 새롭게 등장했지만, 결코 개인 출세를 위한 공부가 쇠퇴한 것은 아니었다. 일제가 중심이 된 체제에서 이등국민의 지위도 그다지 나쁘지 않다고 여기면서, 출세의 사다리에 오르려는 자가 상당히 많았던 것이다. 채만식의 『태평천하』에서 만석꾼 윤직원은 한말의 혼란기에 비교해 일제 치하인 1930년대가 얼마나 천하태평인가를 힘주어 강조한다.[4] 당시에는 윤직원처럼 주장하는 자가 분명 적지 않았다.

일제시대에 개인 출세를 위한 공부와 나라와 민족을 구하기 위한 공부가 나란히 병존해 있었던 반면, 자기수양 공부는 급격하게 축소되는 경향을 보인다. 과거 조선조에 행해진 모든 것에서 망국亡國의 이유를 찾아낸 이들은 '실實과 허虛'의 이분법으로 과거와의 단절을 주장했고, 수양공부의 전통도 비난의 대상이 되었다. 그들은 하루빨리 서구 근대의 과학을 모방해야 한다고 서두르며, 수양공부의 수구守舊성을 공격하였다. 더구나 저 세상 지향적인 도사道士의 수양공부는 현실 도피적이고 혹세무민하는 미신迷信으로 몰려서 공적인 영역에서 아무런 자리도 얻을 수 없게 되었다.

입신출세 공부와 '우국지사의 공부'의 병립 상황은 점차 집단 아이덴

---

[4] 채만식, 『태평천하』(1938), 문학과지성사, 2005.

티티의 위기상황이 약화되면서 개인의 출세공부 쪽이 더욱 팽창해가는 추세를 나타낸다. 물론 "우리도 한번 잘 살아보세"식의 근대화 추진을 위한 애국주의 공부가 기세 높은 적도 있었으나, 개인적 출세공부가 약화된 것은 아니었다. 이런 경향은 여전히 강하게 작용하여, 현재 대학에서 운위되는 이른바 인문학의 위기 및 순수자연과학의 위기의식에 한 가지 단서를 마련해주고 있다. 입신출세의 공부가 공부의 판도를 지배하면 할수록, 공부는 적자생존의 약육강식 경쟁과 뗄 수 없이 연결된다. 이 경우에 공부의 방식과 내용은 어차피 상관이 없다. 공부는 인생의 승패를 가르는 도구일 따름이기 때문이다. 개인 출세지향의 공부가 판을 장악하면, 승자건 패자건 공부는 모두에게 고통스럽다. 그리고 공부는 진정으로 잘 사는 것과 상관이 없다. 공부는 단지 패자를 걸러내서 '폐기처분' 하는 통로일 뿐이다. IMF 사태 이후, 세계화의 이데올로기가 거역할 수 없는 시대의 흐름인 양 한국 사회에 스며들면서 개인 출세의 공부는 더욱 강화되고 있다. 서구의 교육 모델을 모방하고 추종하는 것도 증가하여 이런 경향을 더욱 부추기고 있다. 이제 입시생의 목표는 더 이상 세계 이류 이하 수준인 서울대학이 아니라, 세계 일류의 서구 명문대학이다. 경쟁이 세계적인 규모로 확대된 것과 함께, 당연히 영어는 공용어 수준으로 격상된다. 세계적인 규모의 적자생존 경쟁 속에서 바야흐로 개인적 입신출세의 공부가 전성기를 맞이하고 있는 셈이다.

개인의 출세보다 나라와 민족을 구하기 위한 '우국지사의 공부'는 민족국가체제가 안정되면서, 그리 두드러지지 않는다. 하지만 미국 유학파가 대학을 장악하고, 서구 중심주의적 태도가 압도적으로 공부 판을 지배하게 됨에 따라 점차 이에 반발하는 움직임과 함께 우국주의적 공부관도 다시 나타나게 된다. 특히 에드워드 사이드의 오리엔탈리즘 비판이 학계에 널리

수용됨에 따라, 문화 제국주의의 침투에 맞서 우리의 학문을 수호해야 한다는 의식이 등장하게 되었다. 더구나 투명한 경쟁의 명분을 앞세우며 서구적 교육 기준을 보편적인 척도인 양 내세우는 풍조가 확산되는 것과 함께 그 거짓 보편성을 폭로하려는 시도도 나타나기에 이른다. 이런 분위기 속에서 '우국지사의 공부'의 한 가닥이 나서서 우리나라와 우리 민족의 독자적인 공부 방향을 제시하겠다고 주장한다.

물론 우국지사 연然하면서 개인의 영달을 도모하려는 자도 없지 않다. "과학에는 국경이 없지만, 과학자는 국경을 가지고 있다"고 큰소리를 치면서 말이다. 자신의 공부가 나라와 민족을 위해 필요하다고 강조하면서, 자신의 이기주의를 우국주의로 포장하는 것이다. 더 큰 문제는 남들뿐 아니라, 어느새 자기도 자신의 공부가 국익에 핵심적이라고 믿어 의심치 않을 때 생긴다. 그럴 경우, 그가 저지르는 모든 비리는 국익의 알리바이에 묻혀버리고 만다.

우국 이데올로기를 내세운 사기가 아닌 경우, 우국적 공부의 주장은 서구 중심주의적 공부의 폐해를 지적하고 견제하는 역할을 할 수 있다. 지금 이들의 힘이 입신출세주의자에 비하면 미약한 만큼, 앞으로 '우국지사의 공부'의 목소리가 좀더 커져야 한다는 주장도 적지 않다. 하지만 우국주의적 공부의 한계는 분명하다. 왜냐하면 그 공부의 수준이 서구 중심주의에 대한 반발로서 제시되는 수준에 그치고 있기 때문이다. 제국주의와 민족주의가 서로 대립하고 있는 것 같아도 실은 공통된 세계관과 그 한계를 나눠 갖고 있는 것처럼, 그런 공부법은 반발의 대상이 되는 공부법과 한계를 공유한다.

이렇게 한편으로 모방과 추종이 시대의 대세인 양 제시되고, 다른 한편으로 그에 대한 반발이 당연한 듯이 여겨지는 분위기에서 근본적인 물음은 제기되지 못하고 묻혀버린다. 모방과 반발을 만들어내는 근대성의 편제編制 장치 자체에 대해 질문을 던질 수 있는 자세가 되어 있지 않다면, 새로운 공부틀은 나타나기 힘들 것이다.

여기에서 논의한 내용은 옛 공부와 현재 공부를 비교하는 것이었다. 두 가지 공부는 서로 비슷한 점도 있고, 다른 점도 있다. 하지만 간과할 수 없는 중요한 점은 지금의 공부가 처한 역사적, 사회적 맥락과 과거 공부의 맥락이 크게 다르다는 것이다. 우리가 공부를 이야기할 때, 공부가 위치해 있는 역사적 맥락의 차이를 인식하는 것은 필수적인 작업이다. 한국 근대성 공부에 대해 우리가 주목하는 까닭도 여기에 있다. 지금, 우리의 모습을 새롭게 비춰볼 수 있는 거울로서 작용할 수 있는 것이 바로 한국 근대성 공부다. 하지만 한국 근대성에 관해 이야기하기 전에 우선 근대성의 의미에 대해 잠깐 동안 살펴보는 것이 필요하다. 근대성 및 서구 근대성의 개념은 한국 근대성 논의의 기본 배경을 이루는 것이기 때문이다.

근대와 근대성의 의미

'근대'라는 개념은 시간의 흐름을 토막 내는 작업의 결과로 만들어졌다. 그 작업은 토막 난 시간의 흐름을 하나의 단위로 묶고, 거기에 동질성을 부여하면서 다른 토막과 구분한다. 근대라는 시기는 가까운 시대라는 뜻으로, 지금의 시점에서 볼 때 인접해 있는 시간의 토막을 일컫는다. '근대성'近代性이란 바로 그렇게 마련된 시간 단위의 기본 성격을 가리킨다. 본디 시간은 강물의 흐름과도 같아서, 그렇게 토막 내거나 절단될 수는 없다. 하지만 인간이 한편으로 자신의 죽음을 앞당겨 생각하면서 미래라는 영역을 상정하고, 다른 한편 자신의 현재가 손에 쥔 모래알처럼 끊임없이 빠져나가고 있는 과거라는 영역을 만들지 않을 수 없게 되면서, 미래-현재-과거의 형태로 추상적인 시간의 분할이 이루어진다. 하지만 근대의 시간 구분이 언제나 있었던 것은 아니다. 이전에는 황제나 왕과 같은 절대 지배자의 치세 기간을 기준으로 하거나, 궁극적인 이상理想 상태를 기점으로 삼고 전후의 시간을 나누어 살피는 경우가 많았다. 근대의 시간 구분은 현재로부터의 거리에 따라 시간을 구분할 수 있도록 시간의 동질화와 양화量化가 가능해야 이루어질 수 있다. 시계가 측정하는 기계적 시간의 광범위한 보급과 함께, 근대의 구분이 널리 퍼지게 된 이유도 여기에 있다.

이처럼 근대성은 근대라는 시간 단위의 동질적인 기본 성격을 일컫는다. 그리고 근대는 지금과 연속적이라고 여겨지는 시기를 하나의 단위로 파악하여 임의적으로 설정한 시대 구분의 산물이다. 여기서 지금의 상황을 파악하는 관점, 그리고 시기를 설정하는 우리가 누구냐에 따라 근대 및 근대성의 규정이 다르게 됨을 알 수 있다. 하지만 지배적인 관점은 근대성을 복수로 보는 것이 아니라, 마치 한 가지인 것처럼 보는 것이다. 그 관점에 따르면, 단일한 근대성은 구체적으로 어떤 성격을 가지고 있는가?

이에 대해 흔히 제시되는 답변은 자본주의의 발전, 산업화, 도시화, 민족국가의 등장, 민주주의의 전개, 개인적 자아의 존중, 과학적 세계관의 흥기, 시민사회의 발전 등이다. 사실 이 모든 요소들은 동떨어져 존재하는 것이 아니라, 서로 밀접하게 연관되어 있다. 왜냐하면 특정한 역사적 시기에 특정한 지역에서 이런 성격들이 상호연관을 맺으며 전개되었기 때문이다. 그 특정한 시공간이 바로 17세기 이후의 서구이다. 그리고 "서구 근대성"이란 용어는 이 독특한 상호 관계망을 일컫는 개념이다. 그렇다면 서구 근대성은 어째서 근대성 일반으로 여겨진 것일까? 우리는 왜 서구 근대성의 특징을 언급하면서 우리의 근대성에 대한 답변을 구하는 것일까?

이런 태도는 서구 근대성이 인류 전체를 관통하는 보편성을 지니고 있다고 인정할 때 가능해진다. 인류의 보편성을 상정하게 되면 동서고금의 차이와 관계없이 모든 인간에게 공통된 속성이 있다고 생각하기 마련이다. 인간의 시간 경험도 모두 동일하게 공유할 수 있는 보편성의 성격을 가진다고 여긴다면, 서구와 우리의 시간 경험이 다른 기반에 놓여 있다고 생각할 필요가 없다.

하지만 시간 경험의 보편적 공통성을 주장하는 것만으로는 서구 근대성이 우리의 기준으로 간주되는 까닭을 말해주지 못한다. 서구 근대성이 우리가 따라야 할 모범적 준거로 여겨지기 위해서는 비서구인 우리가 서구와 동질적인 과정을 밟아나가지만 서구가 우리보다 앞서 있다고 하는 생각을 필요로 하기 때문이다. 이런 생각에 따르면, 모든 인간은 동일한 역사적 단계를 거치게 되어 있으므로, 출발점과 종착점은 결코 다를 수 없다. 하지만 거기에는 앞선 자와 뒤처진 자의 구별이 있고, 후발 주자는 앞서 가는 자의 족적을 따라갈 수밖에 없다. 여기서 앞서 가는 자가 서구 국가라는 것은 말할 것도 없다. 이런 식의 시간 경험을 말하는 것이 바로 근대적인 역사 범주이다. 근대국가의 성립과 근대적 역사 개념은 뗄 수 없이 연관되어 있다.

비서구 국가들은 서구 국가가 선취한 보편적 시간 경험을 뒤늦게나마 맛보기 위해 서구의 족적을 충실하게 밟아갈 책무가 있는 반면, 서구 국가는 비서구를 선도할 도덕적 책임감을 지녀야 한다는 생각이 19세기 중엽 이후 점차 널리 퍼져나가게 되었다. 비서구인은 서구인을 좇아가면서 자신이 '결핍된 존재'임을 절감하였고, 자기의 현재가 서구의 과거라는 점을 잊을 수 없게 되었다. 이런 과정이 지속적으로 진행된 결과, 서구적 근대성이 비서구 지역 전반에 걸쳐 필연적으로 적용되어야 하는 모델처럼 간주된 것이다.

동아시아가 구미歐美의 위협을 느끼고 자신의 전통적 체제에 더 이상 자신감을 갖지 못하게 된 이래, 동아시아 국가들은 서구 부국강병의 원인을 파악해서 자신의 '쇠약성'을 극복하려고 안간힘을 다하였다. 서구 근대성의 모델을 모방하려는 이런 열망은 IMF 사태 이후 신자유주의의 권세가 횡행하면서 더욱 드높게 되었다. 백여 년 전에는 한편으로 서구 근대성을 모방하려는 강한 의지와 더불어 다른 한편으로 동아시아 각국이 자신의 정체성을 새롭게 강화하려는 노력이 병행하여 이루어졌다. 하지만 요즈음과 같은 신자유주의의 광풍 속에서 집단 정체성의 추구 노력 자체가 패션 상품처럼 시장에 편입되는 경향이 있다. 우리가 처해 있는 체제의 이런 격변기야말로 그동안 우리가 어쩔 수 없다고 간주해왔던 관점에 대해 근본적인 물음을 던질 수 있게 한다. 과연 서구 근대성은 우리의 근대성일 수밖에 없는가? 비서구 사회는 언제까지 서구 근대성의 모델에 따라 재단될 수밖에 없는가?

한국 근대성 공부가 필요한 이유

앞에서 언급한 대로 근대라는 시대구분은 지금의 상황을 기준으로 하여, '우리'가 임의적으로 설정한 것이다. 그래서 지금의 상황을 어떻게 평가하느냐, 그리고 구분하는 주체인 '우리'가 누구냐에 따라 근대라는 시기 설정의 성격도 달라질 수밖에 없다. 이렇게 본다면 근대를 보는 관점은 단일하다고 생각할 수 없다. 그것은 하나가 아니며, 또 단일한 것도 아니다.

하지만 우리가 근대라는 시기의 성격을 이야기할 때, 마치 그것을 단일하고 동질적인 성격을 띤 것처럼 다루는 경우가 대부분이다. 실상은 매우 이질적이고 복합적인 요소들이 혼재되어 있는 시기를 어째서 그렇게 단순하게 만들어버리는 것일까? 그것은 지금의 상황을 정리하려는 우리의 노력과 밀접하게 연관되어 있기 때문이다. 지금과 가까운 시기를 특정한 관점과 방식으로 정돈하려는 의지는 지금의 이해득실을 계산하는 작업과 분리될 수 없다. 지금의 이해利害가 복잡하게 상충하는 상황에서 근대성에 대한 이해理解 역시 복잡하게 얽혀 있을 수밖에 없다. 물질적·상징적 이해를 둘러싼 권력다툼이 승자와 패자를 나누며 정리되면, 그에 따라 가까운 과거를 보는 관점도 승자의 것으로 고정화된다. 그리고 이 관점이 사회에서 당연함의 지위를 누리게 되면서 하나의 올바른 과거 해석으로서 헤게모니를 얻는 것이다.

우리의 근대성뿐만 아니라, 서구의 근대성이라는 것도 마찬가지로 본질주의적이고 단순화된 개념이다. 그동안 비서구인 우리가 스스로를 평가한 기준은 서구 근대성이라는 잣대였기 때문에 '그들'의 근대성이 애매모호하게 제시되는 것은 용납되지 않았다. 진보의 보편적 경쟁에 우리를 추동하기 위해서는 목표가 확고부동해야 하지 않는가? 근대성에 관한 공부는 이렇게 단순화된 '상식'에 문제를 제기하면서 시작해야 할 것이다.

이제 '한국 근대성을 공부하는 것이 왜 필요한가?'라는 질문에 대해 생각해보자. 여기에 여러 가지 방식으로 답변할 수 있지만, 나는 이렇게 말하고 싶다. 즉 한국 근대성의 공부는 지금 우리에게 '타자와 만나는 긴장'을 가장 효과적으로 마련해주기 때문이라고 말이다. 우리의 근대를 살핌으로써 비로소 '우리의 한계와 가능성을 검토'하는 작업이 본격적으로 전개될 수 있다. 우리는 이렇게 열리는 새로운 공부의 영역과 대면해야 한다. 여태까지 해왔듯이 지체할 수도, 더 이상 회피할 수도 없다.

한국 근대성의 공부는 바로 현재 우리의 모습이 새롭게 윤곽을 잡기 시작하는 시기를 살피는 작업이다. 이른바 근대는 '지금의 우리'와 '우리 아님'이 교차하는 경계선이다. 이 경계선의 영역을 살피는 일은 이중의 이점이 있다. 하나는 우리의 현재가 만들어지기 시작하는 시점의 관점에서 거리를 두고 '지금의 우리'를 총체적으로 볼 수 있다는 것이다. 다른 하나는 '지금의 우리'의 시각에 함몰되어 그 관점에서 과거와 미래를 정리하는 대신, 지금과는 전혀 다른 방식의 미래를 생각해볼 수 있게 된다는 점이다. 현재의 연장선으로서의 미래가 아니라, 편제編制 자체를 달리하는 미래를 상상할 수 있는 '가능성의 틈'이 마련될 수 있는 것이다. 물론 과거를 보는 눈도 바뀐다. '지금의 우리'의 관점에 '식민화'된 과거가 아니라, 무한한 가능성이 잠재되어 있는 '꿈의 창고'로서의 과거가 나타날 수 있는 것이다.

내가 생각하기에, 한국 근대성에 대한 이런 공부는 그동안 백 년 넘게 우리가 해왔던 공부를 근본적으로 재검토하도록 만들 수 있다. 그동안 우리가 공부라고 일컬으며 지금까지 해왔던 대부분의 작업은 '현재'를 정당화시키기 위해 꾸며진 것이었다. 그동안의 공부는 과거가 얼마나 현재에 도달하기 위한 필연적인 전제조건이었는지, 그리고 미래는 얼마나 현재의 연장일 수밖에 없는지 확인하는 절차로서만 의미를 지닐 뿐이었다. 그것은 자본주의, 자유민주주의, 혹은 민족주의 등등 현재의 지배적인 틀 안에 우리의 생각과 정서를 가둔다. 우리의 상상력은 결코 현재의 경계를 넘지 못하며, 도무지 저편 너머의 새로운 가능성을 가늠할 수 없도록 구금되어버린다. 그럴 경우, 상상력은 더 이상 상상력의 이름값을 하고 있다고 할 수 없으리라.

한국 근대성의 공부가 제대로 이루어진다면, 기존 인식틀의 속박을 벗어나고 재갈물린 상상력의 숨통을 터주는 방향이 펼쳐지도록 할 수 있다.

현재를 지극히 당연한 상태라 여기게 하고, 그 범위 안에서만 우리의 가능성을 예견할 수 있게 만드는 폐쇄회로적인 지금의 공부체제는 영합을 통한 출세 혹은 단순 저항을 통한 출세만을 나타나게 만든다. 현 체제의 틀과 그 경계를 넘어 자유롭게 사고하지 못하기 때문에, 기존 체제에 영합하여 입신출세하거나, 아니면 그 체제에 반대하면서 약간 다른 방식으로 출세를 도모한다. 그 결과는 어떤 쪽이든 결국 기존 체제를 유지하는 쪽으로 귀착된다. 특히 단순 저항적 출세의 태도는 기존 체제를 더욱 '유들유들'하게 만들어줌으로써 체제를 더욱 공고하게 강화하는 구실을 제공한다. 이런 폐쇄적 분위기에서 공부는 늘 고통스럽고 지겹다. 공부를 하는 과정에서 즐거움은 없다. 공부의 즐거움이 있다면 그것은 출세에 승리한 자의 회고담에서나 출현한다.

공부가 제대로 이루어지기 위해서는 그동안 공부하는 태도에 대해 스스로 성찰하여 피드백을 만드는 과정이 필요하다. 여기서 빼놓을 수 없는 점은 우리가 해온 공부가 도대체 언제부터, 그리고 어떤 방식으로 자리를 잡게 되었고, 또 당연하게 취급받게 되었는지를 묻는 것이다. 이런 질문을 하지 않는 것은 공부의 틀 자체를 논의할 수 없는 것, 또 논의할 필요가 없는 것으로 만든다. 그럴 경우 남아 있는 유일한 일은 주어진 내용을 그저 흡수하는 것이다. 주고받을 것은 이미 고정되어 있고, 받는 자는 정해진 단계에 따라 기계적으로 움직여갈 뿐이다. 여기에는 배움의 놀라움도 없고, 자유로운 상상력도 필요 없다. 숨 쉴 수 있는 공간처럼 공부에 필수적인 해석의 자유가 이런 틀에서는 형편없이 제약되기 때문에 공부가 지겨움에 빠지는 것도 이상하지 않다. 이 책에 실린 글은 이런 지루함을 몰아내고, 공부에 생생한 흥미를 가져다주기 위해 마련된 것이다.

이 책의 글쓰기 방식과 주요 내용

어떤 공부에도 공부하는 사람 자신의 인생 배경과 문제의식이 중요한 자리를 잡고 있다는 점에서 공부에서 자서전적 부분은 핵심이다. 하지만 근대적 공부는 보편성과 객관성의 이데올로기를 내세우는 데 몰두해 있었기 때문에 이 부분을 감추거나 홀대하려고 애썼다. 그래서 자전적 부분을 주관성의 영역에 배치하고 과학적으로 신뢰할 수 없다고 평결하였다. 이제 근대적인 공부 자체를 근본에서 묻는 이 자리에서는 그런 평결의 권위가 그대로 인정되지 않는다. 우리는 그동안 당연함의 후광에 싸여 있던 보편성과 객관성의 근거를 묻지 않을 수 없으며, 보다 설득력 있게 그 덕목의 새로운 기준을 모색할 필요가 있다. 인간의 전前 이해적 지평이 불가피한 것이라면 오히려 적극적으로 연구자의 자전적 요소를 드러내고, 그 의미를 성찰하는 것이 객관성의 정립을 위해 바람직하다.

이 책에 실린 여러 편의 글은 각 분야에서 한국 근대성을 공부하고 있는 연구자가 쓴 자전적 에세이다. 이 글에서 그들이 지니고 있는 주관적 선입견은 여러 가지 방식으로 드러나 있다. 독자는 이 글을 통해 왜 그들이 한국 근대성의 특정 주제에 관심을 갖게 되었고, 그 관심사가 어떤 족적을 펼치게 되었는지, 그리고 그들이 자기 공부의 의미를 어떻게 자평하고 있는지 알 수 있다.

독자의 이해를 돕기 위해 서론에서 각 집필자의 글에 대해 간략하게 해설하고자 한다.

권보드래는 국문학을 공부했다. 국사학과 함께 국문학에는 "우리는 민족 중흥의 역사적 사명을 띠고 이 땅에 태어났다"는 '주문'이 늘 끊이지 않는다. 그 주문 낭송은 국문학의 주위에 일종의 '성스러운' 후광을 드리우기 마련이다. 민족국가의 정체성 확립과 정당성 부여에 국문학이 각별한 기여를 하는 대가로, 국문학은 반석과도 같은 학문적 권위를 인정받는다. 그만큼 국문학의 필요성과 중요한 지위에 대해서 의문을 제기하는 일은 별로 없다. 국문학의 특권은 당연한 것으로 간주된다. 더욱이 국문학의 분야에 종사하는 사람이라면 그 당연함은 도대체 의문의 여지가 없는 것이 된다. 왜냐하면 특권을 누리는 달콤함은 여간 뿌리치기 어려운 것이 아니며, 무의식중에 그 유혹을 정당화하기 때문이다. 이 경우 국문학 공부는 특권의 향유와 그 당연함이라는 주제에 초점이 맞춰진다. 내용과 방식만 바뀔 뿐, 결코 이 중심 주제에서 이탈하지 않는다.

권보드래도 그런 '주문'을 낭송하고, '변주곡' 연주에 만족하던 때가 있었을 것이다. 하지만 그는 더 이상 그렇지 않다. 오히려 그는 기득권에 고착하고 있는 문학에서 벗어나 이제 자유로움을 느낀다. 그 자유로움과 함께 권보드래는 고고한 문학보다 일상의 대중문화에 대해 관심을 기울인다. 그가 탐색하는 것은 1920년대의 연애다. 그에게 연애라는 주제는 보다 포괄적인 관심 속에 자리잡고 있다. 당시를 효과적으로 알 수 있게 하는 하나의 렌즈로서 연애를 보기 때문이다.

그가 주장하는 '근대학'과 '고현학' 考現學의 필요성은 거기에서 나타난다. 이른바 근대성에 대한 연구인 근대학은 백여 년 전부터 본격화된 새로운 우리 삶의 방식에 주목한다. 그런 생활 방식은 이제 우리에게 낯익은 것이 되었기 때문에 항상 그래왔거니 생각하기 십상이지만, 백여 년 전에는 아주 낯선 것이었다. 지금 눈앞에 있는 낯익은 대상물을 천 년 전의 사물처럼 낯설게 보려는 고현학이라는 공부는 그런 당연함에 괄호를 치기 위해 등장한 것이다. 무엇보다 공부는 당연함의 '그늘'을 살피는 것이 중요하므로, 권보드래의 고현학은 정당하다. 그가 고현학을 통해 우선적으로 관심을 기울이는 주제는 한국 근대성의 창구인 도시이며, 그 가운데에서도 거리이다. 여기에서 근대적 욕망을 가장 두드러지게 볼 수 있기 때문이다. 하지만 그는 근대적 거리에 대한 관심이 단지 호기심의 차원에서 이루어지는 것을 경계한다. 식민지의 도시 거리에는 제국과 식민지의 복합적인 권력관계가 함축되어 있기 때문이다. 이런 역사적 맥락에 대한 공부는 여러 가지 방면에서 다차원적으로 이루어질 필요가 있다. 그가 "역사는 버겁다"고 말한 것은 그런 공부의 어려움 때문일 것이다.

천정환도 기존의 국문학에서 내세우는 상투적인 공부에 식상한 지 이미 오래다. 그가 학계의 상투성을 안락함으로 받아들이지 않고 '한심하게' 보는 순간, 그에게 공부의 고생길은 활짝 열린 것이다. 왜냐하면 문학의 위기를 걱정하며 동업자끼리 위로해주어야 특권에 참여할 자격을 유지할 수 있는 자리에서 그는, 그런 모습이야말로 기득권 유지에 급급한 것이라고 질타하고 있기 때문이다. 문학의 특권을 고수하는 태도 대신에 그가 권유하는 공부는 문화의 연구다. 그런 변화의 이점을 그는 기존 문학 연구의 편협함을 극복할 수 있다는 점에서 찾는다. 그동안 문학 연구는 시와 소설 중심에서 거의 벗어나지 못했으며, 고전문학/현대문학이니 하며 자신의 안에도 높은 장벽을 둘러치고 자유로운 공부를 막아왔던 것이다.

권보드래와 마찬가지로, 천정환은 대중문화에 많은 관심을 기울인다. 그에게 고급문화/대중문화의 이분법은 엘리트주의의 오만함이 잘 드러난 것이다. 사실 이 이분법에 대한 문제제기는 그리 새로운 것이 아니다. 하지만 그가 문학에서 문화로, 그리고 그 중에서도 대중문화를 강조하는 것은 여태껏 인문학이 보였던 영토적 제국주의와 추상적 고답성을 극복하고, 대다수 보통 사람이 느끼고 생각하는 방식에 대해 보다 새로운 관심을 촉구하기 위함일 것이다.

신동원이 다루고 있는 보건의료 분야는 한국의 근대성에 관한 공부에서 각별한 중요성을 지닌다. 왜냐하면 서구 근대성의 체제가 한국 사회에 스며들게 만드는 데 "혁혁한 공로"를 세운 것이 바로 서양의료이기 때문이다. 서구적 보건의료는 서구적 무기와 더불어 서구문명의 막강한 힘을 적나라하게 드러냈다. 서구적 무기가 엄청난 화력으로 서구의 막강함을 과시하였다면, 서구의 의료는 도저히 저항할 수 없도록 서구의 우월함을 비서구인의 몸에 각인하였다. 그래서 비서구 지역에서 서구 근대성의 헤게모니를 결정적으로 이룬 것은 무기보다는 보건의료였다고 말할 수 있다. 한국에서 서구의료가 두드러진 효과를 보여준 것은 전통의료의 취약점인 외과수술과 전염병 예방이었다. 특히 전염병 치료에서 효험을 인정받게 된 서구의 위생법은 몸에 관련된 한국인의 습관을 전면적으로 바꾸어놓게 만들었다. 신동원의 공부는 이와 같은 한국 보건의료제도의 이른바 근대적 전환에 초점을 맞추고 있다. 그가 강조하는 점은 전염병의 방역 시스템을 가동하기 위해 필수적으로 제도와 생활양식의 변화가 요청되었고, 이를 통해 새로운 권력의 장치가 작동되었다는 것이다. 물론 그는 서구의료의 자연과학적 합리성을 인정하면서, 미시권력 자체이자 매체 노릇을 하는 서구의료의 측면과 균형을 맞추려고 한다. 하지만 알렌과 지석영 등에 관한 새로운 비판적 관점을 제시함으로써 그가 바로잡고자 하는 것은, 서구 보건의료에 대한 탈脫맥락적 이해와 무조건적인 우월성 인정이다. 그는 서구 보건의료를 통해 만들어진 서구 근대성의 헤게모니에 문제를 제기하고 있는 것이다.

오성철의 집중적인 관심은 식민지 시대에 행해진 공부의 모습이다. 그는 1920년대 이후 조선인이 보여준 교육열을 통해 당시의 보통 사람들이 품고 있었던 꿈을 파헤치려고 한다. 혹독한 식민지 상황 속에서도 조선인은 자식의 교육을 통해 신분의 상승, 그리고 민족독립의 기대를 놓치지 않고 있었다. 그에 의하면 식민지 시대의 교육에는 근대의 양면성과 복합성이 그대로 드러나 있다. 전통적인 양반교육과 서구식의 도구적 교육, 식민지 지배를 관철하는 교육과 욕망의 해방을 독촉하는 교육이 서로 섞여서 중층적이고 복잡한 식민지 교육의 특성을 이루고 있다. 이와 같이 그가 식민지 교육의 복합성을 강조하는 것은 한편으로 근대교육을 전통의 속박으로부터 해방으로 파악하는 근대화론자에 대한 비판, 그리고 다른 한편으로 권력적 규율의 관점을 그대로 우리의 교육적 상황에 대입하는 푸코주의자에 대한 비판에서 이루어진 것이다. 양자 모두에게 식민지 조선의 교육은 거대 이론을 적용하는 하나의 사례에 지나지 않는다.

오성철은 한국 교육에 관한 공부가 외국 이론의 각주처럼 처리되는 상황에서 벗어나려고 노력한다. 그는 식민지 조선의 교육적 경험 전체를 대상으로 하여, 한국의 교육에서 나타나는 특성, 그리고 상당하게 지속되는 '저류'를 파악하려고 한다. 그가 "교육만인보"의 작업이라고 일컬은 것처럼, 그의 계획은 방대하다. 그만큼 작업은 초기에 머물러 있고, 많은 연구자의 동참을 요하는 일임을 알 수 있다.

종교는 근대성의 체제에서 애매한 위치에 있다. 근대성의 중심부에서 밀려나서 변방에 겨우 자리를 잡고 있는 것처럼 보이면서도, 종교는 근대성의 '그림자'처럼 근대성의 전 체계를 관통하고 있다고 여겨지기도 한다. 마치 자신의 영향력을 숨기기 위해 사람의 눈에 띄지 않는 한적한 곳에 있기라도 하듯이 말이다. 중요한 일은 일상의 사소한 것에서 눈에 띄지 않게 진행될 뿐만 아니라, 흔히 버려진 듯한 곳과 이쪽과 저쪽의 경계선상에서도 벌어지기 마련이다.

우리가 상식처럼 가지고 있는 과학과 종교의 관계, 중세와 근대의 관계에 관한 지식은 종교를 시대착오적인 환상의 산물로 치부하곤 한다. 하지만 종교가 이처럼 주변부로 밀려났다는 생각이 과연 확실한 것인가? 아니라면 종교는 다시 부활하고 있는 것인가? 근대성과 종교의 문제를 한국의 상황에서 다루고 있는 장석만의 공부는 종교의 죽음이나 부활에 대한 이런 질문에 답을 주지는 않는다. 오히려 그의 관점을 살피다보면, 이런 질문 자체의 타당성에 대해 묻게 된다. 그에 따르면 종교는 근대성의 체제를 전면적으로 살펴볼 수 있는 효과적인 영역이다. 근대성과 종교를 공부하는 것은 근대성의 경계를 탐색하는 것으로 이어질 수밖에 없기 때문이다. 어떤 체제나 그 전체의 윤곽을 보려면 변방에 자리잡아야 하지 않는가?

국사학은 국문학과 더불어 한국이 연구의 세계적 중심이라고 자부해온 공부 영역이다. 앞에서 언급한 것처럼, 두 학문은 한국이라는 나라의 정체성 확립과 긴밀한 관계를 유지하고 있기 때문에 국가로부터 그에 대한 보상을 톡톡히 받아왔다. 특히 국사학은 대학생 누구나 들어야 하고 고시에서도 반드시 봐야 하는 필수과목으로 '모셔짐'을 받았다. 이런 특권을 마다하고, 민족주의와 국사학의 공모 관계를 파헤치는 일은 얼핏 봐도 쉽지 않은 일이다. 나는 윤해동이 민족주의적 역사학의 관행을 비판하고, 문제를 제기했다가 학계 여기저기에서 곱지 않은 시선을 받아 곤혹스러워했던 모습을 알고 있다. 그가 자전적 에세이를 쓰는 것에 관해 주저함을 보인 것에서도 그런 '트라우마'의 흔적을 엿볼 수 있다.

그의 관심은 한국의 근대가 짊어지고 있는 식민지성과 그 성격의 복합성에 관한 것이다. 그에 의하면 한국의 근대는 상당 부분 식민지 상태에서 이루어졌을 뿐만 아니라, 분열적이기도 하다. 그는 식민지 근대화론자들과 의견을 같이하지는 않지만, 식민지 수탈론자들의 주장에도 가담하지 않는다. 그의 관점은 식민지 시대가 근대화를 이루었느냐 아니냐의 양분법적 문제에서 벗어나 있는 만큼, 주목을 받을 가치가 있다. 양쪽의 입장에 대한 그의 비판은 그로 하여금 식민지적 분열성, 혹은 식민지적 아이러니를 강조하게 만든다. 윤해동은 일제의 식민지 동화정책이 피식민지인에게 내면화되면서 등장하는 아亞제국주의자의 분열적 성격, 그리고 제국과 식민지의 상호의존 관계 및 그 은폐의 메커니즘이 한국의 근대를 규명하는 공부에 필수적인 주제가 되어야 한다고 주장한다.

김석근의 공부는 근대성의 문제보다 국민, 국민국가, 내셔널리즘의 주제에 집중한다. 그의 배경이 정치학이므로 그가 이런 관심을 갖는 것은 쉽게 이해할 수 있다. 하지만 그는 서구의 역사적 맥락에서 비롯된 민족 및 민족주의의 모델을 가지고 동아시아의 상황에 그대로 대입하는 그동안의 학계 풍토를 용인하지 않는다. 그가 지적인 종속과 학문의 식민성을 언급하는 것도 이 때문이다. 여기에서 김석근에게 하나의 준거점 역할을 해주는 것은 마루야마 마사오이다.

마루야마는 근대적 사유의 등장을 일본사상사의 맥락에서 찾아냄으로써, 근대 서구의 사상사적인 모델이 반드시 유일한 기준이 될 필요가 없음을 주장하였다. 소라이학으로 대표되는 일본사상 안에서 도덕과 정치가 연속적인 관계에 있는 주자학적인 사유를 해체하고, 자연과 작위의 분리 필요성을 내세우게 되면서 정치의 우선성을 강조하는 분위기가 만들어졌다는 것이다. 이런 관점은 외부의 충격이 아니라, 사상의 내재적인 발전에 의해 자생적인 근대적 사유로의 전환이 이루어졌음을 주장한다. "너희만이 아니라 우리도 있다"는 것을 보여주려는 것이다. 여기에는 일본의 학계가 그동안 서구에 대해 갖고 있던 뿌리 깊은 열등감을 씻어버리려고 안간힘을 쓰는 모습이 잘 나타나 있다.

김석근은 마루야마의 관점에 전적인 동의를 하지 않지만, 마루야마를 높이 평가한다. 그리고 우리 학계는 마루야마와 같이 포괄적으로 근대성의 문제를 풀어가는 자세가 없다는 것을 비판한다. 그러나 단지 마루야마의 도식을 그대로 한국의 상황에 적용하려는 공부 자세로는 결코 만족스럽지 않다. 그것은 안이하게 공부하는 또 하나의 사례에 지나지 않기 때문이다. 김석근은 근대적 사유의 등장이 과연 주자학적 사유가 해체되어야만 나타나는 것인가를 질문하면서 초기 마루야마가 전제한 단일한 근대성의 관점에 문제를 제기한다. 만약 서구를 모델로 하는 하나의 근대성이 아니라, 복수의 근대성을 상정한다면 전혀 다른 방식의 근대성 공부가 이루어질 것이라고 생각하는 것이다. 하지만 그의 공부는 이 지점에서 새로운 돌파구를 기다리며 잠시 머물고 있는 듯하다.

유선영의 공부를 이끌고 있는 것도 식민지 시대에 만들어진 근대성의 헤게모니 비판이라고 할 수 있다. 그는 식민지 문화가 서구문명의 세련됨과 고상함의 이미지를 당연한 것으로 만들면서, 자본주의의 기제를 활발하게 움직이는 데 중요한 역할을 담당하였다고 본다. 그가 주목하는 것은 영화, 대중가요와 같은 유행문화, 유성기, 전화, 라디오 등의 근대적 테크놀로지 산물, 그리고 신문, 잡지와 같은 인쇄매체가 일상의 영역에서 만들어내는 효과의 강력함이다. 그것이 강력한 까닭은, 사소하게 여겨지는 행위를 통해 아무도 눈치 채지 못하는 사이에 진행되며, 우리 몸에 반복적으로 작용하여 무의식적인 습관을 만들면서 이루어지기 때문이다. 더욱이 이처럼 몸에 각인된 습관은 우리의 주체를 형성하는 핵심 부분이 되므로, 그 중요성은 각별하다.

유선영의 공부는 식민지 근대성이 내면화되어 지속적으로 재생산되는 과정에 초점을 두면서, 식민지성의 극복을 위해 노력한다. 그가 "현재를 역사화"한다고 말한 것은 이미 우리의 한 부분이 되어버려서 너무나 당연하게 여기게 된 내부의 식민성에 문제를 제기하는 하나의 수순이다. 그는 우리의 식민지 근대성의 경험에 내재된 역사적 복합성의 미묘한 특성을 파악하기 위해 남들이 흔히 놓치곤 했던 "사소한 것"에 집중한다. 그 사소함의 분석을 통해 유선영의 공부는 나 자신의 정체성을 바라보는 새로운 관점을 위해, 그리고 우리와 그들의 이분법에 담긴 권력 행사의 비판을 위해 움직여나간다. 그 과정에서 민족주의와 제국주의는 하나의 몸통을 공유하는 샴 쌍둥이로 간주되므로, 동시에 극복해야 할 것으로 보일 수밖에 없다.

문자시대의 공부가 특권 쟁취 및 유지와 긴밀하게 연관되어 있었다는 점은 부인할 수 없다. 문자를 다룰 수 있는 엘리트 집단이 공부를 대부분 독점하고 있었기 때문이다. 탈문자시대에도 이런 경향이 그다지 크게 바뀔 것 같지는 않다. 하지만 오관五官 가운데 시각의 중요성이 두드러지는 문자의 시대와는 좀 다른 공부의 양상이 펼쳐질 가능성도 있다. 근대성 체제에 대한 공부가 우리를 시각 중심주의의 편협성에서 벗어나게 하여 과연 온몸의 감각을 활성화하는 데 기여할 수 있을까? 이 책이 그 조그만 단서가 되기를 바라는 마음이다.

장석만

새로운 맹목을 찾아서

권보드래

권보드래

1987년 서울대학교 국문학과에 입학했고, 2000년 박사학위를 받을 때까지 쭉 그 언저리에서 살았다. 2000년에 『한국 근대소설의 기원』, 2003년에 『연애의 시대: 1920년대 초반의 문화와 유행』을 냈고, 지금은 근대의 일상과 수사학을 주제로 한 책을 작업 중이다.

박사논문을 쓴 후 2005년 초까지는 연구공간 수유+너머에 주로 머물다, 2006년 가을 동국대학교 교양교육원에 자리를 잡았다. 연구실에 월급이라는 혜택을 누리는 처지가 된지라, 이제야말로 미뤄두었던 과제를 정리해가야 하리라고 생각하고 있다. 먼저 1910년대에 본격적으로 돌진해볼 작정이다. 한국이 '인류'와 '역사'를 발견한 시대, 그리고 개인-사회의 관계를 정립하고 '행복'이라는 가치를 설파하기 시작한 시대. 이 시대는 3·1운동으로 끝나는데, 그렇다, 몇 년 후 3·1운동의 문화사를 완성할 수 있으면 정말 좋겠다!

근대학과 '거리의 탐구'

고현학考現學, Moderonologie이란 소설가 박태원이 여러 차례 들먹인 탓에 꽤 유명해진 말이다. 일본 학자 곤 와지로今和次郞에 의해 일반화된 이 말은, "우리들이 눈앞에서 보는 것" 즉 "인류의 현재"에 대한 기록으로서, "눈앞의 대상물을 천년 전의 사물과 같이 진기한 존재로 보"는 태도의 산물이다. 곤 와지로는 1923년 관동대지진을 겪으면서 이런 태도를 몸에 익혔다고 술회했던바, 도시가 눈앞에서 무너지고 다시 건설되는 모습을 보며 경험했을 무상無常과 경이驚異야말로 기록을 촉발한 힘이었을 터이다.[1] 이런 문제의식에서 곤 와지로는 각양각색 당대의 풍속을 기록하기 시작하는데, 몇 년 전, 그런 기획 중 하나를 본 적이 있다. 표지에 '고현학'이라는 글자가 선명한 1930년대산 서적이었다. 잔뜩 달떠 책을 받아 든 나는, 그러나 한 차례 죽 훑어보고는 바로 시큰둥해지고 말았다. 현대는 분명 현대지만, 그것은 농민의 현대였기 때문이다. 농민의 모습을 자세히 스케치하고, 농기구며 각종 잡동사니를 꼼꼼하게 그린 후 설명을 달아놓고, 농민의 생활에 대해 글을 쓴 것이 '민가民家편 고현학'의 대강이었다. '현대'라고 하면 바로 대도시와 유행을 떠올리는 상상과는 다른 노선을 취한 책이었던 것이다. 글쎄,

---

[1] 곤 와지로(今和次郞) 지음, 김려실 옮김, 「고현학이란 무엇인가」, 한국문학연구학회, 『한국 근대문학과 일본문학』, 2001 참조.

어떤 '현'現을 '고'考한 책이라면 만족했을까.

각종 산업시설과 공장노동자의 생활을 묘사한 책이라면 어땠을까? 증기기관의 작동원리를 설명하고, 방적기의 각부 명칭을 소개하고, 반별 분업과 작업원리를 소개하고……. 아마 여기까지는 시큰둥하기 쉬웠겠다. 노동자들의 작업복을 안내하고, 월급이며 생활비 지출 명세를 보여주고, 방 내부나 즐기는 음식을 묘사하고……. 그럼 아마 바짝 책 앞에 달려들기 시작했을 게다. 거리를 중심으로 도시를 보여주는 기획이었다면 또 어땠을까? 집이나 동네나 직장과는 전혀 다른 공간이 거리다. 사실 도시인들은 집이나 동네나 직장을 위해 사는 게 아니라 거리를 위해 산다. 아침마다 머리를 감고 옷을 빼입는 건 거리에서의 삶을 위해서가 아닌가? 유행에 신경 쓰고, 맛있고 멋스럽다고 소문난 음식점을 찾아다니는 것도 거리에서의 삶을 위해서가 아닌가? 돈을 걱정하고 티격태격 다투고 끝없이 피곤한 집에서의 삶이나, 휴가비 한번 시원하게 못 받고 매일 똑같은 노동을 반복해야 하는 직장에서의 생활을 견딜 수 있는 까닭은 오직 '거리'가 존재하기 때문이다. 도시의 핵심은 거리이다—근대 초기에 '산책자'가 그토록 의미심장한 존재였던 까닭은 여기 있다. 그러니 아마, '고현학'이라는 제목을 내건 책이 도시생활의 유행과 풍속을 다루고 있었다면 나는 그럭저럭 만족했을 터이다. 패션의 변화라든가 영화나 가요의 유행이라든가 기호식품의 추이라든가 도시경관의 일신日新을 취급했다면.

그렇다면, 내가 원하는 것은 그저 '거리 풍경'의 재구성인가? 고고학이 유물을 통해 수백 년 전, 수천 년 전 삶에 가닿는다고 할 때 그 삶이란 오직 '생활의 표면'일 뿐인가? 마찬가지로, 고현학은 오직 '풍경'에 관계할 뿐인가? 나 스스로를 통해 볼 때 거리에서의 삶이란 물론 중요하다. 집과 연구실 사이에서 내 행보는 고립된 직선을 긋는 대신 우왕좌왕 일탈한다. 사람들을 관찰하고, 사람들이 볼 때 나는 어떨까 염려하고, 길가에 써 붙인 '균일가 5천 원' 근처를 서성댄다. 신문가판대에서 머리기사를 훔쳐보고, 쇼윈도에 정신이 팔려 내일 패션을 궁리하는가 하면, 빵집이며 떡집을 충동적으로 들어가기도 한다. 거리에서 나는 관찰하고 관찰당하며, 쇼핑한다.[2]

한때 거리에서 전혀 다른 일을 한 적도 있었다. 지금도 시청 앞이나 신세계 앞을 지날 때면 종종 10여 년 전 그곳에 모였던 인파가 떠오르곤 한다. 환각처럼 옛날이 겹쳐 보일 때가 있다. 나의 '운동권 경험'이란 지극히 평범한 수준이지만, 그래도 거리에 대한 상상력의 근저에는 그런, 정치적인 거리의 경험도 깔려 있다. 명동과 종로, 대학로, 청량리, 신촌과 아현동, 홍제동……. 겁이 많았던 나는 선두에 서기보다 도망치기 바빴고, 시위대가 연좌에 이어 팔짱 끼고 눕기까지 할라치면 으으, 정말 피하고 싶었지만, 그래도 1987년 대학에 입학한 이래 1990년대 초까지 나의 '거리'는 그런 거리였다. 집과 학교를 오갈 때, 관찰하고 관찰당했겠지만, 쇼핑할 돈은 없었고, 사실 쇼핑할 곳조차 요즘처럼 풍성하지 않았다. 그 당시 나의 거리는 '유행의' 거리라기보다 '정치적인' 거리였다.

요즘이라고 시위가 사라진 것은 아니고 정치선전 역시 남아 있지만, 대량 살포되는 상업 전단지에 묻혀 정치선전은 제대로 눈에 띄지 않는다. 월드컵 열기며 촛불시위가 가끔 거리를 '집합적 장소'로 만들지만, 그 진지성이나 지속성은 10여 년 전과는 분명 다르다. 오래된 의미에서의 '정치'는 오늘날 한국의 거리에서 실종 상태에 있다. 그렇다면 혹시, 요즘 한국 근대 연구에서 기세를 올리고 있는 '거리의 탐구'란 정치적 무기력증의 징후인 걸까? 대체 '거리'는 근대에서 어떤 의미를 갖고 있으며 '거리의 탐구'는 근

---

[2] 거리에서의 나는 본질적으로 '소비하는 인간'이다. 루소나 보들레르나 박태원의 '산책자'들 역시 카페며 서점이며 백화점이 있기에 생겨날 수 있는 존재들이다.

대 연구에서 어떤 자리를 차지하고 있는가?

　근대 연구 일반이 '거리의 탐구'라고 할 수야 없겠다. 찬찬히 들여다보면 다른 흐름이 더 많이 보인다. 개념어와 근대 국어 성립에 관한 연구, 과학과 테크놀로지에 대한 연구, 제도와 권력 담론에 대한 천착……. 1990년대 이래 한국 근대를 새로이 조명하고 있는 연구를 모두 '근대 연구' 혹은 '근대학'의 범주에 넣을 수 있다면, 그 실 내용은 천차만별일 정도로 다양하다. 그럼에도 '거리의 탐구'가 인상적인 까닭은 그것이 새로운 시각의 가능성을 가장 인상적으로 보여주고 있기 때문이다. 패션이며 음식이며 취향과 행동거지 같은 사소한 대상이 전면적으로 부상했던 예는 일찍이 없었다. 지금까지 세계는 정치·경제라는 코드로 이해되어왔고, 토지·공장·세관과 군대·경찰·관공서를 중심으로 해석되어왔다. 근대학은 앞으로 이들 영역에 대한 재편과 재해석을 아울러야겠지만, 지금으로선 아직 그 가능성을 명료히 하지 못한 채, 유행·문화·풍속 등 '부재했던 영역'에 대한 연구를 통해 자기 존재를 알려나가고 있다. 유행·문화·풍속이라는 주제는 특히 기왕에 홀대받아 온 시각자료를 적극 활용함으로써 연구 영역의 특이성을 뚜렷이 한다. 유행·문화·풍속의 탐구, 그리고 삽화·사진 등 다채로운 시각자료의 활용은 근대학의 첫째가는 특징이다.

　때문에 '거리의 탐구'라 하기 어려운 연구까지 유행·문화·풍속의 연구로 좁게 평가되고 마는 현상도 드물지 않다. 근대학의 시작을 알렸다고 할 만한 『서울에 딴스홀을 허하라』(김진송 저, 현실문화연구, 1999) 같은 경우, 실제 구성은 신여성의 등장에서 과학기술의 발달까지 아우르는 폭넓은 것이었지만 이들 각 부분이 고루 읽힌 것은 전혀 아니고, 본문이 꼼꼼히 탐독된 것도 아니었으며, 되레 보조적으로 활용한 시각자료가 재독再讀 삼독三讀되었다. 유행·문화·풍속이라는 주제와 삽화·사진 등의 자료는 그만큼 호소력 짙은 것이었다. 그러나 물론, 이 새로운 호소력은 등장할 때와 마찬가지로 순식간에 사라질 수 있다. 백년 전, 수십 년 전 일상을 바라볼 때의 호기심은 오래잖아 시들해질 것이다. 근대학이 '거리의 탐구'라는 첫인상에 그치고 만다면 새로운 길은 열릴 수 없을 것이다. 세계를 바라보는 새로운 시각을 함축하고 있지 못하다면, 관동대지진 후 『고현학』의 저자가 느꼈던 무상과 경이마저 실어나르지 못한다면, '거리의 탐구'란 한갓 호사 취미에 불과하다.

　'거리의 탐구'는 어디로 갈 수 있는가? 근대학이 다양한 가능성을 개척하지 못한다면, '거리의 탐구'는 근대 도시의 면면을 시시콜콜 소개하는 데서 그치고 말 것이다. 『선데이 서울』만으로 유신시대 한국을 재구성해낼 수 있다고 생각하는 엉뚱한 오해 속에 빠지고 말지도 모른다. 이렇듯 '거리의 탐구'가 폐쇄적인 회로로 기능한다면, 근대학에는 분명 정치적 무기력증의 징후가 있다고 해야 하리라. 그저 수년 간 소비되고 말 영역을 창조해낸 데 불과했다고 보아야 하리라. 그렇지 않으려면 '거리의 탐구'는 이제 막 시작된 길, 미래의 가능성으로 연결되는 길이어야 한다. 정치를 회피하는 대신 정치성 자체를 새로이 주조하고, 변혁을 포기하는 대신 변혁의 새로운 차원을 발굴하는 것이 근대학의 지향이어야 한다. 주체는 어떻게 생산되는가? 주체의 무의식과 욕망은 어떻게 바뀌어갈 수 있는가? 일상이란 무엇인가? 일상에서 시작되고 일상으로 귀결되는 정치적 변화란 과연 무엇인가? 근대학은 이들 질문에 답해나가야 하리라. '거리의 탐구' 또한 이처럼 갱신의 열망과 이어짐으로써 비로소 단순한 신기新奇 취미를 벗어날 수 있으리라. 지식의 전복, 세계의 전복—나는 근대학에 이런 폭발력이 잠재해 있기를 꿈꾼다.

지식의 발단: 나는 누구인가?

자기소개서 비슷한 글을 쓸라치면 당황스러워지고 만다. 도대체 소개할 만한 굴곡이 없이 밋밋하기 때문이다. 1969년 서울 출생, 중산층 가정에서 평범하게 성장, 제때 대학가고 제때 졸업하다, 3년 만에 석사논문 쓰고 6년 만에 박사논문 쓰다, 그리고 계속 공부하다. 20대 막바지에 결혼하고, 아이 엄마가 되고, 그럭저럭 살다. 돌이켜보면 이 밋밋한 생애는 거의 천생天生이었고 동시에 필사적인 목표였던 것 같다. 누군가 20대 박사라고 신문에 난 걸 보면 흠, 논문은 꼭 서른 넘긴 후에 써야겠군, 하는 생각이 들었다. 전국 수석감이라고 떠들썩한 학생을 보면 문득 딱해지곤 했다. 저런, 필요 없이 눈에 띄면 피곤할 텐데. 당연히 버스에선 뒷자리, 강의실에선 구석자리를 사랑했다. 인정 욕망이 없었다고는 할 수 없다. 욕망의 결이 좀 복잡했을 뿐이다. 어릴 때 무슨 일이 있었나? 10대 초반의 '왕따' 경험 탓인가? 늘 남에게 미움을 사지 않으려 전전긍긍했다. 미움을 사지 않으려면 우선, 시선을 받지 않는 편이 안전했고.

　가끔 폭발할 것 같았던가? 희한할 정도로, 일탈을 꿈꿀 때마다 삶은 나를 제자리로 돌려놓았다. 가출 예약이라도 해놓을라치면 동행을 약속했던 선배가 증발해버리는 식이었다. 같이 일하던 선배며 동료가 잇달아 잡혀가도 나는 무사했다. 징그러울 정도로 무사했다. 1980년대에 대한 내 무용담은 시위대 꼬리에서 맛본 최루탄과, 무작정 도망쳐 오르던 산비탈과, 1시간 동안의 경찰서 체류에서 끝난다. 안락한 삶에 대한 혐오가 들끓던 1980년대에 나는 혐오받아 마땅했다. 자기 부정―조금만 감상적으로 변질되면 자기 혐오―을 익혔다는 점에서는 1980년대와 교감했지만, 부정의 최고 형식이어야 할 정치적 헌신의 장에서는 무능하기 짝이 없었다. 20대 내내 '정치'나 '혁명'은 내 콤플렉스의 원인이었다. 하나씩 하나씩 주술을 걸어나가, '문지' 文知 스타일을 멀리하고, '알' R이나 '피티' PT 같은 단어에 적응하고, 화염병을 보고 환호성 올리게 되는 데까지 성공하긴 했다. 인간의 삶에서 정치가 얼마나 근본적인지 스스로 설득력 있게 말할 정도도 됐다. 정치권력은 한순간에 모든 사람의 삶을 바꿔버리지 않는가? 전쟁이나 혁명의 사례를 보라. 평생 가꿔온 개인의 내력을 자취도 없이 바꿔버리는 게 전쟁과 혁명의 힘이요 정치의 힘이다. 무관심하게 지나친다고 해결될 문제가 아니다. 정치는 한순간 내 삶을 가격해 삶의 뿌리를 뒤흔들어놓을 테니. 정치는 삶의 근본 문제다. 그렇다.

불화가 사라지진 않았다. 대통령·국회의원·투표·정당—한편으론 이런 말과, 계급·혁명·조직·전술—다른 한편으론 이런 말과 결부된 것이 '정치'의 상상력이라면 둘 다 나로선 친숙해지기 힘든 계열이었다. 시절 탓인지 나이 탓인지 기질 탓인지, 1990년대 중반 이후에는 과연 '정치'의 압도적인 중력이 훨씬 줄어든 환경 속에서 살았다. 몇 년 전부턴 신문도 끊었다. 그렇다고 '정치'에 대한 콤플렉스가 근본적으로 해결됐다고 생각하진 않는다. 달라진 환경에 적응했고, '정치'의 용법이 달라져야 한다는 생각도 하게 됐지만 마음 한구석 불편할 때가 있다. 프롤레타리아 문학조직론을 주제로 석사논문을 써야겠다고 생각하던 대학원생이 『연애의 시대』라는 책의 필자가 되었지만, 근본적인 문제를 해결하진 못했다. 어떻게 살 것인가? 무엇을 하고 싶은가? 세계 속에서 나는 무엇인가?

'근대학'이라는 말을 먼저 써버리고 말았지만, 영역 英譯 하자면 '고현학'과 마찬가지로 'modernology' 정도로 풀어야 할 이 말은 전례가 없는데도 별로 낯설지 않다. 근대를 학적 대상으로 삼는다는 사실을 당연하게 받아들일 수 있게끔 되었다는 뜻이겠다. 한국에서 근대가 시작된 지 1백여 년,[3] 이제 근대는 '지나쳐온 어제'가 아니라 '역사'가 되어가고 있다. 다른 한편, 근대는 여전히 '당대'이기도 하다.[4] 곧 근대가 끝나고 새로운 시대가 오리라는 전망이 확고했던 시절도 있었지만, 1930년대나 1980년대에 만개滿開했던 '변혁의 시절'은 사회주의의 몰락을 목격하는 것으로 마감되었다. 다른 삶에 대한 꿈이 사라지지야 않았겠지만 '근대'가 당분간 지속될 현실이라는 사실을 부인하는 사람은 거의 없다. 1900년대에 처음 생겨나고 1920년대에 윤곽을 갖추었으며 1950년대에 재조정된 삶의 새로운 형식은, 그로부터 1백 년이 지났는데도 여전히 우리를 지배하고 있다. 지금 당신이 갖고 있는 욕망이 어디서 비롯됐는지 알고 싶은가? 당신이 갖고 있는 특정한 기대와 두려움, 당신의 삶의 가치와 취향이 어떻게 형성되었는지 알고 싶은가? 1900년대로, 1920년대로, 1950년대로 가라. 그러면 나 자신을 만나는 동시에 나를 만들어낸 이질적인 힘들과도 마주치게 되리라. 내가 나 자신에 대해 얼마나 무지한지 알게 되리라. 내가 나 아닌 무엇일 수 있는지에 대해 놀랄 만큼 아둔한 상상력을 갖고 있다는 사실을 깨닫게 되리라. 각성의 결과 눈앞이 환히 열리는 건 아니라 해도.

나는 근대에 대해 무엇을 아는가? 모든 것을. 앎을 따지기 전에 내 몸은

---

[3] 이른바 '근대의 자생성' 주장은 오래된 논란거리이다. 이 주장을 내세운 논자들은 조선 후기의 경제·사회 변동과 정치·사상적 개혁을 들어, 한국의 근대는 각국 제국주의가 간섭하기 이전 영·정조 시기부터 태동했다고 역설하였다. 그러나 이 글에서 말하는 '근대'는 전기·철도 등 테크놀로지의 수준과 병원·학교·경찰 등 제도의 수준, 그리고 의식주 생활과 취미 등 일상의 수준을 모두 아우르는 것이다. 이러한 변화는 1876년의 개항 이후, 보다 직접적으로는 1894년 갑오개혁 이후 일어났다고 보아야 한다.

[4] 가까운 나라, 한국·중국·일본에서 '근대'의 함의가 각각 다르다는 사실도 기억해둘 만하다. 중국에서 '근대'라고 하면 청일전쟁 이후 5·4운동까지(1894~1919)를 가리킨다. '현대'는 이후 공산당 정부가 대륙을 장악할 때까지(1920~1948), 공산당 정권 수립 후 현재까지(1949~)는 '당대'라 한다. 일본의 경우 '현대'는 통상 1945년 이후를 가리키지만, '근대'가 반드시 그 이전으로 제한되는 것은 아니다. 한국의 경우 한국전쟁 이후 1930년대 이후 한동안 1920년대 초반까지는 '근대', 이후는 '현대'라고 부르는 감각이 일반적이었으나, 오늘날에는 '근대'가 포괄적 명칭으로 쓰이고 있는 듯하다. 근대사 전공과 현대사 전공을 구분하는 국사학과의 경우처럼 근·현대라는 명칭의 구분이 여전히 유효한 영역도 물론 있다.

벌써 근대를 살고 있다. 의식주에서의 환경, 친구·가족·이웃과의 관계, 취향과 가치판단의 기준에 이르기까지, 나는 철저하게 서기 2006년의 한국에서 산다. 그러나 다시. 나는 근대에 대해 무엇을 아는가? 아무것도. 한국에서 근대라 불리는 시대는 벌써 1백여 년의 역사를 갖고 있지만, 그 사이 삶의 구체적인 실상에 대해 내가 아는 바는 거의 없다. 1백 년 전 사람들은 어떻게 살았을까? 아침에 일어나 그 사람들 눈에 제일 먼저 들어오는 풍경은 무엇이었을까? 낮고 더러운 천장? 종이 한 장 바르지 못해 거칠게 드러나 있는 흙벽이며 횃대에 걸려 있는 누런색 옷가지? 아니면 발빠르게 들여온 서양식 책장이며 의자? 값비싼 유리가 달려 있는 창문? 아침식사로는 무엇을, 어디서, 어떻게, 누구와 먹었을까? 밥 먹으면서 무슨 생각을 했을까? 서울이라면 벌써 신문배달부가 등장했을 무렵이니, 신문 한 장 척 펼쳐보는 여유까지 누릴 수 있었을까? 1백 년 전 1905년이라면 신문은 『황성신문』·『제국신문』·『대한매일신보』이거나 일본인이 발행하는 『한성신보』 등. 신문을 펼쳐 논설에서부터 관보·외보·잡보를 거쳐 광고까지 읽어내릴 때 1백 년 전 대한제국기를 산 누군가의 머릿속을 스쳐간 생각은 무엇이었을까?

    모르는 게 어디 1백 년 전뿐인가? 내가 모르는 것은 바로 나 자신이다. 나를 이루고 있는 것—정치적 의견, 경제적 조건, 문화적 취향, 그리고 오늘 아침 먹은 음식과 떠올렸던 욕망까지, 이 모든 것에 대해 나는 얼마나 무지하고 무능한가? 순간순간 행위의 분기점에서 곤혹을 느끼지 않을 때는 거의 없다. 지금 이렇게 살고 있는 '내'가 우연의 산물이라는 사실은 거의 분명해 보인다. 특정한 유전자와 특정한 환경이야 인정한다 치자. 10년 전 20대 후반을 통과하고 있었던 나와 지금의 나 사이에는 어떤 연관이 있는가? 그 '나'는 이런 '나' 말고 숱한 '나'로 이어질 수 있었다. 특별한 악운이나 행운이 개입하지 않았더라도, 약간의 변수나 사소한 결정에 의해 '나'는 조금씩 다르게 미끄러져 갔으리라 생각한다. 지금-여기 있는 존재가 필연이라는 감각은 전무하다 해도 좋을 정도로 없다. 그럼에도 여기서 출발하지 않을 수 없다는 생각만이 선명할 뿐이다.

지금-여기, 즉 근대. '근대'란 내게 무엇보다 당대the contemporary를 뜻한다. 언젠가 근대는 자본주의와 민족주의의 시대였다고 회고할 수 있을지 모르지만, 회고의 지점은 아직 멀어 보인다. 근대란 내게 일종의 '삶의 조건'이다. 그 자체로선 선도 악도 아니다. 해방의 힘인 동시에 끔찍한 억압의 무게이다. 혹은, 억압이자 해방이다. '근대 너머'를 꿈꾸는 건 다만 근대의 문제가 지금-여기서 절실하기 때문이다. 근대의 극복이 '완성을 향한 진보'를 보장하리라고 믿기 때문이 아니다. 내가 세계 자체가 될 수 있다는 생각은 어차피 없다. 한때 보편과의 까마득한 거리에 절망했지만, 지금은 주어진 조건 속에서 최선을 다해 살다가 최선을 다해 죽어가는 수밖에 없다고 생각한다. 모든 문제를 해결하는 만능의 '너머'는 존재할 수 없으리라. '너머'는 바로 이 자리에 있으며 아무데도 없다. 각개약진? 그렇다면 고통받는 사람들은? 절망은? 어떤 궁극적인 해결책도 없이 스러져가야 한단 말인가? 누군가 내게 묻지만, 그렇다―당분간 보편을 사절하련다. 적어도 지금-여기의 절실성이 저절로 보편을 부를 때까지. 나는 다만 내 문제와 씨름할 따름이다. '내' 안에 이미 우주가 얽혀 있기를 기대하면서.

거쳐온 나날은 내게 어떻게 각인되는가? 현재는 실현된 가능성에 의해서뿐 아니라 실현되지 않은 가능성에 의해서도 규정된다. 성공한 사랑에 못지않게 실패한 사랑도 지금의 '나'를 만들었다. 역사를 읽는 일은 이 점에서 늘 현재적이다. 억압되고 망각되고 추방당함으로써, 그럼으로써 존재하고 있는 과거는 어떤 것인가? 현재가 이 모양새로 존재하기 위해 팽팽하게 버티고 있는 '현재 아닌 것'의 압력은 얼마만한가? …… 출발점으로서의 지금-여기를 인정하는 일과 지금-여기 속에 있는 다른 가능성을 탐색하는 일은 동전의 양면과도 같다. 우연한 존재인 채로, 나는 살아가지 않을 수 없다. 또한 살아가기 위해서라도 다른 삶을 냄새 맡지 않을 수 없다. 나는 경박하지도 않고 비극적이지도 않은 우연성을 마주한다. 미래는 지금-여기가 우연성에 의해 조망될 때 비로소 열린다. 최초의 균열은, 지금 이 가치가 어떻게 만들어졌는지 골똘히 들여다볼 때 생겨난다. 내게 있어 화두는 우선 '문학'이었다.

문학, 욕망의 지형학

'문학소녀'라는 말은 그 음험한 의도 때문에 정말이지 목격하기조차 싫은 단어 중 하나다. '문학청년'이란 말이 제법 그럴듯한 반면 '문학소녀'란 말은 묘한 모멸감을 함축하고 있다. '문학청년'은 언제고 번듯하게 문학 창작의 주체가 될 예비 문학가이지만, '문학소녀'는 언제까지고 창작의 꿈을 품고 있을 수밖에 없는 영원한 미달의 존재다. 제대로 된 글 쓸 능력도 없는 주제에 독자로서의 위치에 만족하지도 못하고 끄적끄적 원고지를 버려대는-그리하여 문학판 근처나 기웃대는 것으로 자기를 위안하는-남들은 알아주지도 않는 시인이나 소설가를 "선생님"이라 부르며 따라다니고, 그 '선생님'의 소개로 서푼짜리 잡지에 조각글이라도 한번 실으면 목이 빳빳해지는-'문학소녀'라고 하면 그런 존재다. 이 같은 '문학소녀'의 이미지는 이미 1920년대 초반에 정착하기 시작하는데, 그 근저에는 여자는 결코 뭔가를 생산할 수 없고 계속 소비할 수밖에 없다는 오래된 편견이 도사리고 있다. 여자는 기껏 쇼핑으로나 자기표현을 하는 존재며, 문학·예술 같은 '고급한' 영역을 동경할 때조차 근본적으로 그렇다는 것이다. 그러니, '문학소녀'라.

'문학소녀'라 불리는 건 지독히 싫어했지만, 나 역시 시며 소설을 열심히 읽는 시절을 거쳤다. 목록은 정확히 떠오르지 않는다. 초등학교 때는 주로 동서 그레이트북스 1백 권, 중학교 때는 을유문화사 세계문학전집 1백여 권, 고등학교 때는 각종 문예지와 국내작가 전집류를 주로 거쳤으니, 내 독서 취향은 아마 그 어름 어딘가에서 결정났을 것이다. '책을 읽는다'는 말은 '소설을 읽는다'는 말과 크게 다르지 않았고, 다만 고등학교 때는 약간의 시집과 철학서가 묵직하게 추가되었다. 최인훈과 도스토예프스키, 황동규와 정현종, 카뮈와 사르트르―그리고 또 누가 있었더라? 처음엔 책 읽는 게 그저 즐거웠지만, 오래잖아 책은 유일한 도피처가 돼버렸다. 10대 후반은 허덕허덕 힘에 겨웠고, 연습장 뒤쪽에서부터 시를 하나씩 베껴 써넣어야 그나마 하루를 견딜 수 있었다. 세상은 온통 낯설었는데 오직 책 속의 존재들만이 친숙했다. 문학이 아니라면 살아남을 수 없을 것 같았다. 대학에 들어가고도 근본적인 정서는 바뀌지 않았다. 민중문학·노동문학에 기를 써 적응하려 했지만 나에게 문학은 선전·선동의 무기이기 전에 생존의 조건이었다.

언제부터 이 감각이 사라졌는지가 되레 불분명하다. 시대도 문학도 달라졌고, 나이 들면서 몸도 마음도 바뀌었을 테니. 서른 가까워선가? 어느 날 문득 뒤돌아보니 내게 문학은 거의 아무것도 아니었다. 무상할 정도였다. 그렇다면 내가 '문학'이라는 이름에 걸었던 그 많은 욕망은 대체 무엇이었나? '문학'이 무엇이기에 내 생을 지배해왔고, 다른 많은 사람들의 생을 차압하고 있는가? 일찍이 문학의 영원불변성에 대해 회의를 품은 일이 없었지만, 나 스스로 겪은 가변성은 문학이란 무엇인지를 다시 생각하게 만들었다. 마침 1백 년 전 신문, 『대한매일신보』를 함께 읽어가고 있을 때였다. 『대한매일신보』는 지금과 다른 삶이 존재했으며, 그것도 대단한 열정과 진지성 속에서 존재했음을 일깨워주었다. 지금-여기 있는 '나'는 하나의 출발점일 뿐, 절대 유일한 가치일 수 없다는 사실을 그때 다시 배웠다. 이토록 익숙한 습관, 이토록 익숙한 감각이며 상상력이 고작 1백 년 전만 해도 낯설디낯선 것이었다니! 1900년대의 신문이며 학회지에서는 우리 모두 똑같은 '국민'이며 남녀 공히 교육을 받아야 한다고 가르치면서, 손으로 코 풀지 말고, 긴 담뱃대 휘두르지 말고, 흰옷 대신 색깔 옷 입고, 갈지자걸음 대신 행진식 보법步法을 익히라고 선전하고 있었다. 1·2·3·4······라는 아라비아숫자도, 척추동물과 무척추동물의 차이도 가르쳤고, 아이에게 먹일 이유식 종류며 유익한 자장가까지 지시하고 있었다. 모든 것이 새로 조직되고 있는 참이었다.

문학 또한 존재하지 않았다. 1900년대에는 문학이니 예술이니, 개인과 자의식이니 하는 용어가 본격적으로 출현하지 않았다. 이들 단어가 오늘날의 의미를 부여받은 것은 1910년대를 거친 후의 일이다. 그러나 시민권을 취득한 후 '문학'은 놀랍도록 빠른 속도로 성장했다. 1920년대부터는 담론의 중심에 자리했고, 문단·문예지 등의 제도를 통해 영향력을 확대해갔으며, 1950년대에는 '현대문학'이라는 이름으로 대학 제도에도 안착했다.[5] 오늘날 한국 현대문학에 종사하는 연구자 숫자는 인문학에서 단연 수위를 달린다. 2005년 1월 현재 학술진흥재단에 등록된 인문학 박사학위 소지자 10,055명 중 국어국문학 전공자는 2,005명-1980년대 이후 국어국문학과

---

[5] 여기서 '문학'이라는 이름으로 가리키는 것은 창작 행위로서의 문학(literature)이자 연구 행위로서의 문학(literary study)이다. 통칭 현대문학은 이 둘 사이의 균열을 최소화한, 혹은 혼란을 최대화한 존재이고, 한문학·고전문학 등은 현저히 문학 연구로서의 성격을 드러내고 있다.

에서 배출한 석·박사 중 절대 다수는 현대문학 전공자들이었다. 이렇듯 흥성한 기세를 자랑하지만, 되풀이하자면, 한국 현대문학의 역사는 그리 오래지 않다. 경성제국대학 법문학부에 조선어·조선문학을 전공하는 학생이 처음 출현한 것은 1926년.[6] 그 이전에 조선광문회나 배달모음 등에서 이루어진 자생적인 한국학 연구까지 염두에 두자면 국어학이나 고전문학에 해당하는 부분의 연구는 비교적 일찍부터 존재해왔다. 1930년대에 이르면 국어학이나 고전문학 분야에 있어서는 아카데미즘 영역에서의 재생산 구조가 분명히 갖춰지기에 이른다. 그러나 현대문학 연구의 경우 상황이 달랐다. 현대문학에서도 임화며 백철 등이 1930~40년대에 문학사를 기술하기는 하지만, 이들은 대학에 자기 자리를 가질 수 없었던 비평가에 불과했다. 임화는 전문교육을 거치지 않은 시인이었고, 백철은 영문학 연구자로서 다만 일종의 현장활동으로 비평을 택했을 뿐이다.

현대문학 연구가 대학에 진입한 것은 1950년대 이후의 일이다. 경성제국대학이 서울대학교로 변모한 후, 국문학과를 거친 이들 중 일부가 현대문학 연구자가 되었으며, 아카데미즘을 통하지 않고 『문학예술』이나 『현대문학』 같은 잡지에서 활동하다 대학으로 옮겨간 이들이 합류했다. 전광용·정한모·조연현·이어령 등은 이 두 가지 사례를 겸한 범주에 속할 것인데, 이들은 연구보다 작품 활동을 통해 '현대문학'이라는 영역에 진입해갔다. 시나 소설, 혹은 비평이라는 현장 활동을 통해 현대문학이라는 새로운 분과에 접근하고, 이후 연구활동을 접목시켰던 것이다. 오랫동안 『현대문학』 주간으로 활동하다 교수로 취임한 후 『한국현대문학사』 등의 업적을

---

6 1926년 딱 한 명이었던 조선어·조선문학 전공 학생이 바로 조윤제였다. 경성제대는 1924년에 설립되었지만 당시 모집했던 것은 예과 신입생이었고, 2년 과정인 예과 졸업생이 배출된 1926년부터야 본과의 전공 마련이 가능해졌다. 본과 과정은 3년이었다.

남긴 조연현의 경우가 대표적이고, 소설가였던 전광용, 시인이었던 정한모, 비평가였던 이어령 또한 창작·비평 경험을 발판으로 현대문학 연구를 시작한 경우였다.

현대문학 연구는 처음부터 연구와 창작, 혹은 비평의 미분리라는 상황에서 출발했다. 백사 전광용 선생이 "소설 쓰려고 온 놈들은 저기 모某 예대 문예창작과로 가!"라곤 했다는 이야기가 서울대 국문과 학생들 사이에선 오랫동안 전설처럼 전해지고 있었는데, 막상 백사 자신이 소설가였다는 사실을 생각한다면 이 역설은 자못 의미심장하다. 현대문학이란 만만하고 하찮은 것이었기에 스스로 마음을 도사려 먹어야 할 필요가 있었다. 다른 근대 학문이 1910년대, 1920년대로 거슬러 올라가는 역사를 자부할 수 있었던 데 비해 현대문학은 누구도 '스승'이나 '아비'라고 부를 수 없었다. 임화라는 이름을 발음할 수 없었던 1980년대까지는 더욱 그러했다. 지금 학회 상황만 봐도 일목요연하다. 국어학계에는 국어학회, 고전문학계에는 고전문학회가 있지만, 현대문학에는 각 학교별로 학회가 난립해 있을 뿐이다. 어떤 통합의 기도도 먹혀들기 어렵다. '모든 것이 거기서 나왔다'고 명명할 만한 공통의 기원이 현대문학에는 없다.

정체성 역시 취약하다. 현대문학이라는 이름에 값하는 연구 내용은 무엇인가? 1980·90년대의 문학 텍스트에 대해 원고지 1천 매 분량의 분석을 써냈다면 그것은 논문인가 비평인가? 논문과 비평을 가르는 잣대는 방법론의 엄밀성 여부라고 하는데, 방법론의 지평이 현대문학 자체 내에서 타개된 일은 없다시피 했다. 예외가 없진 않았으나, 대개 역사학이나 철학의 성과를 빌려왔을 뿐이다. 현대문학 연구는 근본적으로 선조先祖 불명, 정체성 불명의 상황을 벗어나지 못했다. 1980년대 이후 연구인력이 대대적으로 확충되면서 변화가 이는 듯 보였으나, 오래잖아 지식 전반의 지형이 동요하면서 불명不明의 상황은 다시 되풀이되었다. 요즘 한국 현대문학 전공자들이 '근대학'이라 부름직한 영역, 특히 '문화 연구'라 부를 수 있는 영역에 적잖이 진출하고 있는 것은 이 같은 불명不明 혹은 잡종성 때문일 것이다. 현대문학이라는 이름 아래서는 거의 무엇이든 할 수 있다. 20세기 중반 이후의 사회학이 그러하듯이, 텍스트라면 무엇이든 현대문학의 대상이 된다. 1900년대의 위생 담론도, 1920년대의 조직론도, 1930년대의 만화도 학위논문의 대상이 될 수 있다.

1999년, "한국 근대의 '소설' 범주 형성에 관한 연구"라는 제목으로 박사논문을 썼다. 아마 현대문학의 잡종성 혹은 개방성 덕을 크게 입었을 것이다. 6~7년 앞서 종교학과에서 "개항기 한국사회의 '종교' 개념 형성에 관한 연구"라는 제목으로 논문을 제출했던 선배는 논문 내용의 절반을 잘라내야 했을 정도로 혹독한 절차를 밟았다고 들었다. 나는 대조적으로 많은 격려를 받으면서 논문을 완성했다. '소설' 운운하는 표제를 달았지만 기실 내가 보고 싶었던 것은 '문학의 기원'이었다. 1백 년 전만 해도 용법 자체가 오늘날과 달랐던 '문학'이 어떻게 각 대학의 각종 문학 전공, 그리고 문단·문예지에 문학상·신춘문예며 작가·비평가를 거느린 거대한 제도이자 산업으로 발돋움했는가? 아니, 어떻게 국문학과나 문예창작과를 택하고 신춘문예 당선을 꿈꾸며 좋은 시 한 편이면 목숨과 바꿀 수 있다고 생각하게끔 하는 욕망을 만들어냈는가? 글쓰기의 욕망 자체는 거의 초시대적인 것이지만, '문학'이라 불리는 쓰기와 읽기의 욕망은 분명 최근에 발명된 것으로 보였다. 논문에서는 지·정·의라는 범주며 예술의 권위화며 민족국가의 기획이며 내면의 고안 등을 살펴봄으로써 '문학'이 만들어진 경로를 탐색했다. 그 과정에서 실로 많은 생각의 가지를 발견했다. 문학뿐 아니라 지금 우리 삶을 지배하고 있는 모든 제도·관념·가치를 새삼스러운 눈으로 보게 되었다.

　깔끔하게 현대어로 묶여 나온 작가 전집에 의거해 논문을 쓸 수도 있는 현대문학이라는 분야에서, 근대 초기의 신문·잡지·소설이라는 낯선 대상을 골라잡은 건 퍽 다행한 일이었다고 생각한다. 요행 석사과정 때부터 초보적인 경험은 있었다. 내가 대학원에 진학한 1990년대 초는 선후배 사이의 동지애가 단단하던 무렵이어서, 입학하자마자 소설사며 비평사라는 이름의 세미나를 거쳤다. 세미나에는 늘 여러 명의 선배가 입회해 있었다. 알피Reproduction라고 해서 자신이 자극받은 지식을 후배에게 전수하는, 그런 식의 자발적 지식 재생산이 열띠게 이루어질 때였다. 세미나 대상은 주로 카프KAPF 작가의 텍스트였다. 카프는 당시 막 주목받기 시작했을 뿐이라서 깔끔하게 정리된 선집이나 전집 따위가 없었으므로, 당연히 원본에 대한 감각이 필요했다. 선배들이 이끄는 데 따라 더듬더듬 희미한 인쇄를 읽어냈고, 아직 권위 있는 해석이 나오지 않은 텍스트를 둘러싸고 자유롭게 토론을 벌이곤 했다─아직도 가끔 그때가, 그 사람들이 그립다. 박사논문을 쓰면서 익숙한 경험을 다시 한 셈이다. 훗날 연구공간 수유+너머의 한 축으로 발전한 세미나팀에 크게 의지했기에 더욱 그랬다. 낯선 대상 속에서 허우적거리면서, 반쯤 행운에 힘입어 겨우 길을 발견해갔다. 그때 이후 '공부'란 내게 '자료의 재발견'과 동의어가 돼버렸다. 개론적으로 알고 있었던 시대·인물·텍스트지만, 직접 내 눈으로 확인했을 때는 늘 달랐다. 1900년대에서 1950년대까지 어떤 시대도 내가 '배웠던' 시대와 같지는 않았다. 어떤 문제도 내가 배웠듯 간단하진 않았다.

식민지라는 문제

간단하지 않은 여러 가지 문제 중에서 요즘 내 머리를 계속 복잡하게 하는 것은 '식민지'라는 문제다. 역사 속의 누군가와 나를 동일시하는 오만을 방해하는 최대의 난적, 식민지. 정치와 역사를 중심으로 한 익숙한 방법론이 가장 강력하게 가동되어버리는 주제, 식민지. 2000년 『한국 근대소설의 기원』이라는 책을 내고 2003년 『연애의 시대: 1920년대 초반의 문화와 유행』이라는 책을 내면서, 나는 계속 주의깊게 이 문제를 피해 다녔다. 지금도 정면승부할 자신은 없다. 와락 달려들어 문제와 씨름하지도 못하면서, 몇 년째, 언젠가 내 나름의 방식으로 이 문제를 풀 수 있으면 좋겠다고 생각한다. 가해자와 피해자를 선명하게 나누는 방식도, 그렇다고 어정쩡하게 모두 공모자요 협력자였다고 말하는 방식도 아닌, 다른 방식을 찾을 수 있었으면 하고.

예컨대 문제는 이렇게 다가온다. 2004년 가을 「유리판에 갇힌 물고기」라는 전시를 본 적이 있다. 우치다 케이타로_內田惠太郎_라는 일본인이 1920~30년대에 걸쳐 촬영한 조선 어류 사진을 전시한 것인데, 지금 남아 있는 유리 건판_乾板_(사진에 쓰이는 감광판의 하나)만 총 1천여 점이라고 한다. 전시장에 들어가 보면 50cm×20cm 정도의 물고기 사진이 빽빽이 붙어 있을 뿐이라, 어류학자나 생태론자 아니라면 별 관심을 가질 까닭이 없어 보이지만, 이 얌전한 물고기 사진은 뜻밖에 인상적이다. 총독부 수산기사였던 한 일본인이 이처럼 방대한 규모로 한국의 어류를 정리해놓았다는 사실도 놀랍거니와, 보다 센세이셔널한 것은, 광복 이후 한국 어류학을 개척한 학자의 작업이 우치다 케이타로의 작업과 중복되는 부분이 많다는 사실이다. 자료사진이며 설명이 겹치는 부분이 적지 않다고 한다. 체험담의 수사_修辭_

까지 똑같은 판이다.[7]

　어설픈 상상이지만, 상상은 되레 너무 쉽다. 식민지시대, 열심이고 박식한 선학先學이 있다. 일본인이긴 하지만 나는 그 사람으로부터 실로 많은 것을 배운다. 그리고 어느 날 광복, 일체의 '일본적인 것'이 발설되어서는 안 되는 새로운 시대가 왔다. 떠나간 사람의 이름을 올리는 것조차 위험하다. 곧이곧대로라면 모든 작업을 원점에서 다시 시작해야 할 상황이다. 10년, 20년은 족히 걸리리라. 그러나 눈앞에 그 사람이 남긴 성과가 고스란히 있는데? 바삐 세계를 만들어가야 할 지금, 뻔히 보이는 저 성과를 다시 내 손으로 쥐기 위해서 10년, 20년을 흘려보낸다는 것은 낭비가 아닌가? 아니, 대체 내 안에서 그 존재를 지워낸다는 게 가능한 일인가?…… 엄격하게 굴자면 물론, 제 손으로 만져본 돌 한 조각과 남이 건져온 표본은 전혀 다르다고 할 수 있으리라. 무의미하게 흘리는 땀, 도덕성의 기반은 거기서 시작되어야 한다고 말할 수도 있으리라. 그러나 조금 느슨하게 말한다면, 이것은 꼭 양심이나 도덕성의 문제만은 아니지 않은가. 오히려 어쩔 수 없었던 역사의 문제라고 해야 하지 않을까. 한국 시가 연구의 비조鼻祖는 조윤제이지만, 그 저편에는 오구라 신페이小倉進平가 있다. 한국 근대 사학의 첫 장면에는 시카타 히로시四方博가 짙은 그늘을 드리우고 있다.[8] 차라리 '표절'이나 '모방'이라면 간단하겠지만, 문제는 그리 간단치도 않다. 경성제국대학에

7　자세한 내용은 이기복, 「일제시기 조선산 어류연구와 우치다 케이타로: 제국의 바다, 식민의 바다에서」, 『유리관에 갇힌 물고기: 한국 근대 어류학과 어류사진 아카이브』, 중앙대 DCRC·영월책박물관, 2004를 참조할 수 있다.
8　물론 문제는 이들이 '나쁜' 일본인인가 '좋은' 일본인인가 하는 점에 있지 않다. 좋은 일본인? 오구라 신페이나 시카타 히로시가 유능하고 성실한 연구자였음은 분명하거니와, 마찬가지로 경성제대 교수였던 미야케 시카노스케(三宅鹿之助)는 유명한 사회주의자 이재유를 숨겨주었다 체포되어 일대 충격을 안겼던 일도 있었다. 물론 이는 당시 사회주의 운동의 국제주의적 지향을 떠올려야 이해할 수 있는 일이겠지만, 문제는 이 일체의 다른 구분법이 '일본인!'이라는 지명 앞에서 무력해진다는 사실에 있다.

서 조선어·조선문학이나 조선사 연구를 한다는 역설적인 길을 택한 그 순간부터 '제국'의 자취를 지니지 않을 수 없었을 테니.

그러니까 '재야在野'라는 정체성이 중요하다고? 종종 제도 외부에서 뜻밖의 가능성이 발견될 때가 있다. 한의학 같은 경우가 그렇다. 한의학은 오랫동안 근대 제도에 편입될 수 없었던 불운한 경우에 속하는데[9] 그 불운 때문에 식민성의 콤플렉스는 비켜갈 수 있었다. 모든 것이 '오롯이 내 것'이라고 주장할 수 있었다. 이른바 재야 사학 등도 비슷한 사례를 구성한다. 그러나 그런 '전적인 외부'가 일반적인 가능성이 될 수 있는가? '절대 순결의 지점'이 있을 수 있는가? 나로선, '모두 유죄다, 그러나 살아가지 않을 수 없다'와 '모두 유죄다, 그러나 누군가 책임져야 한다'를 동시에 발설하는 딜레마 쪽이 훨씬 절실하다. 살아 있는 한 우리는 모두 죄지은 자다? 아니, 그렇게 비장하진 않길 바라지만, 우리의 행동이란 언제나 '～에도 불구하고'의 행동일 수밖에 없지 않은가? 제국과 식민지라는 문제는 지금까지 주로 이 자의식을 최소화하는 데 기여해왔다. 우리는 '정당한 주체'여야 했으며 동시에 어떤 실익도 잃을 수 없었다. 우리 모두가 식민지의 흔적을 지니고 있다는 사실은 감추되, 아亞 제국으로 비난받을 때는 식민지 경험을 내세워 면죄부를 요구하는 식으로. '패권覇權의 주자'이자 '순결한 희생자'라는 모순된 자리에 위태위태 서는 식으로. 출발부터 어긋난 이 이중주는 변덕스럽다. 자칫 부적절한 순간 부적절한 선율을 연주하면 무자비하게 공격받을 것을 각오해야 한다. 근대학은 이런 식의 제국주의 인식에서는 멀리 떨어져 있는 듯 보이지만, 그렇다면 제국과 식민지라는 화두를 어떻게 돌파하고 있는가? 근대학이 단순히 '거리의 탐구'로 끝나지 않으려면 이 화두

---

9 굴곡이 있었지만 한국에서 한의사제도가 만들어진 것은 1952년, 경희대에 최초로 한의학과가 개설된 것은 1964년의 일이다. 대부분의 한의학 관련 학과는 1980~90년대에 개설되었다.

와의 대결은 불가결하지 않은가?

　1940년을 기준으로 생각해본다면, 1910년에 태어난 세대가 벌써 서른에 이르렀을 때다. 문학가로 따지자면 이상·김유정·박태원·김남천·이효석 등이 이 세대에 해당한다.[10] 한국 근대문학의 첫걸음을 떼놓은 세대는 그보다 근 20년 앞서는 이광수·최남선의 세대. 1890년 전후에 태어난 이들에게는 강점 이전의 조국에 대한 생생한 기억이 있었다. 앞뒤를 보면 1900년경에 태어난 세대는 김동인·염상섭이며 최서해·조명희·한설야의 세대이고, 1920년생 어름에는 손창섭·장용학·김수영 등이 속한다. 이광수며 최남선에게 '조국'에 대한 생생한 감각이 있었으리라는 사실은 의심할 나위가 없다. 이들은 병합 이전에 이미 "나라로 돌아가라, 나라로 돌아가라"는 환청에 시달렸던, 따라서 평생 그 환청에서 벗어날 수 없었던 이들이다. 최남선이 19세의 나이로 『소년』을 창간하고 이광수가 『무정』에서 "힘을 주어야지요! 문명을 주어야지요!"라고 부르짖는 면모를 보일 수 있었던 것은 이 때문이다. 그러나 조금 내려가 1910년생, 1920년생에 이르면 식민지란 자신이 체험한 유일한 조건이 된다. 일본 제국의 일부로서가 아닌 독립된 '조선'이란 상상으로써만 경험할 수 있는 세계이다. 이들은 '일본'이 아닌 현실을 알지 못한다. 더욱이 이들의 '일본'은 오늘날의 일본과 또 달랐다.

　우리는 20세기 전반의 역사적 실체 '일본'과 오늘날의 국가 '일본'을 동일시해버리는 습관이 있다. 제국주의 일본을 상기할 때조차 그 관계는 언제나 일대일이다. 크기조차 비슷한 국가와 국가 사이의 대결인 것이다. 중국을 상대한다고 할 때 어쩔 수 없이 갖는 위압감이 일본을 떠올릴 때는

10　이 중 가장 앞선 사람은 1907년생인 이효석, 가장 뒤에 선 사람은 1911년생인 김남천이다. 최근까지 남한에서 활약한 작가로는 김동리(1913년생), 안수길(1911년생), 황순원(1915년생) 등이 이 또래에 속한다.

작동하지 않는다. 1945년 이래 우리는 일본을 한반도의 1.5배에 불과한 영토의 소유자, 강대국이지만 '경제 동물'이라는 조롱을 받는 왜소한 존재로 상상하고 있다. 그러나 1백 년 전, 몇십 년 전 현실에서의 감각은 전혀 달랐을 터이다. 일본은 1868년 메이지유신으로 개혁의 첫걸음을 디딘 이래, 1894년 청일전쟁, 1904년 러일전쟁 등의 전쟁을 겪으면서 민족국가로서의 위용을 다져왔다. 1894년 청일전쟁에서의 승리는 열강의 간섭으로 무력화되었지만, 1904년 러일전쟁에서의 승리는 일본이 바로 그 '열강' 중 하나로 발돋움하게 만들었다. 별달리 열강과의 경쟁을 거치지 않고 일찌감치 획득한 홋카이도北海島며 오키나와沖繩까지 포함해, 러일전쟁 후 일본의 영토는 타이완臺灣·조선·칭다오靑島 등을 포함하면서 점차 늘어난다. 확장세는 계속되어, 1930년대 후반 일본의 판도는 서쪽으로는 인도네시아, 동쪽으로는 남태평양 군도에까지 이르렀다. 중국대륙의 1/3까지 점령하였다. 지배 지역의 면적으로 볼 때 1940년경 일본은 영국에 이어 제2위를 차지하고 있었다.[11]

과연 이 사실을 견딜 수 있는가? 식민지 조선에게 일본은 치명적인 적대자였지만, 일본에게 조선은 새로 획득한 많은 영토 중 일부, 해결해야 할 여러 문제 중 하나였을 뿐이다.[12] '나'에게 '그'가 절대절명의 존재인 반면

---

11 이런 사실에 입각해 1894~1945년의 역사는 '일본사'라는 일국적 시야가 아니라 '제국사'라는 새로운 주제 설정을 요청한다는 논의가 1980~90년대 일본에서 있었다. '일본사'에 저항할 가능성과 '일본사'를 부당할 정도로 팽창시킬 가능성을 모두 갖고 있었던 이 논의는 한동안 큰 파장을 일으킨 후 이제 잠잠해진 듯 보이지만, 적어도 역사를 '국가의 역사'가 아닌 다른 방식으로 전유할 가능성이 없는지 생각해 볼 계기를 던져주었다. 최근의 고구려 공방이 잘 보여주듯 역사를 '국가의 역사'로만 전유하려 할 때 생기는 왜곡의 정도는 심각하다. 압록강 유역이나 제주 지방에 대해 독자적인 지역 설정이 필요하지 않은가 하는 제기가 최근 몇 년 사이 있었거니와, 이들 문제에 대해 진지한 착안이 필요하다고 생각한다.

12 물론 강점 당시를 기준으로 타이완의 인구는 300만 명, 조선의 인구는 1,500만 명이라는 식의 불균형이 있긴 했다. 홋카이도·오키나와 타이완 등 다른 정복의 경험이 있음에도 불구하고 조선은 일본이 경영한 최대의 식민지였다. 그러나 제국 일본은 대외 팽창의 길을 택한 그 순간부터 늘 중국 대륙을 염두에 두고 있었으며, 이 점에서라면 조선은 언제나 '대륙 진출의 병참기지'로서 부분화될 수 있었다. 1930년대 이후 1945년까지 이 가능성은 현실화된다.

'그'에게 '나'는 여럿 중 하나일 뿐이라니! 아마 1945년 이래 한국이 안간힘을 써 숨기려 한 사실은 바로 이것이었을 터이다. 식민지였다는 치욕은 견딜 수 있을지언정, 유일한 식민지가 아니었다는 치욕은 견디기 어렵다. 일본이라는 존재의 위압감은 이제 상상 속에서라도 허용하지 않으리라! 상상하는 순간 '나'를 견딜 수 없어질 테니! 그렇다면 오늘날 제국주의 일본의 팽창과정이며 홋카이도·오키나와·타이완의 역사가 조금씩 알려지기 시작한 것은 역설적으로 일본이라는 존재에서 자유로워진—혹은 그렇게 생각하는—이들이 많아지고 있다는 뜻도 된다. 이런 여유 자체가 한국의 GNP 수치에서 말미암은 것이라는 지적도 있지만, 그렇다 해도 이제 이것은 하나의 조건, 제국과 식민지의 관계를, 나아가 민족의 역사를 새로 사유할 수 있게 해주는 조건이다.

'그들'을 다시 만나기 위해서

이광수·주요한·김동인은, 그리고 초기 사회주의 문학을 이끈 김기진 세대까지도, 학생 시절 일본어로 글을 썼고 일본 문단 진출을 진지하게 고민했다. 3·1운동 이후 조선인의 언론공간이 열린 후에도 조선어·조선문학의 사멸을 걱정하는 목소리는 끊이지 않았다. 1930년대 후반 일제 파시즘의 격화 속에서는 '조선'을 버려야만 살아남을 수 있다고 생각한 사람들도 있었다. 물론, '역사'는 이들을 패배시켜버렸다. '역사'는 민족주의가 옳다고 선언했다. 그러나 '역사'란 어떤 주기로 움직이는가? "역사는 내가 옳았다는 사실을 증명해줄 것이다" – 얼마 후를 기준으로? 10년 후나 30년 후? 1백 년 후? 혹은 5백 년이나 1천 년 후? '역사'가 없었더라면 우리는 무엇을 기준으로 과거를 평가했을 것인가? '역사'라는 가치가 발명된 것은 고작 18세기 말~19세기 초의 일이라는데 말이다. 1960년대에 태어나 1980년대에 20대를 보낸 나로서는 '역사'라는 말에 여전히 현기증이 난다. 서른 몇 해 동안 내 생을 차압했던 말은 '문학'과 '역사'였지만, '문학'에서 자유로워진 지금도 '역사'는 버겁다. 아마, 아직은 '역사'를 넘어설 때가 아닌가 보다. 비척비척 피해 다니다 발목 걸려 넘어지고―내가 '역사'에 대해 품은 애정이란 고작 그런 것이었으니, 당연하다. 정면으로 겨뤄봤어야 넘어설 힘도 얻을 수 있었을 것을.

    그렇다고 역사가 약속한 '인류'와 '진보'의 시나리오를 계속 믿을 수도 없다. 인류는 완성을 향해 끊임없이 진보하며 개개인은 그 거대한 운동에 합류되기 마련이라는 생각이 매력적이긴 하다. 나는 아무것도 아니며 동시에 모든 것이라는 생각은 늘 일말의 설득력을 간직하고 있다. 완벽하게 새로운 세상―문제라곤, 고통이라곤 없는 세상이 도래할 수 있다는 생각 또한 드물게 유혹적이다. '언젠가 올 그때'를 바라면서 목숨을 건 사람이 많고도 많았다. 눈앞에서 목격하는 건 폭력과 폐허뿐일지라도 희망은 끈질겼다. 그렇지만, 나는 이제 만인이 유토피아에 이르게 될 '그때'를 더 이상 믿지 않는가 보다. 심지어 지금까지의 역사를 '진보'라고 부를 수 있을지 회의스럽기까지 하다. 있었던 것은 그저 변화와 적응에 가깝지 않은가? 수백 년 전의 악형惡刑이나 노예제의 참상을 떠올리면 다시 머리가 복잡해지긴 하지만, 포괄적이고 절대적인 진보가 있었다는 생각은 들지 않는다. 저마다 놓인 인연의 조건과 씨름하기도 버거운 것을―이 씨름 속에서 나서 죽고, 되돌아와 또 다른 씨름을 벌여야 할 것을―지금 생각은 이쪽에 가깝다. '역사'의 인류적 보편성 또한 훨씬 구체적인 힘을 얻어야 하리라고 생각한다.

역사와 정치를, 또한 전쟁과 혁명을 기억하는 방식으로 가닿을 자리는 명백하다. 그 자리는 '인류 보편'을 위한 자리이자 '영웅'을 위한 자리이다. 역사는 결국 진보를 앞당긴 탁월한 노력, 누군가의 영웅적인 희생을 기념하게 되지 않던가? 혁명기라면 고문과 처형대를 견뎌낸 혁명가를, 전쟁 때라면 목숨 따위는 돌보지 않았던 용감한 전사를, 식민지 시대라면 빈곤 속에서 살다간 애국지사를. 그런 삶을 보고 있으면 마음이 저려오지만, 다른 한편 까마득한 거리감이 느껴지기도 한다. 나는 결코 그런 삶에 가닿지 못하리라는 자괴, 나뿐 아니라 대부분의 인간은 '그날'이 오기 전까지는 감히 보편과의 일치를 기약할 수 없으리라는 절망―우리는 누군가의 희생을 필요로 하는 나약한 존재이며, 후일 추모사나 읊조리는 비겁한 존재라는 생각이 머리를 덮어 누른다. 과연, 그걸로 충분한 걸까? '그들'을 그렇게 소외 속에 남겨둬도 될까? 동상과 기념관을 만든다 해도 '소외'라는 형식이 숨겨지진 않을 텐데 말이다.

『연애의 시대』라는 책을 낸 후 이런 생각에 더 자주 빠져들고 있다. 『연애의 시대』는 3·1운동 직후 1920년대 초반을 '연애'라는 창을 통해 살펴보려 한 '불온한' 시도였다. 민족주의의 시대, 탄압과 저항의 시대, 절망과 환멸의 시대에 감히 '연애'라는 통속적 현상을 들이대보았던 것이다. 책 자체는 3·1운동 전후 자료를 읽다 뜻밖에 '연애'가 대중적으로 유행하는 현상을 발견한 후 그 원인을 궁금해한 결과에 지나지 않았지만, 책을 준비하면서나 낸 이후에나 '연애'를 당시 시대상 속에 어떻게 놓아야 하는지 잡생각이 끊이지 않았다. 한때 맹렬하게 유행했으나 근본적으로 무가치한 현상? 제대로 된 의식이라면 짧은 미망 후에 빠져나왔을 심심풀이 막간극? 시대정신도 사회의식도 없었던 경박한 젊은이들이 만들어냈던 저급한 유행? 1920년대 초반이라면 독립운동이 활발하게 일어나고 사회주의운동이 막

조직되기 시작할 무렵이다. 한 달에도 몇 번씩 북쪽 국경에서 무장독립단과 일본 경찰이 충돌했다는 소식이 들렸다. 이때 '연애'에 취했던 젊음이란 대체 무엇이었을까?

'연애' 또한 새로운 시대를 열망한 당시의 대중적 양식이었다는 사실은 차라리 부차적이다.[13] 문제는 영웅과 혁명가들의 생애가 까마득한 반면 대중의 일생은 친근하게 느껴진다는 사실에 있다. 역사와 일상을 대립시켜선 안 된다고 배워왔건만, 내 감각은 너무도 또렷하게 역사 대 일상의 이분법을 생산하고 있는 것이다. 왜 영웅과 혁명가는 이념과 투쟁과 희생의 시나리오 속에서만 만나게 되는 걸까? 돌이켜 보면, 1980년대에도, 많은 사람들을 '운동'으로 불러들였던 동력은 이념과 전망뿐 아니라 매일매일 경험하는 일상의 쇄신에 있었을 텐데 말이다. 시위와 파업 속에서 뜨겁게 애정을 나누고, 먹고 자고 걷는 감각이 달라지는 걸 경험하고, 새로운 춤과 음악과 언어를 만들고—그렇게 일상과 관계를 바꾸어가면서 느꼈던 즐거움이야말로 숱한 고난을 무릅쓰게 한 힘의 원천이었을 텐데 말이다. 고난과 박해가 아니라 새로운 일상과 관계가 그들을 바꾸어냈을 텐데 말이다. 1920년대에서나 1980년대에서나, 내가 하고 싶은 일은 '그들'을 기념관에서 끌어내 거리를 활보하게 만드는 것이기도 하다. '그들'이 '우리'였고 '우리' 또한 '그들'이었음을—그 사실을 새로이 발견할 수 있을 때 '역사'의 용법 또한 달라질 수 있으리라고, 그리하여 지금—여기에서 새 세계를 구성하는 힘을 찾을 수 있으리라고, 믿는다.

---

13 『연애의 시대』에서는 사랑과 평화를 회구하는 3·1운동 전후 '개조'의 사상이 연애라는 현상에도 잠복해 있었으며, 연애의 최초 동력은 '개조'를 미시적으로 실천하려는 욕망이었다고 썼다. 사실이라고 생각하지만, 그래도 혹 문제를 봉합시키거나 타협시켜버린 게 아닌가 하는 생각이 든다. 연애 또한 역사와의 연루를 통해서만 정당화된다는 식의 발상을 해버린 게 아닌가, 그러나 그 이상의 문제도 있지 않은가 하는 생각이다.

원점, 자진自進의 힘

사드M. de Sade는 그렇게 물었다. 헤이, 왜 인류가 멸절되어선 안 되는 건데? 뭔가 이성적이고 합리적인 이유가 있나? 난교亂交도 동성애도 살인도 안 된다며, 모두 인류의 생존에 해가 되기 때문이라며? 그러니, 뭔가 그럴듯한 이유가 있냐고? '자연'을 생각해봐. 인류가 멸절되는 게 오히려 '자연'의 원대한 전개에 기여한다고 생각해볼 순 없나? 그러니까 왜, 나는, 내 식구는, 내 나라 사람들은, 우리 인간은 살아남아야 하고 번성해야 하냐고? 추궁이 여기까지 이르면, 할 수 있는 말이란 정말 없다. 가장 딱한 상대는 "나, 별로 살고 싶은 생각 없는데?"라면서 까닥까닥 발장난을 해대는 상대다. 생존욕과 인정욕망의 반면으로서의 환멸이야 상대할 수 있겠지만, 정말 '자기보존'의 원칙을 던져버린 존재 앞에선 늘 현기증이 난다. 방기放棄의 자세가 도저한 것이라면 더욱 그럴 터이다. 언젠가 '무아無我의 윤리학'이라는 표현마저 들은 적이 있지만, 대체, 무아無我라니.

아직은 가늠조차 되지 않지만 그런 경지가 어느 날 폼 잡기 시작한다고 달성되진 않으리라고 믿는다. 나는 여전히 너무나 좁고 여전히 악전고투 중이며 여전히 유치하지만, 이 속에서 살아가지 않을 수 없다. 직업 삼아 말을 하고 글을 쓰는 처지이기에, 이렇게 내뱉은 말이 발목을 잡는 대신 더 멀리 나를 튕겨내길 기대하면서. 부지런한 공부꾼은 아니지만 사는 게 곧 공부하는 거라고 믿는 까닭에, 내 공부에서 불만스런 온갖 요소 – '근대'에서도 '거리의 탐구'에 귀가 쫑긋해지는 식의 – 또한 사는 게 해결되지 않으면 타파될 리 없다고 생각하는 편이다. 문학과 정치와 역사에 나를 의탁하지 않으면서 어떻게 살 수 있을까? 보편에 기대지 않고 어떻게 살 수 있을까? 아마 모든 걸 던져버리는 용기 속에서 길은 열리겠지만, 천생天生은 천생,

이것도 또 하나의 길이려니 하며, 지척지척 우왕좌왕, 오늘도 어딘가를 걷고 있긴 하다. 합리적인 이유 따윈 모르겠지만, 그래도 살아남아야 해, 하고 다짐하면서. 새로운 맹목 속에서 자진自進의 힘을 기를 수 있길 바라면서.

근대의 문학, 탈근대의 문화

천정환

천정환

고등학교에 다닐 때는 '이과'였으나 재수를 하고 서울대학교 국문학과에 들어갔다. 사회학과나 철학과에 가고 싶은 마음도 컸으나 그때는 좀더 '문학청년'에 가까웠다. 그러나 학부에 다닐 때는 강의실에 출입하는 것을 꺼렸다. 강의실 바깥에 더 생생히 살아 있는 공부와 더 농도 진한 삶이 있다는 것을 알아버린 것. 아직도 이 '진리' 때문에 괴로워하기도 한다.

그러나 곡절 끝에 대학원에 갔고 '책 읽는 삶'을 시작하여 2002년에 박사학위를 받고 2003년에 『근대의 책 읽기: 독자의 탄생과 한국 근대문학』을 펴냈다. 지금의 관심사는 문학과 정치의 관계를 다시 설정하는 일, 근대의 앎과 그 표현형식들이 어떻게 구성되고 확산되었는지를 검토하는 일이며, 그래서 '현대 한국 문화사'가 어떻게 씌어질 수 있는가를 생각하는 일이다. 2005년에 출간된 『끝나지 않는 신드롬』과 『혁명과 웃음』도 이런 공부의 과정에서 생산된 부산물의 하나다.

출발

1990년대가 무르익고 있었다. 20대 초중반의 삶을 지배했던 앎과 실천의 세계에서 벗어나면서 많은 것을 새롭게 깨달았다. 그러나 구체적으로 세상과 접속하고 거기 발을 담그는 방법에 대해서는 아는 바 없었다. 대학을 졸업하고 이제 원치 않아도 '체제' 속에 들어가서 무엇인가를 할 수밖에 없는 상황에 몰렸는데, 그저 미로에 빠진 듯했다. 20대 중반이었지만 패배나 좌절 같은 단어를 머릿속에 로딩시키는 일도 별로 어렵지 않았다. 넥타이 매고 아침저녁 지하철을 타고 출퇴근하는 삶에 대해서는 모종의 공포와 더불어 '아직은 그럴 수 없다'는 반발심이 있었다. 설령 운동을 하는 일도 20대 초의 대학생 시절과는 뭔가 달리 배치되어야 했다.

그런데 대저 생의 타협이란 '양해각서'에 서명 날인해서 이뤄지는 것이 아니다. 해오던 대로 살며 덜 어려운 길을 택하고, 설사 마음에 거리낌이 있다 해도 자기 자신을 연민하면 된다. 그래서 우리는 쉬 타협에 중독된다. 절박했음에도 한국문학을 전공하는 대학원에 입학할 수 있었던 이유도 이와 관련이 없지 않다. 또는 어쩌면 지나치게 과도한 반성을 했거나, 군복

---

* 이 글은 관련된 주제에 대해 쓴 졸고, 「새로운 문학 연구와 글쓰기에 대한 시론」, 민족문학사연구소, 『민족문학사연구』 2004. 11; 「대중문화 공부와 386」, 『인물과 사상』(2004. 12)에서 발췌된 부분을 포함하고 있다.

을 입은 채 김윤식·백낙청과 도스토예프스키를 다시 읽었기 때문인지도 모르겠다.

하지만 타협이 복수한 탓인지, 박사과정에 입학하고 '문학 연구'가 무엇인지를 좀 알고 나자 심각한 회의가 찾아왔다. 2년 만에 바쁘게 석사과정을 마치기까지는 알지 못하거나, 감을 잡았지만 일단 그냥 덮기로 했던 큰 문제들이 때 만난 듯 튀어나왔다. 무척 순진하거나 아둔했던 탓이었겠다.

비로소 눈을 떠 주변과 선배들을 살펴보건대, '연구자' 또는 '학자 지망생'으로서의 삶이 의미하는 바나 '연구' 행위의 메커니즘과 사회적 의미는 모두 지극히 한심스러운 것이었다. 자기만족적인 또는 자가발전적인 메커니즘에 의해서만 그 뜻이 주어지는 '공부'가 아니라, 사회나 삶과 실제로 교호하는 '공부'를 얻기란 무척 어렵다는 사실을 그제야 깨치게 된 것이었다.

게다가 내남 할 것 없이 연구자들은 모두 '학제' 學制라는 격자 속에 갇혀 있었다. 근대 학문이 분과체계로 발전해오며 각 영역마다 다른 언어와 사고체계를 발전시켜왔다는 사실이 열악한 풍토와 결합할 경우 어떤 효과를 내는지 짐작조차 하지 못했다. '우물 안 개구리'가 되는 일은 너무도 쉽고, 이를 당연시할 뿐 아니라 미화·찬양하는 풍토가 학계에는 분명히 있다. 게다가 문학이 지향하는 보편지향성과 '문학 연구'는 서로 별 무관한 것이었다. 박사과정에 다니면서 비로소 '문학' '연구자'로서의 자의식을 갖게 되었다고 할까. 타개책은 새로 찾아져야 했다.

그리고 덧붙여 '문학의 위기'. 1980년대와 함께 문학의 시대는 내리막을 타고 있었다. 문학의 사회적 위상은 완전히 달라져 문화의 중심에서 주변부로 급격하게 내몰리고 있었다.

오히려 행운이 아닐까? 한 분야의 앎이나 예술 장르가 사회의 변화와 함께 쇠퇴하거나 융성하는 '문학과 예술의 사회사'를 직접 목도한 것이다. 나의 경우, 문학사의 사실 자체에 대한 공부보다 이에 대한 사유가 새로운 연구 주제를 생각해내는 데 훨씬 더 강력한 촉매가 되었다. 우리 세대는 문학의 위기에 착목하고 이 자체를 문제화함으로써, 선배 세대가 미처 생각하지 못했던 새로운 연구의 주제를 많이 찾아냈다.

'문학의 위기'를 생각하는 방식

'위기'에 대해 사유한다는 것은 가치 있는 일이다. 그것은 무엇보다 먼저 우리가 반성의 능력을 가진 인간이라는 점을, 그리고 우리가 사태 속에 포함된 주체라는 점을 말해준다. 또한 위기의식을 갖는다는 것은 '현대' 속에 포함된 시간 의식을 갖고 있어서 문제의 해결을 통해 끝없이 앞으로 나아가려 한다는 것을 의미한다. '느림'이 아니면 그 위기의식의 끝없는 고리를 끊지 못하지만, 불행하게도 '느림'은 실현되지 못한다. 우리가 만나고 싶어하는 모든 미지의 새로움이 위기의식을 갖게 한다. 그래서 위기는 항존하며 모든 위기론은 미래론으로서의 의미를 갖는다. 물론 어떤 위기론은 별로 안 좋다. 특히 문제가 '위기냐, 아니냐'는 식으로 전개되고, 논의가 사변화되어 오히려 상황을 환기하는 힘을 약화시킬 때 그러하다. 그렇지 않다면 대부분의 위기론은 가치 있다.

위기는 특수성을 지닌다. 즉, 위기는 보편적인 것의 특정한 시간적 구현이다. 이 땅에 문자문화의 시대가 새롭게 정착하고 근대문학사가 개시된 (사유되기 시작한) 이래, 근대문학은 문화의 중심에서 특권적 지위를 누려왔다. 그러면서도 엘리트 문화의 일환으로 성장하게 된 근대문학의 위기는 상존했다.

시각적 현대성, 대중 독자와 자본주의, 정치적 계몽주의 등의 요인은 한국 근대문학 자체의 DNA이자 성장의 토양이었다. 그런데 특정한 국면에서 문학은 원래 자신 속에 있는, 자신의 일부를 스스로 못 견뎌 타자시하고 적대한다. 이는 일면 끝없는 재영토화의 권력욕이며, 일면 자멸自滅에의 충동이다. 물론 이 힘 또한 한국 근대문학사를 만들어온 다른 한 축임은 분명하다. 그 내적 갈등이 독자·현실과의 교호작용의 현상적인 침체(혹은 융성)에 처할 때 문학은 위기를 맞는다. 1920년대의 문학가도, 1930년대의 문학가도, 1990년대와 2000년대의 문학가도 문학 위기론을 말해왔다. 문학 위기론은 문학적 주체의 자의식과 결부된 것이기도 하다.

그래서 현재의 상황에 대해 둔감해지거나 반대로 현상에 매몰되어 과장하는 일을 동시에 피하기 위해서, '오늘날의 위기는 늘 또 다른 의미를 띠고 우리 앞에 있다. 따라서 결국 항존해온 위기에 이 시대의 독특한 문제들이 한꺼번에 그리고 어느 때보다 강하게 작용하는 형국이다. 그래서 긍정적인 변화를 위해 발상의 전환을 포함한 배전의 노력이 요청된다'고 말해야 한다.

위기를 어디로부터 사유할 것인가? 물론 점점 문학 독자가 줄어든다든지, 책이 안 팔린다든지, 국문과나 인문대 대학원 진학자가 없어져간다든지 하는 사실은 위기 '전체'(만약 그런 것이 있다면)에 관련된 객관적이면서도 현상적인 지표 자체일 것이다. 이런 지표에 대해 민감하지 않으면 안 되지만, 현상을 절대시할 필요도 없다. 문학의 위기는 하나가 아니기 때문이다. '위기'를 단일한 연원, 단일한 해결의 통로를 가진 상황으로 이해할 수 없고, 그럴 필요도 없다는 뜻이다. 예를 들어, 더 깊고 오랜 역사를 지닌 고전문학의 입장에서 보면 현재의 위기는 그저 기실 100여 년 정도의 역사를 지닌 서구적 근대문학의 위기일 뿐이다. 또한 문단 바깥의 어떤 출판 편집자들에게 이 위기는 문단 주류가 주도하는 '순수'문학의 위기라서 오히려 장르문학의 기회이다. 또한 주류 문단의 타자들인 어떤 비평가들에게 현하의 상황은 이른바 '문학권력'의 위기일 뿐이다.[1]

그런데 위기에 대한 어떤 이들의 사유는 가장 퇴행적인 데로 빠져든다. 보수적인 입장을 가진 어떤 문학가들은 '문학의 위기'를 인식하고 발음하는 순간, '문학의 자율성'과 텍스트주의의 교조敎條 속으로 숨어든다. 기실 애초부터 그들은 '위기'를 올바르게 문제화할 능력이 없다. 위기에 대해 생각하는 것 자체가 공포이기 때문이다. 공포는, 문학을 낳은 "이성과 문자문화야말로 인류 역사가 낳은 최선의 유산"인데 "전자시대의 도래가 세상을 더욱 혼란스럽고 천박하고 비인간적으로 만들어가고 있다"[2]는 식의 인식이 만든다.

저런 인식은 실로 잘못된 것이다. '전자'나 '문자'나 '구술'은 자체로 선하지도 악하지도 않으며, 문자문화뿐 아니라 '전자'나 '구술' 같은 소통의 양식도 모두 합리성과 인간적 이성에 기초하여 고안된 것이다. 맥루한 M. Mcluhan스런 매체결정론적인 관점에 선다 해도 공정하게 균형감각을 갖고 말한다면, '전자문화가 초래할 수 있는 디스토피아는 잠재적인 가능성

---

[1] 고미숙·류준필 대담, 『대담한 책 읽기』(이가서&퍼슨웹, 2004) 등은 근대문학의 위기라는 관점에서 고전문학 연구자의 입장을 보여주고 있다. 장르문학에 대해서는 『문학과 사회』 2004 가을호; 『북페뮌』 2004 가을호의 특집들을 참조하라. 권성우 외, 『주례사 비평을 넘어서』, 한국출판마케팅연구소, 2002; 문학과비평연구회, 『한국 문학권력의 계보』, 한국출판마케팅연구소, 2004를 참조.

[2] 이남호, 『문자제국쇠망약사』, 생각의나무, 2004, 20쪽. 그러나 전체적으로 이 책의 인식은 긍정적이다. 왜냐하면 책의 저자는 위기에 대해 "완전히 다른 패러다임 속에서 독서와 문학에 대해서 생각해보아야" 한다고 말하기 때문이다. 다만 저자는 '책의 위기', '인문학의 위기', '문학의 위기', '소설의 위기'(심지어 '내면성의 위기', '프라이버시의 위기'까지)가 한 뿌리에서 연유한 문제라는 점을 강조하고 있는데, 너무 쉽게 위기의 각 항을 동일시한다는 점은 한계라 할 것이다. 저자가 비판하고자 하는 매체환원론적 오류를 스스로 피하기 위해서는 위기의 각 항목이 세밀히 구분 검토되어야 할 것이다.

으로서의 악이고 20세기를 학살과 전쟁의 시대로 만들었던 문자문화는 확정된, 신원이 밝혀진 악 그 자체다'고 말해야 한다. 전자문화나 구술문화를 '야만'이나 '퇴행'으로 간주하는 것은 무-반성적인, 근대 중심의, 문학 중심의 사고일 뿐이다.

또 어떤 문학주의자들은 위기를 인정하고 위기 때문에 고통받고 있다(?)는 것 자체를 폼나는 일로 과장하고 꾸며댄다. 화려한 비관주의를 걸치고 기실 현재의 모순을 합법화하려 한다. 그리하여 문학의 고유성과 더 '치열한' 문학정신을 찾아 헤매지만 그 시도는 공허하다. 그 시도는 윤리의 외양을 걸치기를 즐기지만, 오래된 당위는 습관에 불과하다. 진정한 윤리는 오히려 '문학'을 외부화하는 데 있기 때문에, 필요한 것은 '문학정신'의 질료의 변화에 주목하고 문학과 사회의 관계를 다시 설정하는 일이다.

문학사의 저편: 문화 개념의 요청

그러나 오늘날 '문학의 위기'를 초래한 원인이 '시청각 문화와 영상매체의 범람'이라 일면적으로 과장하는 데서 사유를 출발시키더라도, 위기론은 가치있을 수 있다. 왜냐하면 문자문화와 디지털문화(혹은 영상문화)의 충돌과 교호작용의 문제라는 각도에서 위기를 사고하는 것은 세계 전체와 한국 문화가 함께 겪어온 문명사적 전환을 검토하게 하기 때문이다. 즉 인간 지각과 소통의 구조 같은 근본적인 인간학적 문제에서부터 자본주의와 미디어, 문학(사)과 영화(사) 교섭 및 그에 결부된 기호학과 문화학 등등이 여기 결부되어 있기 때문이다. 이 문제들은 자체로서 인문학의 핵심적인 지점들을 탐사하게 하는 간학문적interdisciplinary 역동성을 품고 있다.

또한 사유를 여기에 위치시킬 때, 한국 근대문학이 처한 궁지는 보다 넓은 지평에서 보일 수도 있다. 문자문화가 전일적인 지배권을 획득하게 된 과정에서 근대문학의 기획이 성사되었음을, 그리고 '책(독서)의 위기'·'인문학의 위기'·'문학의 위기'·'소설의 위기'가 비슷한 연원을 지니고 있지만 서로 다른 문제임을 알 수 있다. 각각의 '위기'는 전개 속도나 적응 양상에서 같지 않다.[3] 예컨대 근대 문단 문학과 문자문화는 이제 더 이상 '순망치한'의 관계에 놓이지 않는다. 또한 '문학의 위기'만 두고 보았을 때도, 그것은 문단 주류에 속한 이들로 하여금 과장된 비명을 지르게 하지만, 문학적인 것 전체의 위기는 결코 아니다. 문자들은 죽어가기는커녕 다른 방식으로 새로운 소통의 공간에서 호시절을 누리고 있다. 그래서 '문학적인 것'은 어딘가에서 끝없이 재생산되고 있다.

요컨대 필요한 것은 문학의 위기에 대한 사유의 입각점을 이동시켜 문학을 '외부화'시키는 것인데 여기서 문학의 영토를 끝없이 재확인하려는 데 함정이 있다. 그것은 문학에도 인문학에도, 아무런 새로운 것을 생산하지 못하게 한다.

이러한 인식이 '문화'에로 시선을 확대하는 데 결정적인 역할을 했다. 문제는 특정한 시대의 상부구조와 이데올로기, 그리고 그 한 영역으로서의 예술의 존재방식 자체이지 그 예술이 자율적으로 획득했다고 믿어지는 체계 속의 지식과 해석이 아니게 되었다. 그리하여 (근대)문학은 상대화될 수 있었다. 필자가 생각하는, 새로운 문학 연구의 한 분야이면서 동시에 문학사 너머의 문학 연구인 '문화론적 문학 연구'의 동인은 여기에 있다.

따라서 '문화'는 첫째 아카데미 영역과 현장의 '근대문학' 중심의 체

---

[3] 이에 관해서는 졸고, 「2000년대의 한국 소설 독자」, 『파라 21』 6호(2004 봄)를 참조.

계를 넘어서기 위해 요청되는 어휘다. 이는 고전문학과 현대문학 사이에 놓인 장벽의 철폐, 최대한 좁게 구획된 '문학성' 개념에 대한 시정是正의 요청, 시·소설 중심의 문학관의 초월 등을 함께 의미한다.

둘째, 문화는 탈근대의 시대에 이르러 더욱 그 자율적 매개성을 강하게 갖게 된 정치적 상부구조의 다른 이름이다. 그람시나 알튀세르 같은 사상가들은 지배와 착취가 재생산되는 동력에 주목하여 각각 '헤게모니'와 '이데올로기' 이론을 발전시킨 바 있다.

그런데 오늘날 한국에서 '양극화'라 표현되는 경제적 계급분화는 더욱 교과서적으로 극심하게 관철됨에도 불구하고, 양극화는 계급의식과 계급 대립의 격화를 초래하지는 않는다. 계급 이외의 결정 요소들, 즉 세대·젠더·지역 등의 요소가 자리하고 있는 터가 문화다. 소비의 향락화, 인터넷과 영상문화의 발전, 교육과 문화적 평등의 현상적 진전 또한 문화의 매개작용을 더 크게 하고 있다. 덧붙여 문화는 '대중문화 대 고급문화'라는 식의 이분법이 없어진 자리로부터 '문화'를 사고하기 위해 사용되는 개념이라는 점을 말해둔다.(이에 대해 뒤에서 다시 논의)

결국 '문화'는 어떤 소재가 아니라 문학 연구를 바라보는 정치적 태도로부터 선택된 용어에 더 가깝다. 그래서 이는 영미 '문화연구'cultural study의 '문화'와 물론 비슷하면서 다를 수밖에 없다. 문화는 경제와 정치가 조우하는 장이며, 상부구조가 토대를 재생산하는 장이다. 그리고 오늘날 가장 치열한 문화적·정치적 전투가 벌어지는 장은 '대중문화'이다. 대중문화의 장은 그것을 완전 장악하려는 자본과 지배의 힘과 이에 대해 저항하는 힘의 대결로 소란스럽다. 이를 달리 표현해보면, 민주주의 시대에, 그리고 특히 오늘날, 정치는 대중문화의 일종이다.

다함께 차·차·차!

한갓 객담으로 들릴 수도 있는 과거 이야기를 또 꺼내곤 하는 것은 이야기하는 자에게는 '원형적인 기억'이기 때문일 것이다. 이 '원형'은 이마빡이나 가슴팍에 새겨진 화인火印과도 비슷한 것이다.

    1992년의 어느 여름날이었다. 9월 초에 입영하는 영장을 받아놓고 할 일이 없었다. 고향인 부산 집에서 그야말로 빈둥빈둥 시간을 보내고 있었다. 소설가 김연수가 『청춘의 문장들』에서 말한 것처럼 영장을 받아놓고 입대 날짜를 기다린다는 것은, '양말 한 짝 사는 일도 불가능한', 그 어떤 계획과 새로운 일이 불가능한, 일종의 종말의 시간이기 때문이다. 정말 더디게 시간이 흐르던 우울한 날들이기도 했다.

    초등학교 때부터 살던 우리 집은 부산 사직야구장 근처에 있었다. 걸어서 5분 거리였다. 여름방학에 가끔 그랬던 것처럼 늦은 점심을 먹고 프로야구 경기를 보러 갔다. 혼자였다. 나는 소설가 박민규가 『삼미슈퍼스타즈의 마지막 팬클럽』에 그려놓은 딱 그 세대다. 한국 프로야구는 내가 중학교 2학년 때 시작됐다. 중·고등학교 때, 그리고 심지어 재수할 때도 가끔 야구장에 다니며 열 좀 냈었다. 그러나 대학에 다닐 때는 비교적 야구장을 멀리했었다.

    1992년은 '롯데 자이언츠'라는 상습 꼴찌팀이 우승을 차지한 그런, 예외적인, 대단한 해였다. 롯데가 한국시리즈 우승을 확정짓던 날 부산대학 앞 도로에는 커다란 스프레이 글씨로, "롯데 우승 만세!"가 "민중후보 백기완과 함께 민중의 나라로!" 옆에 씌어 있고 그랬다. 그러니까 1992년은 문민정부를 탄생시킨 대통령 선거가 있던 해이기도 했다.

    그 여름날 3만 명 정도를 수용하는 사직야구장은 사람들로 꽉 차 있었다. 아마 그날도 롯데가 이겼던 것 같다. 관중들은 아주 신이 났다. 아는 사람은 알지만 부산은 전통의 '야도'였고, 부산 야구팬들은 대단했다. 당시 사직야구장의 독특하고도 열띤 응원 광경은 타지방 사람이 부산에 오면 구경시켜주고 싶은, 결코 해운대나 태종대 못지않은 일종의 지역 명물이었다.

나는 그날 저녁 야구장에서 큰 화두 하나를 얻었다. 단돈 5천 원 내고 '한 소식' 했다.

5회 말의 휴식시간이었던가? 이닝이 바뀌는 쉬는 시간에 야구장 장내방송에서 설운도의 〈다함께 차차차〉가 나왔다. 그러자 3만이 넘는 사람들이 일제히 입을 모아서 합창을 시작하는 게 아닌가. 각 지역 야구장의 관중들이 〈부산 갈매기〉나 〈목포의 눈물〉 같은 자기 팀 응원가나 당시 한창 인기 있는 유행가를 합창하는 것은, 또 그것을 듣는 일은 아주 익숙한 일이다.

그런데 그날은 왠지 달랐다. 관중들이 입을 맞춰 신바람을 내면서, "근심을 털어놓고 다함께 차·차·차! 슬픔을 묻어두고 다함께 차·차·차! 웃자, 웃자, 오늘밤은 미련을 버리자~ 울지 말고 그냥 그렇게~ 다함께 차·차·차!" 하는데, 어쩐 일인지 눈물이 핑 돌고 말았다. 〈다함께 차차차〉라는 그 노래는 참 슬프고도 흥겹게 들렸다. 마치 시나위 가락이 그렇듯이. 술도 한잔 안 먹었는데 속에서 뜨끈하게 치미는 게 있었다.

▀ 종말 또는 시작의 목격

고향으로 내려오기 전, 잘 다니지도 않던 대학을 휴학하면서 내가 본 것은 한 시대가 종막을 고하는 음울한 장관이었다. 그것은 '위대한' 1980년대의 종언이자 '이념의 시대'의 대단원이었다. 그 '이념'의 설득력은 매우 강력했었고, 그래서 그 이념의 상실은 단지 어떤 이데올로기가 인기를 잃고 잊혀진 그런 차원의 문제가 아니라 세계사의 전회轉回라는 거대한 희비극의 한 장 자체였다.

'민중'들이 구름처럼 모여서 마지막으로 1980년대식 '전민항쟁'을 벌인 것은 1991년 5월이었다. 4월 26일과 5월 25일에 각각 명지대생 강경대와 성균관대생 김귀정이 죽고, 그들이 죽음을 당한 그 짧은 한 달 사이에 여럿이 스스로 목숨을 버렸다. 연인원 수십만의 노동자와 학생이 한 달 간, 연일 함께 거리로 나와서 '노태우 정권 퇴진'을 외쳤지만 싸움은 졌다. 패배는 '총체적'이었다.

기득권 세력은 말 그대로 총단결했고 온몸으로 맞섰다. 사법권력과 보수언론은 자결한 재야단체 간부의 유서대필 사건을 조작해내고, 김지하·김동리 같은 70년대식 '양심'은 『조선일보』의 나팔수가 되고, 국무총리가 몸소 계란떡이 되는 희생정신을 발휘해서 정권을 지켰다. 그리고 그해 여름, 망해가던 소련에서 실패한 쿠데타가 일어났고 그 일로 현실사회주의의 '망亡'은 확정되었다.

그해부터 대거, 노동 현장에 있거나 학생운동을 하던 수많은 사람들이 '전향'하거나 '정리'하고, 취직하고 입대했다. 인민노련이 합법투쟁을 선언하고 사노맹이 안기부에 의해 깨진 것은 1992년이었다. 작가들은 소위 '후일담 문학'을 발표하기 시작했다. '이념'과 '민중'은 급격하게 과거지사가 되고, 한 시대가 극적으로 끝나고 있었던 것이다. 역사의 전망은 암울한 구름 뒤로 다 닫힌 듯했다.

지금은 좀 달라졌다지만, 당시 야구장 관중은 주로 20~40대 중-하 계층의 남자들이었다. 변혁이 필요할 때 앞장을 서야 하는 바로 그들이다. 그들은 1991년 5월에 바람처럼 모였다 흩어졌다. 뿔뿔이 어디로 갔나 했더니, 거기 모여서 즐거워라 '차차차' 하며 '슬픔을 묻어두자, 미련을 버리자'고 외치고 있었던 것이다.

내가 흉내냈듯 당시 지식인들은 '잔치는 끝났다' 느니 '역사의 종언'이니 하는 고상한 문자를 써가며 부모라도 여읜 듯 우울한 척했다. 그러나 사실, 새로운 지혜를 구하려 분투하기보다는 뒤로는 제각기 살 방도를 차리고 있었다. 한데, 그런 '문자'와는 무관하게, 언제나 그랬듯 여전히 자기 주관대로 삶을 만들며 건강하게 일상을 살아가는 '대중'이 거기 있었던 거다. 바보도 아니고 무식하지도 않은 그들은 저항이 필요하다 생각하면 그 특유의 윤리 감각이 다시 움직여, 징치懲治하고 다스릴 무엇인가를 찾아 단호히 나설 것이었다.

언제는 안 그랬나? 그러니 그날 막, 내 눈에 보인 것은 일종의 돈오頓悟라 하겠다. 당시의 학생들과 지식인은 대부분 계몽주의적인 사고방식을 갖고 있었다. 무식하고 가난한 대중은 지도되어야 하며, 지도됨을 통해서만 투쟁은 '의식성'을 획득할 수 있다는. 그것은 변혁운동의 역사적 경험에서 왔지만, 시대에 맞지 않는 딱딱한 교의의 하나가 된 것이었다.

따라서 그날 저녁의 '한 소식'은 내가 잘난 놈이거나 정치·문화적으로 전위적 지식인이기는커녕 나 또한 '다함께 차차차' 할 수 있는 대중의 한 명일 뿐이라는, 작고도 당연한 겸허도 포함된 것이었다.

▬ 팔 할이 대중문화의 바람

사실 이 겸허는 새삼스러운 깨달음이면서 대중문화에 대한 사유의 출발점이기도 했다. 그리고 이는 기실 나의 본연에로의 복귀이기도 했다. 왜냐?

실로 그렇게 말할 수 있다. '나를 키운 건 팔 할이 대중문화'라고.

어머니 자궁의 양수를 헤엄치던 시절에서부터, 어머니가 틀어놓은 대중가요를 같이 듣고 아버지가 듣던 야구중계를 같이 들었다. 어머니 아버지는 다행히(?) 문화 귀족이 아니었다. 따라서 진작 클래식이나 골프 같은 것과는 거리를 두고 인생을 시작할 수 있었다.

인간적 인지認知, 즉 IQ·EQ 같은 것이 한창 자라나던 다섯 살 때도, 열 살 때도 마찬가지였다. 집에는 늘 라디오나 '테레비'('텔레비전'이 아니다)가 켜져 있었다. 그래서 그 싱싱하던 머리로 온갖 성인용 노래들과 테레비 드라마 속 이야기들을 외고 가슴에 새겼다. 그 의미는 물론 논리적으로야 전혀 알 수 없었지만 거기 묻은 삶의 파토스는 아이의 뇌리 깊은 곳에 무정형으로 남았다. 아동용 노래나 이야기야 굳이 따로 외고 새길 필요가 있었을까? 그것들은 비교적 단순 간명하니 한번 들으면 그냥 다 아는 거 아닌가.

사춘기 때와 고교생 시절엔 취향의 분화가 서서히 나타나기 시작했겠다. 누구는 팝송이나 심야 음악 프로를 열심히 들었고, 누구는 야구장 혹은 극장, 혹은 '나이트'에 더 열심히 다녔고, 또 다른 누구는 만화책이나 소설책을 파거나 드디어 '술집'이라는 마의 궁전에 출입을 시작했겠다.

불같은 열정, 혹은 은밀한 기쁨 속에 맛보고 행해진, 이 모든 과정은 내 과거인 동시에 거의 모든 우리의 과거지사이다. 전기가 안 들어와서 테레비가 네모반듯한지 어떤지 모를 만한 산간벽지에서 소년기를 보냈거나, 아비가 옥스브리지(옥스퍼드+케임브리지) 출신이라 이튼스쿨같이 '천한 것들'과 격리된 특수학교에 다니지 않았던 한 말이다. 심지어 강원도 오지나 이튼 출신이라 하더라도 '대중문화'에서 자유로울 수는 없으리.

'나'는 우리 시대의 대중문화가 키우고 구성한 취향과 이데올로기의 주체이자 대상이다. 이 '대중' '문화'는 안타깝게 요절한 평론가 이성욱이 『쇼

쇼쇼-김추자, 선데이서울 게다가 긴급조치』에서 잘 그렸듯 곧잘 '세대'에 의해 주체에게 코드화되며, '정치'가 아로새겨진 거대한 장이 아닌가?

■ 엘리티즘

그러나 자라오는 중간에 나는 고향이며 여전히 한 발 푹 담근 밭인 '대중문화'를 망각했었던 것이다. 이는 흥미롭게도 대중(민중?)에 가장 깊은 신뢰를 갖고 있다는 비판적 이론들에 접촉해본 효과이기도 했다.

마르크스-레닌주의의 '지식인-대중'관은 매우 모순적인 두 계기를 갖고 있다. 첫째 그들 '주의자'들이야말로 이런저런 종교가들을 제외할 때, 무식하고 가난한 자들도 진정 인간으로 대접할 뿐 아니라, '역사의 주체'라 생각하는 유일한 사상의 신봉자이다. 따라서 그들은 철저한 민주주의자 그 자체다. 또한 이는 마르크스주의운동의 전통 내부에서 공식적이거나 제도화된 조직에 대해 회의하며 대중의 자발성과 건강성에 대해 신뢰하는 사고의 전통을 이루었다. 이는 곧 그람시나 로자 룩셈부르크, 그리고 '문화연구'의 주창자인 스튜어트 홀, 에드워드 톰슨 같은 이론가의 사고이기도 하다. 이들의 사유는 제도화되고 공식적인 당 이데올로기와 사상투쟁을 벌여왔음에도 '현실'이 되지는 못하였다.

둘째, 그러나 그들도 마치 우파들처럼 대중을 믿지 않는다. 무지렁이에 쥐떼 같은 그들 '대중'은 단지 지도되어야 할 대상이다. 역사의 특정한 시기에는 두번째 계기가 훨씬 더 많이 작동한다.

이 둘째 계기가 문제다. 이는 마르크스-레닌주의의 당黨 조직론에 가면 매우 심각해진다. 그것은 곧 '당'이라는 제도적·정치적 실체가 집합적 지성의 총화이자 '무오류'의 뇌수腦髓라는 식의 사고이다. 이는 비단 '당이 결심하면 우리는 한다'에서 '당은 곧 장군님이시다'로 나아간 북한식의 무지막지한 변용에만 있는 것은 아니다. '민주집중제'는 가장 지적인 마르크시스트였던 블라디미르 레닌 자신이 고안했던 것이며, 베르톨트 브레히트 같은 가장 세련된 모던 마르크시스트조차 「조치」 같은 작품에서 인정했던 바다. 그러한 당의 신화는 한국에서도 새 밀레니엄이 오기 전까지 계속되었다고 해도 된다.

한편, 자유주의적인 지식인과 엘리트들은 이러한 공식적인 이데올로기에 가장 적대적인 입장에 서면서 동시에 자본주의 근대가 만들어내는 '쓰레기' 대중문화에 대해서도 철저하게 비판할 수 있다. '중립'과 '자율성'을 좋아하는 지식인 엘리트들에게 이 논리는 특히 매력 있다. 마르크스주의의 철학적 계승자이며 비판자인 프랑크푸르트 학파의 논의가 그 적실한 예다.

그들은 미국과 서유럽 상황에 대한 가장 냉철한 통찰을 통해 대중문화가 함축하는 '해방'이 아닌, 자본과 권력의 '지배'를 읽어낸다. 『계몽의 변증법』은 산업화된 문화가 만들어내는 위안과 휴식이 사실은 죄다 거짓된 것이며 오히려 위안이나 휴식과는 반대물임을 깊이 있게 고발하고 있다. 이러한 고발은 테오도르 아도르노의 경우에서 특히 두드러지는바, 모더니즘 예술에 대한 옹호는 정치적으로 현실 사회주의 국가의 '공식 예술'로 전락한 리얼리즘 예술에 대한 반발과도 관계 깊다.

그러나 실로 '전위'로서의 의미를 지니는 모더니즘은 자본주의적 삶에 대한 개인적·비-총체적 부정의 수단으로 고안된 것임에도 불구하고, 필연적으로 자유주의와 엘리트주의를 수반하게 된다. 그 자신 음악가이기도 했던 아도르노가 작곡한 음악을 들어보라. 아무도 이해할 수가 없다. 그런 예술은 극소수의 '문화 귀족'의 예술이 된다.

그러나 중요한 것은, 1990년대 이후의 현실은 이상에서 언급한 구도를 가능하지 않게 만들어버렸다는 사실이다. 지식인-대중의 구별, 리얼리즘 대 모더니즘의 대립은 와해되었다. 대중은 성장하여 분화했다. '탈근대'의 시대에도 불평등과 부자유, 계급 적대는 재생산되고 있고 오히려 이전보다 더 심각한 자본주의의 폐해가 인간을 옭죈다. 그럼에도 불구하고 현실사회주의는 현실에 대한 비판과 실천을 통해 다다를 수 있는 모델로서의 의미를 상실했다.

결국 1980년대에 우리가 모르는 사이에 '후기-근대'의 밀물이 스며들고 있었던 것이다. 1991년 5월 최후의 80년대식 민중투쟁이 패배로 끝나자마자 그토록 급격하게 80년대의 거의 모든 일들이 '후일담'이 되어버린 이유를 이런 데서 이해할 수 있을 것이다. 즉 80년대의 운동은 대중사회와 '포스트모던'을 앞당기고 심화하는 데에도 일조했던 것이다.

한국적 압축성장과 대중문화

사실 따지고 보면 어디 '나를 키운 팔 할'만 대중문화인가? 그 힘은 적어도 팔 할, 그 이상일 뿐 아니라 지금 당장 먹고 호흡하고 입고 걸친 팔 할도 그러하다. 대중문화는 사실 문화 전체다. 아놀드 하우저의 『문학과 예술의 사회사』 같은 원론(?)에서는 근대 초에 민중(민속)문화-고급문화-대중문화가 삼정립했다는 식으로 가르친다. 자본주의가 세상을 장악하기 이전, 그리고 신문·라디오·극장·'테레비' 같은 것이 발명되기 이전의 서구에서야 그러했는지 모른다. 그러나 그것은 예술사가의 머릿속에 있는 한갓 원론일 뿐이다.

　인프라가 갖춰지고 '대중'이 나타나자마자, 실로 거대하고 복잡한 대중문화와 단순하고 한줌밖에 안 되는 고급문화가 병존해왔다. 특히 한국에서, 조선의 귀족문화가 매우 급격하게 죽음을 맞고 그보다 더 오래된 아래로부터의 민중문화 전통이 밀려든 외래문화의 간섭하에 놓임으로써 한국의 고급문화는 지배권과 독자성을 거의 누리지 못했다고 봐야 한다.[4] 각 장르마다 고급문화는 겨우겨우 서구화된 형태로 새롭게 개발되었지만 그것은 끝내 통通 혹은 간間 장르적이지는 못했다. 즉 일관성 있고 완결된 고급문화의 체계는 성립 불가능했던 것이다. 그리고 이는 조선이 가진 문화의 얄팍함에서 비롯된 일이 아니라, 이른바 '한국적 근대'가 가진 치명적이면서도 '건강한', '압축성장'의 한 효과이기도 할 것이다. 식민지화와 분단, 그리고 내전으로 이어진 급격한 사회변동이 급격한 사회 재편을 초래하고 기존의 계급관계를 철저히 재편한 상황 말이다. 한마디로, 조선을 지탱했던 상부구조는 평등주의와 서구적 근대화에 의해 효과적으로 분쇄되었다. 그리고 새롭게 형성된 한국의 지배계급과 지배계급 문화는 그 역사가 매우 짧고, 경제력 이외에는 별다른 자원을 가지고 있지 못하다.

　대중문화가 문화 전면에 대해 지배권을 갖고 있다는 것은, 자본주의의 논리가 문화적 생산과 유통, 수용의 모든 면에서 지배권을 행사하게 된다는 뜻이고, 사실상 그 바깥은 없다는 것이다. 따라서 대중문화 내부의 경쟁과 투쟁, 그리고 그 분화로부터 사고를 시작해야 한다.

4　강현두 편, 『대중문화의 이론』, 민음사, 1986; 유선영, 「한국 대중문화의 근대적 구성과정에 대한 연구」, 고려대 박사논문, 1992 등을 참조.

잡종성

롯데 자이언츠 팬이면서 장 뤽 고다르의 영화를 좋아하고, 오페라 공연장에는 태어나서 한번도 가본 적이 없을 정도로 '무식'하지만 소설은 마르케스나 도스토예프스키 것이 아니면 읽지 않는가 하면, 조갑제 칼럼에 동의하다가 〈파리의 연인〉 보고 감동 먹는다. 소주에 삼겹살 먹고, 발렌타인에 카스 섞은 폭탄주로 2차 마시고, 노래방 가서 김수희의 〈남행열차〉 부른다.

이렇게 분열적인, '고급' 혹은 '저급'이라는 기준에 비추어 턱없이 넘치거나 부족한 취향과, 원산지와 계층적 지향이 마구 뒤섞인 잡종적 행동의 비완결성이 대중문화적 현상이다. P. 부르디외의 문화사회학은 문화자본(주로 '세습'되는 학력자본)에 의해 보증되는 문화적 취향의 일관성을 묘사한다. 문화 귀족의 문화와 취향은 다른 계층·계급의 문화와는 일관되게 다른 취향의 경향성을 지닌다. 예컨대 마르케스의 소설을 좋아하는 자는 '삼겹살에 소주'나 김수희 노래 따위는 좋아하지 않아야 하는 것이다.

취향의 결정 요인과 그 원천의 탈신비화에 관한 한 부르디외의 입론은 탁월하며 상당히 보편성을 지닌 주장이지만, 위에서 묘사한 우리의 예만 보더라도 이는 제한적 타당성을 지닌다. 특히 혼종성hybridity이 강하게 나타나는 주변부나 압축성장이 이뤄지는 지역에서 이런 현상은 심각하게 교란된다고 보아야 할 것이다. 그리고 이는 일국적 범위를 넘어서 관철된다. 예컨대 한국산 핸드폰에 한국산 자동차를 타는 것이 남아시아 개도국 중산층의 문화적 '꿈'이 되는 웃지 못할 현상이 있는가 하면, 저급하기 그지없는 미국 '기사 식당'이 한국 중산층이 즐기는 '패밀리 레스토랑'으로 둔갑하기도 한다.

이러한 양상은 비단 '대중문화'적 현상이 아니라 오늘날 문화의 전체적 양상이다. 그리고 반복건대, 결정적으로 대중문화는 이른바 고급문화의 하위 파트너거나 경쟁자가 아니다. 문화는 곧, 대중문화다. 그것은 문화 전체라 해도 된다. 그러나 '고급—순수—본격'을 한 축으로 하고 '대중—통속—상업'을 한 축으로 하는 이원적 사고는 끊임없이 재생산되고 있다. 이 낡고 그야말로 '통속적인' 사고는 상대항에 연관된 위계位階의식과 '구별짓는' 의식을 처음부터 내포한다.

그리고 이런 의식은 너무 분명하게도 계급적 적대의 산물이다. 민주주의와 인간해방에 대한 진지한 사고가 결여된 곳에서, 이는 포스트모던 사회에서도 죽순처럼, 반복적으로 피어난다. '대중—통속'이라는 라벨은 '순수—본격'을 먹여 살리기 위해 착취되어왔다. 한국에서는 1920년대 문학사에서 최초로 그 내포를 획득한 가장 오래된 용어들의 하나인 이들은 '자율성', '예술', '순수'의 옷을 입은 허위의식을 위해서 십자가를 져온 것이라 할 수 있다. 이런 도식은 문학사에서는 고전소설과 여성소설을 폄하하게 만들었고, 모든 하위문화를 적대시하는 데로 나아가기도 했다.

하지만 대중성·통속성에 대한 대부분의 비평은 이현령비현령이자 '전가의 보도'이다. 어떤 비평가들은 곧잘 '어떤 작품은 통속적이라 나쁘다, 작가 누구는 대중성의 요구에 굴복했다'는 식으로 써놓고는 만족해한다. 그러나 이는 자기 비평의 도식적 성격과 사회적 상상력의 빈곤을 스스로 폭로하는 일일 뿐이다. 그들은 욕망과 '현실'이 텍스트의 표면과 심층, 혹은 텍스트의 생산과 수용에 어떻게 매개되어 있는지를 살피는 대신, 이윤논리와 매체의 상업성을 거칠게 지적하고는 그것이 '비판'을 충족하는 양 착각한다. 불행히도 대부분의 그러한 '비판'(?)은 귀족적인 문화의식과 어설픈 반체제의식이 이중주한 결과물이다. 그런 비판의식은 기실 체제에 의해 적극적으로 양육·보호된다.

대중성과 대중문화에 대한 개념은 다음과 같은 견지에서 보충되거나 교정되어야 한다. 첫째, '대중'이라는 말은 어떤 소비자나 수용자, 사회 구성원들을 한꺼번에 양적으로 뭉뚱그리는 데에만 필요한 말이다. 물론 어떤 사회 구성원의 '평균'이나 평균적 경향은 실재하며, 이를 그려내는 일도 가능하다. 그러나 대중성이 자본주의하에 존재하는 어떤 보편적인 경향을 지시함에도 불구하고 그 실제적인 내포는 계속 변화해온 역사성을 품었다는 점에 주목해야 한다.

둘째, 더욱더 중요한 것은 '대중' 속에 계급과 세대, 지역, 계층, 젠더 등의 다른 사회 구성원의 집합이 포함되어 있다는 점이다. 실제로 문화적 주체로서 행위하는 것은 이 집합들이다. 게다가 집합으로 환원되지 않는 '개인들'이 있다. '대중'이라는 편한 말로 계급과 세대, 지역, 계층, 젠더와 '개인들'의 차이를 무화하면 안 된다. 사회과학에서조차, 양적으로 환원되는 대중에 대해 꺼리기에 질적 연구와 질적 자료가 중요시된다. 그리고 한국의 '대중'은 1990년대 이후에 더욱 그 구성이 복잡해졌다. 수많은 마니아와 동호인 집단이 생겨나고 이전에 상상하기 어렵게 사회적 발언권을 키워 정치와 대중문화의 주체로 행동하고 있다.

고급문화(그런 게 있다면)는 주류적 이데올로기와 체제에 대한 항체로서 기능하지 못한다. 고급문화는 그것이 '고급'이기 위해 일단 체제의 논리에 입각하여 더 많은 자본과 상징자본을 체제로부터 축적해야만 하는 본원적 한계를 지닌다. 전복적인 의미를 지니는 대항문화와 다양한 소수자들의 문화만이 주류와 체계가 그어놓은 선을 위반할 수 있다.

문학이 스스로를 고급문화의 일부로 간주하고 고급문화의 일부가 되어온 것은, 문학 자체가 가장 추상적이고 간접화된 기호인 문자를 소통과 형상화의 수단으로 사용하기 때문이다. 그러나 근대문학은 책 읽기의 대중화가 가능해졌을 때 비로소 성립되었다.

마치며

나는 2003년에 주변의 호의 덕분에 『근대의 책 읽기』라는 책을 세상에 내놓을 수 있었다. 그 책은 근대 초기에 한국의 독서 문화가 어떻게 형성되고, 책 읽는 사람의 범위가 어떻게 소수의 엘리트에서 '대중'으로 넓어졌는가, 그리고 그 문화사적·문학사적 의미는 무엇인가를 주로 논하는 내용이었다. 평소의 자의식과 책의 주제를, 다양한 관심을 '짬뽕' 하고 갈 길을 정확히 몰라 방황하는 자세를 취하는 것으로 담았다.

내가 문학 그 자체보다도 문학 생산의 조건, 문학의 사회적 위상, 나아가 대중문화에 관심을 갖게 된 것은 앞서 주절주절 뇌까린 경험과 이러한 자의식과 연관된 것이라고 할 수 있겠다. 왜 그들은, 우리는, 그렇게 생각하게 되는가? 왜 그런 방식의 문화를 누리고, 행동하게 되는가? 자본의 이해 때문이 아닌 한, 실제로 대중이 생각하는 방식, 그들이 생각과 삶을 '문화'로써 관련시키는 방법에 대해서는 별로 진지하게 논의되지 않는다. 대중의 삶과 문화에 대해서는 역사적인 연구도 부족하다. 그러니까 '대중문화'에 대한 관심은 평등과 민주주의의 가치에 대한 관심과 결부된 것이다. 나아가 지식이나 문학 자체보다도 지식 생산의 조건, 문학의 사회적 위상 등에 관심을 갖게 된 것도 마찬가지다. 그런 점에서 『근대의 책 읽기』는 저자에게는 행운인 책이라 할 수 있겠다. 저자가 가진 평소의 자의식과 연구 주제가 조우한 면이 있기 때문이다. 회의 속에서 출발하고 갈 길을 정확히 몰라 취하는 방황의 포즈가 거기 있다.

『근대의 책 읽기』는 다양한 관심을 피력하고 있고 그 중에서 특히 책 읽기의 사회사, 사회적 소통구조와 문학의 관계, 독자와 수용의 문학사를 겨냥했다. 유감스럽게도 시원하게 뚫거나 얻은 것은 없되, 남겨진 '학문적' 과제 외에도 책을 쓰는 일은 중요했다. 몇 가지 깨달음을 부가적으로 얻었던 것이다.

2005년 여름에 발표한 책 『끝나지 않는 신드롬』은 스포츠라는 대중문화를 매개로, 민족주의 이데올로기가 어떻게 이 땅에 지배적인 사고방식으로서 뿌리를 내리게 되었는지를 살핀 것이다. 이데올로기는 표상이나 의례 같은 매개를 통해서만 성립된다. 그것은 단지 환상이 아니라 현실에서 방향을 갖고 사람들을 움직이는 힘이다. 바로 그러하기 때문에 표상이나 의례 같은 요소가 없으면 이데올로기는 아무것도 아니다. 어떤 담론체계를 이데올로기로 정립시키는 것은 담론의 '내용'이 아니라, 오히려 거의 보이지 않거나 무의미한 부속품처럼 뵈는, 그러나 실제로는 이데올로기의 '맥락'을 만드는 심성·의례·표상·경험·영웅이다. 민족주의 이데올로기가 거느린 심성과 표상, 그리고 그 작동 방식에 대한 관심이 식민지 시대 사람들의 신드롬과 '슬픔'에 주목하게 했다.

오늘날의 상황은 대중문화의 위상을 또 변화시켰다. 즉 포스트모던 사회와 대중문화는 다른 힘으로 화학결합하고 있다. 인터넷 같은 새로운 소통 공간은 이 다른 결합의 매개체 역할을 하고 있다. 근대적 대중문화의 시대와 또 다른 생성·창조의 원리가 작동하는 세계를 읽고 거기 동참하는 것에 공부하는 목적이 있다.

20세기 전후 한국 사회의 위생, 의학과 근대성

신동원

신동원

1984년 수원의 서울대학교 농대(학사)를 필두로 1986년 대학로의 서울대학교 보건대학원(석사), 1996년 관악산 기슭 서울대학교 과학사 및 과학철학 협동과정(박사) 등 서울대학교 세 캠퍼스를 섭렵하면서 한국 의학사와 과학사 연구자의 길을 걷기 시작했다. 석사 때는 일제시대의 보건의료를, 박사 때는 개항기·한말의 보건의료에 관심을 가져 보건의료 부문에 나타난 식민지성과 근대성에 대해 탐구했다. 아울러 『동의보감』으로 대표되는 한국의학의 정체성에 대해서도 관심을 가져 『한 권으로 읽는 동의보감』(공저, 1999), 『조선사람 허준』(2001) 등의 책을 집필했다. 이 두 가지 관심을 집중해서 한국의학사의 통사적 성격이 짙은 『호열자, 조선을 습격하다: 몸과 의학의 한국사』(2004)를 쓰기도 했다. 2006년 초에는 KAIST 학생 28명과 함께 『우리 과학의 수수께끼』를 출간했다. 현재는 일제시대 한의학을 주제로 하여 일상생활사, 전통과 현대, 식민지성과 근대성을 아우르는 책을 집필하고 있다.

머리말

의학, 몸과 관련된 한국의 근대성은 근대성에 관한 논의 가운데에서 핵심적인 것이다. 나는 이 주제를 감당할 수 있을 만큼 충분히 학습하지 못했다. 이런 한계에도 불구하고 내가 이런 글을 쓰는 것은 그래도 이 주제에 무관하지 않은 몇몇 글을 썼기 때문일 것이다. 하지만 나는 아직까지 내가 쓴 글 모두를 하나로 꿸 만한 시야를 확보하고 있지 못하다. 더욱이 이 주제에 관한 다른 중요한 연구자의 글들은 물론이거니와 그 외의 넓은 영역까지를 포함하는 논의란 더 생각할 수도 없다. 다만 최소한 이 주제에 관한 문제의식을 던지고 그것을 나눌 수 있는 계기를 마련한다는 생각에서, 감히 이전에 썼던 글을 들춰 근대의 위생과 청결, 의료와 의학에 관한 몇몇 단편을 제시하려는 용기를 냈다.

　내가 생각하는 근대성이란 정교하면서도 심오한 이론이 아니다. 나는 근대성의 핵심으로서 다음 두 가지를 주목할 뿐이다. 하나는 그것이 자연과학적 진리와 효용이라는 합리성에 기반을 두었으며 그것을 무기로 하여 새로운 시대를 열었다는 점이다. 이 글이 다루고 있는 주제인 위생학, 병리학, 생리학, 외과치료술을 포함한 근대서양의학은 그러한 자연과학의 진리성과 효용을 지닌 대표적인 분야라 할 수 있다. 다른 하나는 그 근대성이 자연과학적 합리성을 명분으로 내세우면서도 그것이 본래 표방하는 과학정신과 거리가 먼 방식으로 힘을 행사했다는 점이다. 나는 조선사회에서 근대서양의학의 확산과 침투과정이 "합리성이라는 광명이 비추이자 어둠의 불합리성이 눈 녹듯 사라진" 개종이 아닌 것으로 본다. 그것의 실현 과정은 전략과 전술, 왜곡과 과장을 수반했으며, 심지어는 극단적인 폭력을 동반한 것이기도 했다. 내가 볼 때 한국의 근대성에는 자연과학적 진리와 효용이라는 측면과 함께 그것의 순수하지 못한 정치성, 두 가지가 공존한다. 내가 선택한 한국의 근대성에 관한 주제는 이 양자의 속성을 드러내주는 것들이다. 나는 이 주제의 탐구를 통해 근대적인 것, 또는 서양과학적인 것은 모두 '선'善하다는 근대주의적 한국사 해석에 이의를 제기하고자 한다.

내가 방법으로 택한 것은 근대주의적 해석이 지탱하고 있는 그 지점의 맥락을 보여주는 것이다. 나는 근대의 의학과 몸과 관련된 주제들, 즉 개인의 욕망이건, 육체의 의식儀式이건, 에티켓이건, 국가나 사회의 이념이건, 사회유지를 위한 통치수단이건, 학문이건 간에 그것이 생긴 역사의 변곡점까지 찾아가 그것의 유래를 묻고, 전 사회적 맥락을 들춰내려고 한다. 이런 방법은 위생, 의학, 몸과 관련해서 한국 사회가 획득한 근대성의 내용과 성격을 알게 해주며, 그 결과인 '우리'에 대해서도 달리 성찰할 수 있는 계기를 마련해줄 것이다.

서설: 전근대와 근대, 또는 괴질과 콜레라

무엇이 그들로 하여금 그토록 확신에 찬 목소리를 내도록 했을까? 한국 사회의 근대성에 관한 탐구를 하면서 내가 가장 강하게 느꼈던 것은, 근대 세상을 꿈꾸는 그들의 확신에 찬 생각과 행동이었다. 그들은 자신이 전도하는 것의 진리성과 효용에 대한 추호의 의심도 없이 확신에 차 있었다. 이런 확신은 그때까지 조선사회를 확고부동하게 지배해왔던 삼강오륜으로 대표되는 유교적 이념 이상으로 강한 것이었다. 근대에 대한 그러한 확신은 아마도 그 '힘'에서 연원했을 것이다. 그 힘이란 대포와 총일 수도 있고, 돈일 수도 있고, 자연의 질서를 완벽하게 파악해낸 과학일 수도 있다. 그것은 자신이 얼마나 위력이 있는지를 효용으로 보여주었다. 화륜선의 시위는 신식 무기의 위력을 십분 보여주는 것으로서 한 나라의 굴종을 끌어냈지만, 역병을 없애는 방법은 수십만 명의 생명을 단숨에 구해 새로운 힘에 대한 거대한 인상을 심어주었다.

내가 관심을 가졌던 주제인 콜레라의 역사는 그것이 근대와 전근대를 어떻게 가르는지를 극명하게 보여준다. 1821년 콜레라가 중국으로부터 조선에 처음 유입되었을 때 최소한 13만 이상이 이 역병의 제물이 되었다. 막을 방도가 없었고, 고칠 수단이 없었으며, 영문을 몰라 그냥 괴질이라 불렀다. 김옥균이 『치도약론』(1882)에서 말했듯이 "피난 가서 살아 돌아오면 재수가 좋았다고" 하는 것 이외의 방법이 없었다. 이런 상황은 50여 년이 지난 1876년에도 하나도 달라진 것이 없었다. 그러나 개항 이후 근대 세상을 표방하는 자들은 그 역병이 콜레라이며 막을 방도가 있다고 자신 있게 소리쳤다. 역병을 피해 도망 다니는 것을 비웃었으며, 주변의 오물을 치워 독기의 발생을 막고, 이미 발생했을 때에는 거리를 차단하고, 환가와 환자, 사망자와 그 주변에는 소독약을 뿌렸다. 아울러 물과 음식을 끓여 먹는 지식을 가르쳐주었다. 그 방법이 한갓 사기라 해도 세간의 관심을 끌 법한데, 기막히게도 그 방법은 콜레라 억제의 가장 효과적인 방법이었다.

그것은 큰소리 칠 만한 자격이 있었다. 그 하나가 주는 신뢰만 해도 이루 말할 정도가 아닐 텐데, 두창은 우두법으로 막을 수 있고, 학질은 키니네로 고칠 수 있고, 염병이나 다른 역병도 그렇게 피할 수 있음을 보여주니 그 어찌 믿지 않을쏜가. 그들은 역병에 관해서만 보따리를 가졌던 것이 아니고, 인간이 살아가는 데 필요한 모든 것을 패키지로 들이밀었고, 역병의 예방이 보여주는 신통력은 그 패키지 전체를 신뢰토록 하는 결정적인 무기 구실을 했다. 게다가 그 효과가 즉각 나타났으니 그것이 근대문물의 대표 선수로 나서기에 적격이었다. 옥과 돌이 섞여 있는 근대문물 한 묶음 전체를, 방역 효과는 그것을 모두 값진 것으로 둔갑시킬 수 있는 위력을 지녔다.

위생은 단지 몇몇 역병에 대한 방역 시스템의 구축에 국한되지 않고, 위생을 필요로 하는 인민의 모든 삶의 양식에 스며들 수 있었다. 역병을 일으키는 독기는 버려진 오물과 오염된 우물에만 있는 것이 아니라 조선 사람이 함부로 싸는 똥오줌, 뱉은 가래침에도 있었고, 자주 감지 않은 상투머리, 양치하지 않은 입 안, 때가 덕지덕지한 피부 곳곳에 도사리고 있었기 때문이다. 심지어는 축 늘어진 도포자락과 게을러터진 팔자걸음 사이에서도 펄럭거리고 있는 듯 보였다.

근대 방역의 실현은 위생제도의 구축과 위생적인 생활지침의 실천이라는 두 가지 과제가 있었다. 예컨대, 길가와 냇가에 넘치는 똥을 없애려면 어떻게 해야 할까? 아무데서나 똥을 누지 못하도록 한다. 집안의 똥은 일정한 곳에 치워가도록 한다. 길가 곳곳에 공중변소를 세운다. 길에서 똥을 누는 자를 벌준다. 노상 방분이 대단한 실례임을 가르친다. 그것이 야만적인 행위이며, 국가의 부강을 좀먹는 비애국 행위라 비난한다. 똥을 누는 것을 막기 위한 직접적인 조치는 경찰이 담당하며, 길가에 변소를 세우는 것은 위생국이 담당하며, 위생계몽은 학교의 교육이나 언론이 담당한다.

콜레라의 시대에 종지부를 찍은 근대적 방역체계는 단지 못 막았던 병을 막게 되었다는 것만을 뜻하지 않았다. 한말, 일제강점기로 이어지는 그 방역은 새로운 권력의 작동을 정당화한다는 정치적 의미를 담고 있었다. 역병을 차단하기 위해 감시와 단속이 개입되었다. 그 개입은 경찰력을 통해 행사되었는데, 그 범위는 독기의 발생과 관련된 일상생활 전반이었고, 개입 방식은 민족의 탄압 지배를 떠올릴 정도의 무단적인 형태를 띠었다. 피지배자의 생명을 구한다는 확고부동한 명분 아래, 일본의 제국주의자들은 조선인들의 몸에 광범위하면서도 과도한 권력을 펼쳤다. 그들은 콜레라 방역의 이름으로 순사와 헌병을 내세워 가가호호 온 국민의 몸을 마음대로 다뤘다. 이런 사실은 방역에 관련된 근대의 지식이 진공 상태에서 생리학적으로만 전달되는 것이 아니었음을 뜻한다. 즉 정치적인 동기에 맞춰 그것이 행사된 것이다. 궁극적으로 그것은 유교적 세계관을 타파하고 새로운 근대 질서, 엄밀히 식민지적 근대 질서의 생성에 결정적으로 기여했다.

불결함이라는 딱지: 오관五官으로 느끼는 야만

근대성과 위생을 논할 때, 우연히도 이 연구를 처음 시작하면서 잡은 주제가 청결과 불결함에 관한 것이었다. 나는 김옥균의 『치도약론』에 나오는 내용이 20년 전 내가 보건학 수업에서 배웠던 영국의 채드윅의 환경위생운동과 비슷하다고 느꼈다. 그리하여 겨우 해제를 벗어난 수준에서 그 내용을 분석한 적이 있는데, 지금 돌이켜보면 그 주제가 근대성과 의학을 논할 때 가장 핵심적인 코드였다. 청결함과 불결함은 근대성과 전근대성이 시각으로, 후각으로 표출된 즉자적인 성격을 띠기 때문이다.

19세기 초반의 박제가는 『북학의』 「분오칙」糞五則에서 한성의 더러움에 대해 상세히 기록했다.

우리 도시 안의 모든 집이 더럽고 지저분한 것은 수레가 없으므로 쓰레기 따위를 바깥으로 가져 나가서 버리지 못한 때문이다. 성 밖에 내다 버린다 할지라도 겨우 병든 말을 이용할 뿐이라서 수십 근 정도에 불과하다. (……) 서울에서도 오줌을 날마다 뜰이나 거리에다 버리므로 우물물이 모두 짜게 되고 개울에 있는 교량이나 석축가에는 인분이 더덕더덕 말라 붙어서 큰 장마가 들지 않으면 씻겨지지 않는 형편이다. 그리고 육축六畜의 분뇨가 항상 사람의 버선을 더럽히니 밭고랑을 가꾸지 않는다는 것은 이것으로도 알 수 있다. 거름을 거두지 아니하고 재는 오로지 길거리에 버려서 바람이 조금만 불어도 눈을 뜰 수 없고 이것이 이리저리 흩날려서 온 집의 주식酒食을 불결하게 한다.

이보다 50년 후에 김옥균은 『치도약론』에서 한성의 더러움에 대해 기록했다.

내가 일찍 들으니, 외국 사람이 우리나라에 왔다 가면 반드시 사람들에게 말하기를 '조선은 산천이 비록 아름다우나 사람이 적어서 부강해지기는 어려울 것이다. 그보다도 사람과 짐승의 똥오줌이 길에 가득하니 이것이 더 두려운 일이다'라고 한다. 이것이 어찌 차마 들을 말인가?
우리나라는 관청에서부터 민가의 마당에 이르기까지 물이 번지고 도랑이 막혀서, 더러운 냄새가 사람을 핍박하여 코를 막아도 견디기 어려움의 탄식이 있으니, 실로 외국의 조소를 받을 일이다.

이 50년 동안 한성이 무지무지하게 더 더러워졌기 때문일까? 박제가는 한성의 불결한 환경상태를 자세히 묘사하면서, 청국의 수레 제도를 도입해 그 더러움을 일소하자는 주장을 폈다. 즉 신식 기술인 '수레'에 방점을 찍었다. 김옥균은 그와 달랐다. 그 더러움이 국가의 부강을 해치는 주요요인이라고 보았다. 즉 '외국의 조소'에 방점을 찍었다. 박제가의 시대와 김옥균의 시대 사이에 있었을 한성의 환경 악화를 감안한다고 해도 둘의 담론 사이에는 근본적인 인식의 차이가 놓여 있다. 불결을 국가의 부강 또는 문명과 연결해서 생각하느냐 아니냐의 차이이다. 또 김옥균의 생각은 일종의 집단의식이었다. 박영효도, 윤치호도, 주일공사 김만식도 그렇게 생각했다. 선교 의사 알렌도, 유람객 비숍 여사도, 일본공사관 직원도 그렇게 생각했다. 김옥균은 그들 중 하나였다.

길가에 뿌려진 너저분한 쓰레기와 인분, 가축의 똥은 시각을 불편하게 했고, 가끔 잘못해 밟는 경우는 촉각의 황당함으로 다가왔을 테지만, 그 무엇보다도 피할 수 없는 것은 냄새였다. 1884년 한국 땅을 밟은 최초의 서양 의사인 미군 군의 우즈Woods는 한성의 인상을 다음과 같이 적었다.

> 나는 '거리 풍경' street scene이라는, 거리 그 자체를 지칭하는 한 단어를 제시한다. 주요 도로를 제외하고는 도로들은 오물로 오염되어 있으며, 더러운 좁은 골목길이고, 통행자들과 등짐 진 가축들, 지게꾼들, 땔감을 가득 실은 황소들로 가득 차 있었는데, 이들은 물이 고인 진흙탕을, 때로는 약간 포장을 시도한 길을 통과하기 위하여 서로 경쟁하고 있었다. 거리의 양쪽 편으로는 액체 쓰레기들이 퍼부어지는 도랑들이 있었는데, 이들은 아마도 개천으로 흘러들어 최종적으로는 강에 이르게 되는 것이었으리라 생각된다. 이같이 널려진 배수로에서 풍기는 냄새는 형용하기 어려울 정도로 유독한 것이며…….(Fred C. Bohm and Robert R. Swartout, Jr., *Naval surgeon in Yi Korea*, p. 68)

우즈를 비롯한 일군의 인물이 더러움에 과민한 반응을 보였고, 그에 대해 확신에 찬 저주를 퍼부을 수 있었던 자신감은 그들이 학습했던 역학 epidemiology 지식에 있었다. 우즈는 이런 썩은 냄새는 "더운 여름날에는 반드시 질병의 온상이 될 것이 틀림이 없다"고 생각했다. 김옥균도 썩은 냄새가 전염병을 일으켜 인구 망실을 가져오기 때문에 위험한 것이라고 했다.

서양에서도 불결함은 역병의 원인이 된다고 보면서, 불결함의 추악함을 말하고 깨끗함의 아름다움을 말했지만, 그것이 '야만국'에 와서는 더욱 과장되고 극성스러움을 보였다. 청결과 불결은 단지 역병이라는 자연대상의 극복이라는 사실적 관계에만 국한되지 않았으며, 문명과 야만을 구별 짓는 일차 척도로 구실했다. "더러운 놈들"이라는 규정은 조선인에 대한 딱지붙이기의 결과였다. 조선인은 청결의 과학을 모르는 존재로, 청결을 관리하지 못하는 인습의 덩어리로, 그것을 고쳐나갈 수 있는 능력이 결핍된 존재로 규정되었다.

눈에 보이는 더러움, 귀에 들리는 장터의 소란스러움, 발에 밟히는 분뇨의 기분 나쁨, 오염됐음직한 음식의 맛, 후각을 파고드는 역겨운 야만의 냄새, 이 불결함은 인간의 다섯 감각이 대상을 만나는 첫인상과 관련된 것이었다. 그 감각은 인간의 생리적인 현상을 분간하는 데서 더 나아가, 미美와 추醜를 가늠하는 미적 인식의 기초가 되었으며, 선과 악이라는 가치 판단의 잣대로 구실했다. 따라서 갑신정변 이후 망명길에 오른 윤치호의 빈정거림이 불결과 청결의 담론 구조를 띠고 있다는 게 하나도 이상한 일이 아니다. 그는 일기에 다음과 같이 적었다. "천하 만고에 조선 사람같이 지체 더럽게 천한 자는 없다", "상해 청인 도로 지린내, 구린내 짐짓 못 견디겠으니, 이보다 더 더러운 조선에 사는 사람들은 똥 구더기라는 욕먹어 싸다", "똥뒷간 같은 조선에서 성장한 나 …… 청인의 집은 음침하기 측량 없어 일본 사람의 정결하고 명량明亮한 집에 비할 수 없다. 그러나 우리나라 사람의 똥뒷간 같은 집이야 어찌 청인의 이층집에 비교하겠는가. 한심스럽다."

이 어찌 윤치호만의 생각이었을까? 개화물을 먹은 지식인이나, 조선에서 뭔가 이권을 챙기기 위해 활동했던 서양인과 일본인이 자기 말을 쉽게 따르지 않는 일반 인민 무리에 대해 입에 달고 다녔던 말이다. 불결과 청결의 담론은 오관과 관련되어 있기 때문에 즉각 효과를 낼 수 있었다는 점에서 근대성과 관련된 그 어떤 담론보다도 일차적이었다. 그것은 다수의 조선인을 대상으로 하고 그들의 전반적인 일상생활과 관련되어 있었다는 점에서 대상 범위가 넓고 강력했다.

상투와 단발: 전근대의 몸과 근대의 몸

나는 박사논문으로 개항, 개화기 보건의료와 위생 전반을 살피려고 했다. 처음에는 몸과 위생, 제도 전반을 한데 엮으려는 야심찬 시도를 했지만, 그것을 다 본다는 것이 너무나도 벅찬 일이라는 것은 오래지 않아서 깨닫게 되었다. 그래서 주로 제도를 중심으로 살폈지만, 그런 가운데에서는 몸과 보건의료제도의 끈을 놓치지 않기 위해서 각 시기별 위생 담론의 성격과 지위에 대해서는 주의 깊게 관찰하여 그 논지를 따지려고 했다. 몸과 위생의 관계에서 가장 인상적이고도 극단적인 경우는 단발령이었다. 거기에서는 근대적 표준과 전근대적 전통의 격렬한 전쟁이 벌어졌다.

만일 오늘날 한국인에게 다음과 같은 포고를 내린다면 과연 어떤 반응이 일어날까? "나라 안 모든 성인 남자는 상투를 틀어 올리고, 성인 여성은 쪽진 머리를 하라." 오늘날 우리는 단발이 너무나 익숙하기 때문에 상투를 튼다는 것을 생각하는 것조차 불가능하다. 그런데, 현대 한국인이 다시 상투를 틀어 올리는 것이 더 힘든 일일까, 100여 년 전 우리의 조상이 천년 이상 지속되어온 상투를 잘라버리는 것이 더 힘든 일이었을까?

단발령은 1895년 12월 30일 단행되었다. 이 날짜로『관보』에 내부대신서리 유길준의 이름으로 발표된 단발령에 관한 고시의 내용은 다음과 같았다.

> 이번 단발함은 생生을 위衛함에 이롭고, 사事를 작作함에 편하기 위하여 우리 성상 폐하께옵서 정치 개혁과 민국 부강을 도유圖猷하사 솔선 궁행하사 표준을 시하심이라. 무릇 무리 대조선국민인은 이와 같은 성의聖意를 앙체仰體하되 의관 제도는 다음과 같이 고시함. 개국 504년 11월 15일 내부대신서리내부협판 유길준

이 포고문에 따르면 단발의 주요 이유가 위생과 편리 두 가지였다. 이에는 단발하지 않은 상태가 정치의 개혁과 국가의 부강을 해친다는 사고가 깔려 있다.

단발령은 한 국가의 시간 표준을 바꾸는 개력改曆과 동일한 차원의 엄청난 일이었다. 여기서 개력이란 그동안 쓰던 중화의 시간 표준인 음력을 근대의 시간 표준인 양력으로 바꾼다는 엄청난 내용을 담은 것이었다. 상투와 망건은 그 전통의 오래됨이나 문화의 넓고 깊은 침윤이라는 양 측면에서 음력만큼의 영향력을 가지는 것이었다. 머리를 길러 상투를 틀고 관冠을 쓰는 것은 삼국시대에도 보이는 오래된 풍습이며, 아이와 어른, 남자와 여자, 존귀한 자와 미천한 자를 가르는 구분을 응축한 것이었다. 달리 말해

전통적인 사회질서 전체를 한눈에 드러나도록 한 것이 상투였다. 게다가 중국에서 중화의 명明이 오랑캐 청淸으로 바뀐 이후로 상투는, 조선인만이 유일하게 성인聖人의 전통을 이은 문명국이라는 자긍심을 심어준 상징이었다.

근대문명은 꾸준히 자기의 표준을 문명화하지 못한 종족을 강요하는 속성을 지녔다. 돈의 흐름이든, 지배의 흐름이든 코드가 맞아야 수월하기 때문이다. 시간의 표준을 제시하고, 경제 통화의 표준을 제시하고, 정치 제도와 법제의 표준을 제시한다. 그러한 표준이 단박에 드러나게 하는 데 인간의 몸은 가장 기본적인 존재였다. 단발을 하고 양복을 입었다는 것은 그가 어떤 사고를 가지고 있는지를 즉각적으로 알려준다. 상투를 틀고 있으면서 근대문명을 적극적으로 수용하리라고는 예상할 수 없다. 따라서 상투는 근대문명의 저항자를 가려내는 리트머스 시험지였으며, 단발은 그들의 저항심을 꺾어 개종시키는 행위였다.

위생과 편리, 나라의 부강을 내세웠다고 해도, 강압적인 단발에 대해 죽음을 무릅쓰고 저항하는 것은 당연한 일이었다. 조선인들은 단발이 조선인의 정체성을 말살하는 모멸스러운 일이라 생각했다. 선교사 릴리어스 호튼 언더우드는 『언더우드 부인의 조선 생활』에서 이를 다음과 같이 표현했다.

> 일찍이 성년이 될 때에 겪었던 우아한 의식의 기억들, 명예로운 집안의 전통, 무시무시한 미신, 조상님들의 분노와 불쾌감, 철석같이 움켜쥔 오랜 관습, 나약하고 음탕스럽고 천한 중에 대한 혐오감, 이 모든 것들 때문에 머리를 깎는 그 모욕스런 일을 할 수 없었다. 그들의 긍지와 자존심과 위엄은 모두 빼앗겨 발아래 짓밟혔다. 어디에서나 잔뜩 찌푸린 성난 얼굴들이 보였고 집집마다 통곡 소리와 탄식 소리가 끊이지 않았다.

일시에 강제적인 권력에 의해서 사회적인, 역사적인 삶이 부정되었기 때문에 일반인으로서 치욕을 감수하거나 그에 강하게 저항하거나 둘 중의 하나를 택해야 했다. 어떤 사람들은 단발을 당하여 스스로 목숨을 끊었고, 어떤 사람들은 관리의 눈을 피해 은둔하였으며, 또 어떤 사람들은 총칼을 들고 일어섰다. 지방 곳곳에서 의병이 세차게 봉기했는데, 그것은 단지 단발을 반대하는 것을 넘어서 단발을 자행한 정부와 일본에 대한 선전포고였다. 이 같은 저항의 결과 단발령이 취소되었다. 또 단발을 지휘했던 총리대신을 비롯한 대신들이 붙잡혀 거리에서 참수를 당했다. 즉, "상투가 승리한 것이다".

그러나 그것은 일시적인 승리에 불과했다. 너무 성급하고, 강압적인 단발이 크게 문제가 되었지만, 이후 그것은 다소 강압적인, 때로는 자발적인 단발의 과정을 거치면서 현대인의 단발머리로 정착했다. 상투를 틀고 망건을 쓴 자에게 관직 등용 억제, 학교 입학 금지 등의 채찍이, 단발을 한 자에게는 거꾸로 그에 상응하는 특혜가 주어졌다. 1904년에는 손병희의 지도 아래 10만 명 이상의 동학교도 또는 일진회원이 일시에 단발을 단행하고 흑의黑衣를 채택하기도 했다. 이는 을미사변 이후 지지부진하던 단발의 양상을 획기적으로 바꾼 사건이었다. 손병희와 그를 따르는 교도들은 적극적으로 개화에 나서 힘을 길러야 한다는 의지를 과시하기 위해서 단발을 단행했지만, 일본 제국주의자들은 그들이 자신의 영향권 안에 들어온 것으로 그들의 단발을 이해했다.

위생의 논리가 붙은 것 가운데 가장 덩치가 컸던 것이 단발의 논리였다. 똥오줌을 길거리에서 누지 마라, 침을 함부로 뱉지 마라, 자주 목욕하라, 손을 자주 씻으라는 등등은 행동양식만 바꾸면 되는 것으로 전통적 가치와 근대적 가치가 정면으로 충돌하는 사안은 아니었다. 단발은 그렇지 않았다. 만일 위생만 고려했다면 단발령 대신에 머리를 자주 감으라는 권고가 더 적절했을지 모른다. 이런 대안이 있었기 때문에 위생과 청결을 앞세운 단발의 논리는 분명히 궁색한 것이었다. 위생은 핑계이고 상투에 응집된 전통적인 가치를 깨부수려 했던 것이 주된 목적이었다. 하지만 개인의 생명을 구하고, 그렇게 구한 수많은 개인의 생명이 나라의 부강에 도움을 준다는 위생 담론은 그러한 핑계까지도 궁색하지 않게 치장하는 요술 같은 힘을 가지고 있었다. 그 불합리한 힘 또한 한국에서 펼쳐진 근대의 힘이었다.

『서유견문』: 개항, 개화기 위생론의 핵심을 담다

개항, 개화기 위생 담론을 줄곧 검토하면서 나는 『서유견문』(1895)이 논리의 체계성과 수준의 깊이 양 측면에서 개항, 개화기 서양 근대 위생 담론의 최고봉을 차지함을 알았다. 개항 이후 『한성순보』(1882), 『한성주보』(1886), 박영효의 「내정개혁에 관한 건백서」(1888) 등에서는 위생을 중요한 분야로 취급하여 적지 않은 내용을 실었지만, 『서유견문』의 그것은 이런 것과 차원이 달랐다. 다른 위생론이 모두 국가의 부강을 위한 수단으로서 위생제도에 관심을 둔 것이었지만, 이와 달리 『서유견문』은 당시 서양에서처럼 근대 개인의 권리로서 위생의 당위성을 파악하면서 개인위생론, 국가 보건위생제도의 건설, 건강에 대한 사회의 배려 등을 망라한 수준 높은 위생론을 담은 것이었다. 『서유견문』 이후에 『독립신문』(1896년 창간)을 비롯한 여러 신문에서도 수많은 위생 기사를 게재했고, 1904년 이후의 학회지에서도 한결 수준 높은 근대의 위생론·생리론·체육론 등을 뿜어냈지만,

이 또한 『서유견문』이 제시한 위생론의 범주를 크게 넘어서지 못한다. 다만 일종의 위생계몽운동을 이끌었다는 점에서 이들의 위생 담론은 『서유견문』보다 동적動的이었다.

아마도 세계를 일주한 유길준의 생생한 경험이 그의 위생론의 확립에 결정적으로 도움이 되었을 것이다. 그는 1882년 신사유람단 일원으로 일본을 여행한 적이 있고, 1883년 외무낭관外務郎官으로 뽑혀 미국을 방문했으며, 갑신정변 직후 1885년 가을 "대서양의 풍파와 홍해의 열풍을 헤치고 지구를 꿰뚫어 이 해 겨울에 제물포"에 도착했다. 귀국 후 그는 『서유견문』을 집필하여 1895년 그것을 출간했다. 그의 서양 견문은 또한 후쿠자와 유기치의 『서양사정』의 영향을 많이 참고하여 완성도를 높였다.

『서유견문』의 근대 위생론에 관한 내용은 인간의 건강과 관련된 '신명身命의 자유와 통의通義'를 근본적으로 설정했다는 점에서 당시 서양의 근대 위생론의 핵심을 잘 짚었다. 그는 "정직한 도리로 행동거지를 조심하여 자기의 분수를 지나치지만 않는다면 구애도 속박도 받지 않고, 자주적인 즐거움을 누릴 수 있는 것"으로 신체의 자유를 말했고, "자기의 생명과 몸을 정직한 방법으로 보존하며, 남의 방해를 막아내고 불법 침범을 피해, 건강하고 안락한 상태를 보존해 가지는 것"으로 신체의 통의를 정의했다. 이 자유와 통의는 어디에서 연원하는가? 『서유견문』은 이것이 하늘로부터 품부받은 인간의 가장 중요한 것이라 하였다. 그렇기 때문에 생명과 몸을 보호하여 안녕과 건강한 복을 누리는 것은 인간의 쾌락이며, 불법한 조처로써 사람의 터럭 하나 손가락 하나라도 상해를 입히는 것은 하늘이 내려준 도리를 배반하는 것이 된다. 따라서 유길준은 "신체의 권리는 국법을 범하지 않았을 때에는 자유롭게 행동하며, 밖으로부터 오는 상해를 방비할 수 있을 따름"이라 단정했다.

이상에서처럼 하늘이 준 권리로서 신체의 권리를 파악했다는 것은 곧 한 개인이 태어나서 죽을 때까지 전 생애에 대한 사회나 국가의 책임이 필연적임을 뜻한다. 『서유견문』에서는 그것을 다음과 같이 표현했다.

무릇 사람의 생로병사는 인간 사회의 자연적인 이치다. 그러나 인간이 그 살아 있는 동안에 섭생하는 도리를 근신함으로써 질병의 고통으로부터 벗어나 강녕한 복지를 누리는 것이 인간적인 의무의 하나라 할 것이다. 어버이를 섬기는 자가 이 일에 어두우면 자식 된 도리를 어기는 것이며, 임금을 섬기는 자가 이 일을 가볍게 여기면 신하의 직분을 힘쓰지 않는 일이 되며, 또 어른이나 정부가 이 도리를 등한히 하면 어른과 정부로서의 직책을 다하지 않는 것이 된다.…… 한 사람에게는 그 한 사람의 섭생하는 법이 있고, 한 집안에는 그 한 집안의 섭생법이 있으며, 또 한 나라에는 그 나라로서의 섭생법이 있는 것이다.

여기서 "살아 있는 동안에 섭생하는 도리를 근신함으로써 질병의 고통으로부터 벗어나 강녕한 복지를 누리는 것이 인간적인 의무"라 한 것은 모든 개인의 책임을 말한 것이며, 그 외의 것은 각기 가정, 국가의 책임을 지적한 것이다.

살아 있는 동안에 자신의 신체를 강녕하게 하는 것을 개인의 의무로 파악했기 때문에 유길준은 특별히 그것을 실천할 수 있는 개인위생법의 소개에 많은 지면을 할애했다. 『서유견문』 제11편 중 「양생하는 규칙」 부분이 이를 담고 있다. 여기서 유길준은 지체운동, 규칙적인 수면과 청결한 숙소, 규칙적인 식사 시간과 충분한 소화, 의복의 청결, 가옥과 도로의 청결, 국법의 준수 등을 중요한 양생 방법으로 소개하면서, 천 갈래 만 갈래 자질구레

한 양생 방법은 모두 이 몇 개의 큰 항목에서 비롯하는 것이라 했다. 이 가운데 그는 지체운동 방법의 사례로 자전거 타기, 말 타기, 야간 배 타기, 체조 등을 들었는데, 이는 당시 조선 일반인의 현실과 크게 괴리된 것으로서, 그의 위생론이 조선의 실정을 고려하여 재창조된 것이 아니라 서양의 견문을 그대로 소개한 것임을 시사한다.

유길준이 말한 "건강에 대한 사회의 배려" 대목은 생로병사를 겪는 몸에 대한 근대의 전 방위적 시선을 떠올리게 한다. 그는 개인위생을 실천하는 개인의 책임 못지않게 개인의 건강을 돌보는 사회의 배려가 있어야 한다고 주장했다. 한 개인이 태어나 가정에서 자랄 때, 학교에 가서 학업을 닦을 때, 군대에 가서 나라를 지킬 때, 늙거나 빈곤하여 의탁할 수 없게 될 때에도 가정과 사회, 국가는 그것을 배려해야 한다고 하면서 유아보건, 학교보건, 군대보건, 병원과 구빈원 등의 필요성을 역설했다.

유길준은 국민의 위생을 위해 강력한 법, 또는 행정력을 통한 국가의 개입을 다음과 같이 정당화했다.

전염병이 인간들에게 가혹한 재앙이 되는 푼수가, 실상은 한때의 전쟁보다 더욱 심한 것이다. 정부가 위생에 관한 법을 정하여 국민으로 하여금 지키게 하고, 만약 소홀한 자가 있을 때에는 엄한 법으로 다스려서 도로와 집안을 청결하게 하면, 충분히 전염병의 유행하는 형세를 막을 수 있을 것이다. 이러한 일에 엄격한 법을 가지고 혹 혹독하다고 말하는 이가 있을지 모르나, 사실은 위생 관계 법령으로 형을 받는 자는, 그 처형 받는 자기 자신으로서도 그 병의 재앙을 함께 면하게 되는 것이다.

즉, 당장은 강압적으로 느낀다 할지라도 궁극적으로는 인민들에게 닥

칠 가혹한 재앙을 막아준다는 점에서 그 강압성은 반드시 존재해야 할 공동선이고, 그렇기 때문에 개인의 방종함에 공동체 전체의 위생을 맡겨둘 수 없다는 것이다.

위생에 대한 국가 행정력의 개입은 경찰이라는 제도를 통해서 실현되는 것이었다. 『서유견문』 제10편은 '순찰의 규제'를 다루고 있는데, 여기에서는 국가의 치안 유지를 돕는 사법경찰과 함께 민생의 복지와 안녕에 관계되는 모든 사항을 그 직책의 관장 사무로 하고 있는 행정경찰을 소개하였다. 행정경찰의 주요 임무 중 하나가 국민들의 건강을 보살피는 일이었으며, 그 가운데에는 전염병 예방과 소독법, 우두(종두), 음료수와 음식물, 의료, 약품, 가축 도살장, 묘지와 화장터 및 기타 위생에 관한 사항 등의 업무가 포함되어 있었다.

유길준의 『서유견문』은 당시 서양의 근대 위생이 표방하는 이념과 방법을 정확하게 파악한 것이다. 개인, 권리, 몸에 대한 사회의 관리, 약자에 대한 배려라는 이념과 청결과 위생, 건강을 담보하기 위한 각종 방법들, 근대적인 국가 보건의료제도의 구축과 공권력 행사 등의 내용이 잘 짜여 있다. 그렇지만 그것은 그가 서양 문물의 이상을 그대로 옮긴 것이었을 뿐이다. 이런 일이 가능하기 위해서는 위생계몽을 이끌어낼 수 있는 교육기관과 언론, 위생과 의학의 내용을 깊이 연구할 과학연구기관, 위생 단속을 담당할 경찰력 등이 총체적으로 연결되어야 했으며, 그 무엇보다도 그런 것을 가능케 할 국가의 경제와 안정된 정치권력이 뒷받침되고, 그 권력도 민주주의를 지향하는 것이어야 했다.

『서유견문』이 담은 근대 위생의 이념과 근대 민주주의의 이념은 동전의 양면이었다. 그러나 한말의 상황은 이와는 거리가 멀었고, 주권을 빼앗긴 식민지화는 경찰 권력의 극대화와 민주의 억제를 특징으로 하는 색다른 근대 위생을 낳았다.

보건의료제도의 근대적 전환

1876년과 1910년을 단면으로 쪼개어볼 때, 보건의료 분야의 내용에서 어떤 큰 차이가 보일까? 내가 박사논문에서 가장 거시적으로 보이려고 했던 부분이 이것이었다. 몸과 권력, 위생의 정치학에 대해서는 본격적으로 덤벼들지 못했고, 대신에 보건의료제도에 나타난 근대적 성격을 추적하는 데 만족해야만 했다. 보건의료제도만을 놓고 본다고 해도 어떤 것은 사라졌고, 어떤 것은 새로 생겼으며, 어떤 것은 형태가 바뀌었다. 뿐만 아니라 보건의료에 대해 사회에서 부여한 가치도 변했으며, 그에 따라 보건의료가 사회 안에서 위치하는 맥락도 달라졌다.

1876년을 한 단면으로 살피면, 조선의 보건의료는 내의원, 전의감, 혜민서 등 삼의사三醫司를 기본으로 한 국가의료체계로 존재했으며, 그것은 국왕에 대한 신하, 인민의 충忠을 한편으로 하고, 그 대가로 국왕이 베푸는 온정을 또 다른 한편으로 하는 이른바 '왕도정치'의 이념에 근거한 것이었다. 이에 따라 국가의 의료를 책임질 수 있는 의관醫官이 취재取才나 의과醫科의 형식을 통해 양성되었으며, 이들은 평상시 각각의 목적에 따라 국왕과 고급 관리의 건강, 약재의 수급 행정, 대민 의료 등을 담당하였다. 전염병이 유행하게 되었을 때에는, 국가에서 치료약을 보내고, 역병을 일으키는 귀신을 달래는 제사인 여제厲祭의 축문과 제관祭官을 파견하여 민심을 달래고, 오갈 데 없는 시신을 거두어 성 밖에 묻어주는 조치를 취했다. 이 같은 국가 의료나 보건 활동과 함께 민간에서도 다양한 형태의 민간 의료가 존재했으며, 그 가운데 한방의료가 일반 인민에 깊숙이 자리잡았다. 서울의 경우에는 관에 소속된 의원이 민간인을 대상으로 하여 처방을 내리기도 했지만, 지방 대부분의 곳에는 의원이 존재하지 않았고, 스스로 약간의 의리醫理를 깨친 사람이 약을 팔면서 환자를 진료하였다. 당시 서양의학에 대하여 지식을 가진 사람이 일부 있었지만 학문적 관심을 넘어 있지 않았다. 천주교에서 행한 서양치료법이란 것도 "복통을 낫게 해달라고 마테오리치의 이름으로 천주께 비는 것"과 같이 발달한 서양의술이 아닌, 기도법의 형태를 띠었다. 서양의술이라고 할 수 있는 우두법 대신에 중국 유래인 인두법이 한의학의 한 형태로 널리 시술되었다.

1910년을 한 단면으로 살피면, 1876년에 국가보건의료를 지배하던 삼의사三醫司체제의 흔적은 시종원侍從院의 의관醫官 정도에서만 찾을 수 있을 뿐이다. 황실 의료가 독립된 의료기구가 아니라 정부 업무와 별도로 황실 업무를 관장하는 시종원 업무의 한 형태로 전락해 있다. 반면에 여러 형태로 민간의 의료를 책임지던 한방의료는 '의사'醫士의 지위를 얻었으며 국가의 인허認許를 얻어 개업할 수 있는 일종의 '전문직' 형태로 변화했으며, 단체를 조직하기도 했고, 여전히 한국인 의료의 중추적인 구실을 담당하였다. 이렇듯 몰락 또는 적응의 형태로 기존의 것이 존재하기는 하지만, 그것은 전반적인 보건의료의 한 측면만 이룰 뿐이다. 나머지 부분은 이전에 익숙지 않았던 것들로 채워졌다. 째고, 뚫는 낯선 의술이 시술되었는데, 국가에서는 이 의술을 펼치기 위한 공간을 전국적으로 마련하였고, 시술자를 수입 또는 양성하였으며, 이들에게 면허라는 제도를 통하여 특별한 지위를 부여하였다. 전염병을 막기 위해 항구와 기차역에 검역소를 설치하여 운영하였고, 전염지에는 소독약이 살포되었으며, 전염 지역에서는 이동의 자유가 제한되었고, 전염병 환자는 피병원에 격리되었다. 쓰레기·분뇨의 처리,

하천의 준설이 상시적으로 시행되었고, 길거리에 공중변소가 설치되었다. 길거리에서는 똥오줌을 싸도 안 되고, 풋과일과 오이, 오래된 고기를 팔아서도 안 되고, 우물도 오물에 오염되지 않도록 주의해야 했다. 특히 두창예방과 관련해서는 인두법은 금지되고 우두법이 장려되었다. 이상의 내용은 모두 법이라는 형식을 통해 규정되었고, 이의 집행을 위한 국가 행정기구가 특별히 마련되었다. 위생국은 보건의료 행정을 맡았고, 경찰은 보건의료, 의약에 대한 감시와 단속 사무를 담당하였다. 근본적으로 이같이 강력한 체제는 보건의료, 위생이 개인의 건강을 향상시키고, 국가의 힘을 증대시키며, 더 나아가 문명을 달성할 수 있게 해준다는 논리에 근거하였다.

나는 이상의 단절을 한마디로 "왕도 이데올로기에 입각한 삼의사를 주축으로 한 보건의료체제가 깨지고, 인구의 양·질적 관리를 위한 보건의료체제가 새로이 형성되었다"고 정리했다. 그것이 보건의료제도의 근대적 전환의 핵심이었다. 나는 이런 변화가 단지 외래 문물의 수입으로 결정된 것이 아니라, 본래 조선사회가 지니고 있었던 전염병 문제를 해결해야만 하는 필연적 조건 때문이라고 보았다. 게다가 개항으로 인해 열강의 경쟁에 따라 인구 관리 문제가 더욱 부각되었다. 18세기 이후 서양에서는 국력을 결정짓는 중요한 요소로 인구의 중요성을 크게 깨달았으며, 검역·환경위생사업 등의 공중보건을 통해 인구를 증가시킬 수 있는 방법을 실천했다. 조선도 전통적으로 인구의 중요성을 깨닫고 있었지만 그것을 유지시키고 증가시킬 수 있는 실제적인 방법과 기술이 없었다는 점에서 분명한 한계가 있었다. 따라서 조선도 부국강병의 일환으로 인구 증식에 큰 관심을 쏟지 않을 수 없었으며, 그것은 기존의 보건의료체계를 송두리째 바꾸는 것을 필요로 했다.

이런 상황에서 서구의 보건의료, 의학이 수입되었으며, 그것은 기존의 보건의료, 의학과 함께 새로운 보건의료체제를 구성해나갔다. 이 과정에서 갓 수입된 서양 것이 서서히 중심부에 자리잡아나갔고, 기존 것은 주변부로 밀려났다. 개항 직후기(1876~1885), '동도서기'에 따른 보건의료 채택기(1885~1894)까지는 전통적인 삼의사체제가 기본을 이루고 제중원, 우두법, 검역 등 서양의학과 의료는 이 체제에 맞추어 적응하거나 보조하는 위치에 있었다. 그렇지만 갑오개혁기(1894~1896)에는 보건의료체제는 완전히 인구관리를 위한 것으로 전환되었으며, 이어 광무개혁기(1897~1905)에는 갑오개혁기 때 구상되었던 내용을 채워나갔다. 하지만 이 시기 옛것과 새것을 동시에 고려한다는 '작고참신'酌古叅新 원칙에 따라 한방의료도 훌륭한 자원으로 활용토록 한 것이 갑오개혁기의 급진성과 구별되는 정책이었다. 일제주도기(1905~1910)에는 일본인이 한국의 보건의료를 완전히 장악하여 식민지체제를 보조하는 형태로 재편되었으며, 한방의료는 철저히 공식적인 제도에서 배제되었다.

이처럼 1876년 이후 1910년 사이에 국가의 보건의료체제는 엄청난 변화가 있었다. "왕의 시혜에 바탕을 둔" 내의원·전의감·혜민서 등 삼의사의 봉건적인 체제가 끝장을 보았고, 서양의 공중위생과 의학을 중심으로 하는 인구관리를 실현할 수 있는 조직체제로 바뀌었다. 그 과정에서 보건의료체제는 서양에서 확립된 자연과학적 의학, 위생학과 그에 바탕을 둔 의술 중심으로 자리잡았으며, 한의학은 주변으로 밀려났다.

현재 시점에서 볼 때, 새로 형성된 보건의료체제는 아직 미숙한 것이었다. 대한제국 초기에는 보건, 위생, 의료, 의학의 모든 측면에서 형식적인 수준을 크게 벗어나 있지 못했다. 통감부 시대에는 의학과 의술 수준이 더 높아졌으나 그것은 특정 계층의 이익에 귀속되었으며, 식민지 정당화의 유효한 수단으로 활용되었다. 또한 전염병 관리에 투입된 행정력은, 일반 인민의 편익 증가로 나타나기보다는 일상생활의 침해 또는 탄압으로 표출되었다. 요컨대, 1910년 당시 형성된 근대 보건의료체제가 식민권력에 봉사하도록 짜여 있었다는 점에서 오늘날 민권의 개념에 입각한 근대 보건의료체제와 근본적으로 차이를 보이는 것이었다.

개항, 개화기 의학: 위생과 제국주의

알렌은 지금 자기 앞에 이 나라의 거물 인사, 보수당의 거두가 누워 있고, 그가 생사의 지척에서 헤매고 있다는 사실을 보았다. …… 알렌은 …… 수술용 가방을 열었다. 이 수술이 반드시 성공할 것이고, 기독교와 진보는 그 빛나는 성공의 결실로 이 나라에서 그 꽃을 피우고 열매를 맺게 될 것을 믿고 하나님께 맡겼다. …… 이 극적인 장면은 한국의 근대사에서 그 서사시로서나 시나리오에서 상상할 수도 없는 묵시록적 의미를 가지고 있었다. …… 과학과 기독교, 그리고 미국의 이상이 한국에 그 피와 골수 속에서 새 활력을 환기시키는 역사의 동력으로 환영받기 시작한 때의 모습이 이러하였다. …… 이것은 우리나라에서 지금껏 실시되어 오던 어떠한 한방 치료와는 전혀 다른 형태의 의술이었다.(민경배, 『알렌의 선교와 근대한미외교』, 연세대학교 출판부, 1991, 120~121쪽)

이런 비과학적인 분위기 중에 홀로 빛을 떨친 것은 이조 말 '조선의 제너' 라 불린 송촌 지석영 선생이다. …… 지석영 씨는 일찍이 종두법에 관심을 가지고 과학적으로 논술된 책을 입수하여 감명 깊게 읽었으며, 1779년 겨울 …… 〔조선의 최남단 개항장인〕 부산에 가서 일본 해군 군의 토츠카[戶塚積齋]

씨에게 종두의 핵심을 배워 이를 각 도에 전파하여 조선 민중을 두역痘疫의 참해에서 구하려고 했다. 하지만 종두의 과학적 효과를 전혀 이해하지 못했던 민중은 도리어 이를 외국의 마술, 사법으로 간주하여 …… 심하게 배척했다. …… 그러나 서서히 팔도의 문화도 날로 그 면목이 쇄신하여 지난날에 사술로 매도되었던 종두법이 이제는 하늘이 내린 복음으로 이해되어 전도가 모두 그 혜택을 받기에 이르게 된 것은 오로지 모두 지 선생의 피땀 어린 노력과 고군분투에 힘입은 것이라 생각한다. …… (重村義一, "朝鮮の精神的科學者 池錫永 先生", 『朝鮮同胞の光』, 1934, 124~126쪽)

나는 현대 한국에는 서양의학의 도입과 관련된 두 개의 신화가 있으며, 이런 신화를 벗어나는 것이 한국 근대 보건의료의 역사를 제대로 이해하는 첫걸음이라 생각했다. 또한 이런 신화가 만들어진 과정 자체가 한국의학이 형성된 근대적 조건과 밀접하게 연관된 것이었다.

두 개의 신화 중 하나는 '알렌 신화'이다. 위의 첫번째 인용문은 바로 이 '알렌 신화'를 말하고 있다. 그 신화는 "알렌과 미국 기독교 선교사들이 조선에 서양의학을 가져다주고 그것이 이후 한국의학의 뿌리가 되었다"는 내용으로 이루어져 있다. 미국과 기독교의 근대적 은총을 핵심으로 하는 '알렌 신화'는 후대 한국의 교회사 연구자들이 알렌의 일기와 자서전을 바탕으로 해서 만들어낸 것이다. 다른 하나는 '지석영 신화'이다. 두번째 인용문은 바로 이 '지석영 신화'를 말하고 있다. 이 신화는 "조선인 지석영이 일본의 도움을 받아 조선 최초로 우두법을 익혀 전국에 퍼뜨렸다"는 내용으로 이루어져 있다. '지석영 신화'는 1920년대 말 식민지 조선의 일본인 통치자가 '조선 우두법 도입' 50주년을 기념하기 위해 만들어냈다. 이는 일본이 조선의 우두법 도입에 결정적인 조력을 한 사실을 부각시켜, 식민지 통치의 정당성을 선전하기 위해서 만들어낸 것이다. 이 두 신화는 조선에 들어온 서양의학 그 자체를 근대적인 선善으로 간주하고 있기 때문에 그것의 '최초'에 흥분을 나타내며, 그 이면에서 작동했던 어떤 힘을 은폐한다.

나는 위의 '신화적 해석'에 세 가지 문제점이 있다고 보았다. 개인의 역할을 지나치게 부각했다는 점, 조선 정부의 역할을 낮게 평가했다는 점, 선교의료와 일본인 군진 의료 활동에 암시되어 있는 제국주의적 동기를 말하지 않았다는 점이 그것이다. '신화'의 소재가 되었다는 측면을 제외하고는 제중원과 우두법 사이에 직접적인 관련성은 없다. 그렇지만, 알렌과 지석영, 서양식 병원 제중원과 우두법 사례의 비교·검토를 통해 개항 이후 형성된 근대 지형에서 이루어진 서구의 의학과 의료 도입의 세 축인 조선 정부, 미 선교회, 일본 제국주의자의 활동을 입체적으로 파악할 수 있다고 보았다. 나는 다음 세 가지 측면에 주목했다.

첫째, 미국과 일본이 보인 제국주의적 보건의료 활동의 차이점이다. 미국의 활동은 선교의료 활동의 형태를 띠었고, 일본의 활동은 정부 활동의 형태를 띠었다. 흔히 선교의료가 식민지의 길을 닦는 보조적인 수단으로 활용되었다는 점을 감안할 때, 선교의료와 제국 정부의 활동이 분리되어 있다는 사실은 조선의 경우가 특수한 예임을 말한다. 이런 상황은 미국이 조선에 대한 경제적 이권 획득에는 관심이 있었지만 식민지화 그 자체에 큰 관심을 가지지 않은 반면, 일본이 일찍부터 조선의 지배를 꾀했기 때문에 생긴 것이다. 조선에 대한 관심의 차이는 둘이 관심을 가지고 있는 보건의료 분야의 차이를 낳았다. 선교회는 기독교의 공인과 확산에 목적을 두었기 때문에 자연히 그들의 활동은 주로 치료의학 분야에 치우쳤다. 반면에 일본은 제국주의적 영향력 확대와 식민지배를 염두에 두었기 때문에 치료의학과 더불어 국가 차원의 보건사업에도 적지 않은 신경을 썼다. 미국과 일본의 보건의료는 모두 조선에 대한 영향력 확대를 겨냥하고 있었다는 점에서, 비록 적대적인 사이는 아니었지만 "문명의 종주 자리를 놓고" 서로 경쟁하는 존재였다.

둘째, 조선 정부의 근대화 노력과 미국, 일본의 제국주의적 의료 활동의 역학 관계에 관한 것이다. 19세기 말~20세기 초반 조선에서는 근대화를 위한 의료 활동과 제국주의적 의료 활동이 확연히 둘로 구분되어 있지 않았다. 제국주의적 보건의료가 조선인과 조선 정부를 맘대로 휘두른 것이 아니었고, 외국의 선진적인 의료가 액면 그대로 조선의 근대화의 자양으로 흡수된 것도 아니었다. 서로의 이해득실에 따라 결합, 절충하는 모습을 띠었다. 제중원의 경우 조선 정부의 경제적 이익과 선교회의 공인이라는 목적에 부합된 형식으로 탄생했다. 우두법의 경우 일본은 기술 지원, 교육 지원을 아끼지 않았다. 조선 정부가 주체적 능력이 있었을 때에는 미 선교회와 일본 제국주의 보건의료일지라도 정부 활동의 보조적인 기능으로 담아낼 수 있었다. 그러나 반대의 경우는 그렇지 못했다. 미 선교회는 곧바로 자신의 독자적인 활동에 나섰으며, 일본의 경우에는 조선을 식민지로 만든 후 그 자신이 주체로 올라섰다.

셋째, 조선 정부 활동의 한계와 제국주의적 의료의 문제점에 관한 것이다. 조선 정부의 서양 치료술과 우두법의 도입은, 일본과 같이 근대화에 성공한 나라의 경우와 비교해서 볼 때, 너무나 소극적이고 불철저했다. 공고한 국가 제도의 확립과 보건의료 활동을 할 수 있는 인력의 재생산 구조의 확립을 목표로 하지 못한 임시방편에 지나지 않았다. 조선의 지배층은 과학이 필요하다는 인식은 했지만 과학 활동의 본질에 대해서 거의 무지했다. 보건의료를 근대화하려고 했지만 그것을 안정적으로 펼칠 만한 권력의 안정성이 없었다. 미국이나 일본이 펼친 보건의료가 상대적으로 넓은 공간을 차지하게 된 것은 이러한 조선 정부의 한계 때문이었다. 그러나 이런 한계가 제국주의적 보건의료 활동을 정당화시켜주지는 않는다. 미 선교회의 의료 활동은 기독교 개종을 지상 목표로 했고, 그 이면에는 미국의 광산 침탈과 같은 제국주의적 침탈이 나란히 진행되고 있었다. 일본의 보건의료 활동은 제국주의적 영향력을 확대하는 수단으로 이용되다가 더 나아가 식민 통치의 탄압 수단으로 활용되었다. 미국과 일본인의 서양 보건의료는 병을 고치고 예방하는 효과적인 방법인 동시에 조선 사회를 흔드는 권력 그 자체였다.

현재 일본과 관련된 신화 비판은 미 선교회가 관련된 신화에 대한 비판보다 한결 쉽다. 그것이 식민사관을 극복하려는 역사학계의 전반적인 흐름과 맥락을 같이하기 때문이다. 그러나 미국 선교의료의 제국주의적 성격을 지적하고 비판하는 것은 미미한 수준이다. 현대 한국 사회에서 일본의 식민지적 영향력은 크게 줄어든 데 비해, 기독교 선교의료의 경우에는 미국이나 그들의 후예가 아직도 매우 강한 힘을 가지고 있기 때문이다.

식민지 조선의 근대성과 식민지성

일제시대 위생을 다룰 때 계속 맞닥뜨리는 문제는 이른바 식민지 기여론 논쟁이다. 지금도 연로하신 의학자들은 일제시대 때 보건위생이 엄청 좋았다는 말을 한다. 또 이때 보건자료에도 사망률이 계속 크게 낮아졌으며, 인구가 증가된 것으로 나타나 있다. '양'을 다루는 학자는 그 양의 변동 자체에 큰 가치를 부여하는 경향이 있다. 하지만 적어도 20세기는 인구변동이

다른 중요한 가치(변수)의 변화 없이도 이루어질 수 있는 시대였다. 이른바 후진국형 사망률 감소와 인구증가 모델로 오직 위생 테크놀로지의 행사만으로도 사망률을 낮추고 인구를 증가시킬 수 있었다. 지금도 인도나 방글라데시 같은 나라에서 그것을 확인할 수 있다.

나는 일제 식민시대에 위생 테크놀로지가 엄청난 물리력을 통해 행사되었다는 점에 주목했다. 그 '물리력'의 성격을 논한다면, 식민지 조선의 경우는 푸코가 말하는 억압적이지 않은 권력의 미시적 형태의 그물망이 아니라 거대 식민 권력의 노골적이면서도 억압적인 행사였다. 그 힘을 행사하는 통로는 식민지 위생경찰이었다.

식민지 위생경찰은 "위생의 이름으로" 광범위한 권력을 행사했다. 다음의 많은 일들이 다 위생경찰의 몫이었다.

· 식수 위생 관리, 분뇨 등 오예물 관리
· 콜레라·적리·장티푸스·파라티푸스·페스트·두창·성홍열·디프테리아·발진티푸스 등의 급성전염병 관리
· 임질·매독 같은 성병과 폐결핵 같은 만성 전염병
· 말라리아와 폐디스토마 같은 조선의 풍토병
· 전염병 예방을 위해 필요한 환자의 격리, 강제 입원, 강제 소독, 교통차단
· 환가에 대한 호구조사, 위생 강화講話, 소독청결방법, 하수河水 사용 금지
· 시장 폐쇄와 제례 및 집회 금지, 상업 제한, 기차와 선박에 대한 검역
· 가축 전염병 방역
· 의료인과 의약품 단속
· 물과 얼음, 온천, 육류와 육류제품, 우유와 유제품, 식물성 식품, 주류성 음료의 검사와 단속

・세균의 생활과 사멸에 관한 사항

　이런 내용은 식민지 내내 별로 변동이 없었으며, 당시 일본 등 선진 제국에서 관리의 대상으로 삼은 것과 거의 차이가 없다. 우리는 이런 측면을 '근대적'이라고 부를 수 있겠다. 그것이 이전 시대에 행해지지 않았다는 점에서, 유례없는 효용을 가져다주었다는 점에서, 그 효용이 확실한 과학에 근거하고 있었다는 점에서, 개인과 집단의 생활양식을 혁신시켰다는 점에서 그렇다.
　이렇듯 식민지 조선의 위생경찰의 업무 범위는 문명국가의 보편성을 띠고 있었지만, 그것의 집행 방식까지 그런 것은 아니었다. 대한제국이나 당시 일본과 비교해서 볼 때, 식민지 조선의 위생행정은 훨씬 불완전하고 억압적이었다. 우리는 이를 '식민지성'이라 부를 수 있다. 위생행정의 불완전성은 우선 행정 기구의 편제에 잘 나타나 있다. 식민지 조선에서는 모든 위생 사무를 경찰이 장악토록 했다. 전염병의 철저한 방역을 내세우며, 경찰과 헌병은 전염병 유행지의 조선인에 대한 삼엄한 단속을 실시했다. 그 과정에는 경찰의 '자의적인' 판단이 크게 개입되어 있었으며, '억울한' 다수의 조선인이 경찰의 단속대상이 되어 인권을 침해받았다.
　나는 이처럼 억압적인 위생경찰이 두 가지 목적을 동시에 추구했다고 보았다. 하나는 비교적 값싼 방식으로 전염병을 통제할 수 있었다는 점이다. 이보다 더 큰 목적은 과학과 집단의 생명을 내세우며 식민지 권력이 모든 조선인의 몸과 생활을 통제할 수 있는 근거를 확보할 수 있었다는 점이다. 근엄한 제복을 입고 칼을 찬 경찰과 헌병은 세균설을 이론으로 깔고, 집집마다 돌아다니며, 환자를 색출하고, 색출된 사람을 동의 없이 강제로 끌고 갔다. 이에 대해 조선인은 본능적으로 저항했다. 그것은 불쌍한 가족을 지키려는 가족애였으며, 사자를 곱게 묻어야 한다는 천년의 관습이었으며, 이전 시대에 전혀 겪어보지 못한 "범죄 같지 않은 범죄"에 대한 부정이었으며, 그 무엇보다도 과학과 위생을 내세워 자신의 몸에 들이댄 과도한 권력에 대한 저항이었다.

식민지 조선의 위생경찰을 보면, 일본이나 다른 선진제국의 위생행정과 사뭇 다른 방식을 띠었음을 알 수 있다. 20세기 초반 이미 유럽의 대부분에서는 의사경찰이라는 개념이 무너져버렸다. 그것이 급속히 산업화하는 현대 사회의 보건 문제를 지도할 중심 이념이 될 수 없었기 때문이다. 국민의 건강 보호는 군주 또는 국가의 가부장적 배려라는 차원에서 제공되는 것이 아니라, 그들이 그것을 누려야 할 권리가 있기 때문에 받는 것이었다. 집단의 생명을 지켜야 한다는 공리주의적 행복 못지않게 개인의 인신 자유가 중요하게 여겨졌다. 낡은 의사경찰을 대신하여 인권에 기반을 둔 새로운 보건 개념이 등장했다. 비록 이 의사경찰의 개념이 일본에서는 완전히 쇠퇴하지는 않았을지라도, 거기에도 새로운 보건 개념이 흘러들어가고 있었다. 그러나 식민지 조선은 그와 반대의 길을 걷고 있었다.

그것은 근대였다. 세균설의 과학이 있었고, 잘 훈련된 경찰의 권력 행사가 있었고, 생활양식의 일대 변모가 있었다. 예방접종 증가나 사망률 감소 같은 수치가 이를 지지한다. 이런 현상의 변화를 근대라고 하자면 그것은 근대다. 그러나 선진제국이나 정도는 덜하지만 일본의 경우처럼, 수준 높은 연구와 그에서 비롯하는 과학적 합리성이 살아 있고, 경제력의 향상과 중산층의 확대, 민족의 계몽과 그로 인한 위생, 건강상태의 개선이 이루어진 사회를 '좀더 나은' 근대라고 한다면, 식민지 조선은 아니었다.

식민지 역사는, 그것의 공과를 평가하기에 앞서 지워질 수 없는 분명한 사실이다. 갓 태어난 거위 새끼가 처음 본 물체를 어미로 알고 따라다니는 것처럼, 조선인이 본격적으로 '근대문명'을 경험한 것은 식민지 상황에서였다. 그 경험은 해방 이후에도 무화無化하지 않고 오늘날까지도 지속되는 측면이 있다. 예를 들면 단속 위주의 보건행정 등 건강을 위해 억압을 당연시하는 인식, 분명히 그것은 식민지 유산이라 할 수 있다.

▬ 1930년대의 한의학: 서양의학의 틈새를 찌르다

나는 보건의료의 근대성을 주로 다뤘지, 의학과 의학지식을 둘러싼 근대성에 대해서는 그다지 깊게 연구하지 못했다. 사실 이 부분이 근대성 논의의 핵심진지라 할 수 있으며, 가장 어려운 부분이기도 하다. 의학과 의학지식을 둘러싼 전반적인 논의 대신에 내가 탐구한 것은 한의학과 서양의학의 갈등과 대립에 관한 부분이었다. 보건의료의 근대적 대변화라는 자장 안에서 한의학은 크게 변할 수밖에 없었으며, 그것은 한의학을 부정적으로 인식했던 일제의 통치기간에는 더욱 큰 변화를 요구받았다. 하지만 일제시대 전체를 통해 한의학이 늘 똑같이 존재하지는 않았고, 식민 당국의 입장도 한결같지는 않았다. 나는 이런 차이에 한의학과 근대의학, 근대과학을 보는 입장의 미묘한 차이가 내포되어 있다고 보았다.

> 동양의 의술은, 그 연원한 바가 멀리 신농씨가 만들어 이후 수천 년의 경험과 명의의 연찬研鑽에 의하여 행림杏林이 점점 번영하여 금일에 이른 고로 한의漢醫의 술업이 장점이 있다고 하나 최근에 의술이 크게 진보하여 생리生理의 학문이 점점 더 정미해지고 있고 심오한 학문의 이치는 신묘한 기술과 합쳐져 일취월장하는 추세에 있다. 이때를 맞아 한갓 옛 의술을 묵수하고

신지식을 구하지 않으면 다시 시대의 흐름에 뒤처져 인술이 그 효용을 발휘할 수 없게 될 것이다. 나는 지난번 의사 및 의생규칙을 제정하여 의술을 펼치는 사람의 자격을 제한하여 인명을 앗아갈 위험을 방지코자 했다. 그러나 아직은 과도기에 있으므로 응급수단으로 한의를 그대로 두었으나 장래에는 한층 의술을 장려하여 이에 종사하는 자의 자격을 높여 제생구료의 도를 완성시킬 것을 약속하노라.("寺內總督閣下訓示", 『東醫報鑑』, 1916, 3쪽)

우리나라에는 동양 수천 년 동안의 치료 경험을 가진 한약[和漢藥]이 있어서 이에 따라 질병을 치료하고 건강을 증진시킨 공적을 잊을 수는 없을 것이다. 또한 사실상 그 효과가 현저한 것도 적지 않다. 물론 동양의약과 서양의약은 각기 일장일단이 있어서 어느 것이 옳고 어느 것이 그르다 일률적으로 논할 수는 없는 것이다. 따라서 국민의 질병치료, 건강증진상에 쌍방의 장점을 취하고 단점을 보완하는 방법을 강구하여야 할 것이다. 그런데 종래에 서양의약에 편중되고 동양의약을 경시하여 그 까닭으로 동양의약의 조사연구와 그 응용을 등한시하는 경향이 있었던 것은 심히 유감으로 생각해오던바 근래에 우리나라에 있어서나 유럽 여러 나라에 있어서나 동양의약에 관한 연구가 점차 진척되어 그 효과가 과학적으로 천명되는 것도 적지 않다.…… 지금과 같이 비상사태에 처하여 서양의약의 수입두절과 가격앙등의 쓴 경험을 살펴서 다시 한층 더 동양의약에 관한 조사연구와 원료증산과 그 응용의 보급이 극히 중요한 것을 통감하는 바이다.(總督府衛生課長 西龜三圭, "東洋醫藥復興의 時局的 意義", 『東洋醫藥』 1, 1937, 17~18쪽)

위의 두 인용문은 각기 일제 초기와 일제 말기의 조선총독부가 한의학을 어떻게 인식했는가를 잘 보여준다. 일제 강점 초기에 식민당국은 공식적으로 한의학을 초근목피에 의존하는 비과학적인 의술로, 반면에 근대 서양과학에 입각한 서양의학만을 진정한 보편적인 의술로 규정했다. "한의학은 서양의학을 배워야만 살아남을 수 있음을 강조" 한 데라우치 조선총독의 언급은 이를 말해준다. 1913년 발포된 「의생규칙」醫生規則은 그것을 명문화한 것이다. 거기서는 "한의학을 시술하는 한의사를 '의생'이라 부르고, 이 규칙이 발포될 때 개업면허를 받은 사람들 이외에 추후에는 개업면허를 내주지 않겠다"고 규정했다. 이에 비해 30년 후의 세이키 조선총독부 위생과장은 한의약에 대한 기존 견해의 그릇됨에 유감을 표하면서 한의약의 중요성을 통감하고 있다. 왜 이런 변화가 생겼을까?

내가 봤을 때, 식민 국가의 한의학 정책이 초기에 천명했던 원칙은 일관되지 못했다. 일제의 식민지 한의학 정책을 제약한 것으로는 우선 한의학의 대안인 서양의학의 높은 경제적 비용, 서양 의사의 대량 양성을 억제했던 식민지 고등교육 정책, 1931년 만주사변, 1937년 중일전쟁, 1941년 대동아전쟁 등 일제가 벌인 침략 전쟁으로 인한 물자의 부족 등을 들 수 있다. 일본에서와 달리 식민지 조선에서 빠른 기간 내에 서양 의사나 병·의원을 대폭 늘리지 못한 까닭은, 식민 정부 차원의 경제적 부담 능력이 없거나 그런 의지를 가지지 않은 데서 찾을 수 있다. 서양 의사로 충분히 대체되지 않는 상황에서 식민당국은 한약종상에게도 진료권을 인정하거나 편법적으로 의생을 양성하는 식의 정책을 펼쳤다. 또한 전반적으로 조선인 고등 인력의 배출을 억제하려는 교육 정책은 의학 부문도 예외는 아니어서, 비록 다른 부문보다 상대적으로 나은 형편이기는 했지만, 서양 의사의 배출은 제한될 수밖에 없었다. 전쟁 상황에서 서양의약품 수입이 제한 또는 두절되면서 한약의 재배와 연구가 장려되고 한의에 대한 관심이 더욱 높아졌다.

나는 한의학 정책의 변화를 초래한 또 다른 중요한 변수는 일본에서의 국수주의 논리의 확산이라고 보았다. 일본에서는 1931년 만주사변 이후 일종의 국수주의적 복고사상이 대두되었으며, 국수주의자들은 한방 부흥 문제를 국수주의 논리의 하나로 활용했다. 군국주의적 국수주의자들은 동양의 제국으로서 일본의 혼 또는 동양의 혼이라는 이데올로기를 부각시켰으며 '동양의학' 분야는 그 혼을 찾기 위한 좋은 대상 중 하나로 이용했다. 이런 분위기는 일본의 한의학계를 크게 고무시켰다. 그들은 1934년 일본 한방의학회를 창립했으며, 기관지인 『한방과 의학』을 발간했다. 식민지 조선도 일본과 동일한 분위기에 휩싸이는데, 조선총독부 관리들이 국수주의적 색채를 보였으며, 한의계에서도 열렬한 한의학 부흥운동을 벌였다. 전장이 만주에서 중국으로, 중국에서 태평양 전체로 확산되면서 군국주의적 국수주의는 더 맹렬해졌으며, 그럴수록 한약의 효과와 한의학 고유이론의 가치가 재인식되었다. 이는 메이지, 다이쇼 시대의 서양화西洋化 지향과 크게 달라진 태도였다.

이런 분위기에 편승하여 한의학은 근대 과학 전반을 의심하는 도전장을 내밀었다. 그동안 엄청난 과학의 힘 앞에 제대로 기척도 못했던 한의학이 자신의 존재를 필요로 하는 새로운 지형에서 이전까지 감히 하지 못했던 발언을 하게 되었다. 1934년 『조선일보』 지면을 통해 장장 9개월 동안 수십 차례에 걸쳐 진행된 한의학/서양의학 논쟁이 그것이다.

이 논쟁에서 장기무張基茂는 한의학의 임상적 우수성을 높이 평가하면서, 단지 한의학이 표준화가 덜 된 상태에 있을 뿐이라는 도발적인 주장을 내놓았다. 대한제국 의학교의 3회 졸업생으로 서양의학을 전공했던 인물인 그가 이렇게 주장을 했기 때문에 많은 사람이 귀를 기울일 만했다. 그는 한의학이 어려운 개념과 말로 되어 있으며 표준화되어 있지 않기 때문에 신뢰성에 문제가 있다고 보면서 그 해결 방안으로 표준화 작업을 위한 독자적인 연구소와 부속병원의 설치를 제안했다.

한의학 자체가 그릇된 것이 아니라 단지 표준화가 덜된 구석이 있는 별도의 의학체계라는 주장을 서양에서 확립된 근대과학만을 보편적 과학으로 배우고 믿어온, 경성제대 출신의 젊은 의학자 정근양鄭槿陽은 받아들일 수 없었다. 그는 독자적인 표준화를 통한 한의학의 발달이 있을 수 없다는 생각을 가졌다. 그는 의학에는 오직 한 종류, 즉 과학적 방법이라는 프리즘을 통과해낸 의학만이 있을 뿐이라 주장했다. 그는 한의학에도 쓸모 있는 부분이 있을 수 있다고 보았지만, 그것은 오직 분석적·과학적 검증을 견뎌낸 후에나 인정될 수 있는 것이라 보았다.

이 논쟁에 끼어든 제3의 인물인 약학자 이을호李乙浩는 한의학이 서양의학과 다른 독자적인 학문이라는 사실을 지지했다. 그는 서양의학은 분석의학, 한의학은 종합의학이라는 입장을 개진하면서 생명과 몸의 기관을 유기체적으로 보는 '종합적인 의학'이 몸을 기계론적으로 파악하는 '분석주의적 의학'보다 한 단계 앞선 것이라는 주장을 펼쳤다.

마지막 인물인 와세다대학 영문학부 출신인 조헌영趙憲泳은 한의와 양의의 장단점을 전 방위적으로 논의했다. 그는 서양의학을 국소처치 의술, 인공치료 의술, 조직 의학, 해부학에 바탕한 정체靜體 의학, 병소만 치료하는 치표治表 의학, 방어 의술, 외과의학, 획일주의 의술, 귀족 의술, 관용官用 의술로 정의한 반면, 한의학을 종합치료 의술, 자연치료 의술, 현상 의학, 동체動體 의학, 치본治本 의술, 내과 의학, 응변應變 주의 의술, 평민 의술, 민용民用 의술로 정의했다. 그는 한의학이 서양의술보다 훨씬 싸고 쉽게 이용할 수 있는 민중의학임을 강조하면서, 값이 비싸서 대다수 조선인이 이용하기 힘든 형편에 있었던 서양의학의 아킬레스건을 건드렸다.

1934년 한 해를 통해 진행된 『조선일보』의 열띤 논쟁은 서양의학을 옹호하는 정근양 1인 대 한의학의 가치를 옹호하는 장기무, 이을호, 조헌영 등 3인의 합동 논쟁으로 정리될 수 있다. 어느 편이 이겼을까? 실린 지면 수를 보면 한의학 옹호론이 훨씬 많은 편이었다. 그렇다고 해서 그들의 논쟁으로 공식적 지위를 인정받은 과학적 의학의 성역이 깨진다는 것은 상상도 할 수 없는 일이었다. 달걀로 바위를 깨는 일이었다. 그러나 조선에서 가장 영향력 있는 일간지에 장장 9개월에 걸쳐 벌어진 한의·양의 논쟁의 사회적 반향은 결코 작지 않았다. 이는 한의학과 전통의 가치에 대한 사회적 관심을 끌어 모았다. 이런 측면에서 한의계는 대단한 성공을 거두었다.

아마도 한 신문에서 9개월 동안 한 주제를 가지고 연속적으로 논쟁을 이끌어나간 사례는 예나 지금이나 거의 없을 것이다. 도대체 한의·양의 논쟁이 어떤 성격의 것이었기에, 신문 편집자가 그토록 이 논쟁을 중시하고 독자들이 거기에 크게 열광했던 것일까? 아마도 그것은 이 주제가 지난 30여 년 간 조선을 관통한 과학과 근대성에 대한 최초의 반성과 관련된 것이었기 때문일 것이다. '과학', '계몽', '근대'는 위에서부터 강요한 이데올로기였지만, 그것과 현실 사이에는 큰 간극이 있었다. 근대화를 모토로 삼으면서 식민 통치 지배자가 내걸었던 한국인의 건강 개선이 이루어지기는커녕 선진적인 의료 혜택의 증가도 실현되지 않았다. 서양의료는 식민지 조선이 충분히 감당할 수 없을 정도로 고가였으며, 그것의 원인은 의사의 양성과 의료기구, 의약품이 고가였기 때문이다. 그것이 고가인 까닭은 그것이 근본적으로 실험에 입각한 하이테크놀로지 의학에 기반을 두고 있었기 때문이다. 게다가 그렇게 비싼 서양의료로도 못 고치는 병이 많았다. 반면에 철저한 부정의 대상이었던 한의학은 많은 병을 고쳤다. 또 값이 쌌다. 이런 효과와 경제성이 서양의술과 견줄 수 있는 경쟁력의 원천이었다. 어떻게 해서 이런 일이 가능한 것인가? 이런 질문은 임상적인 차원에서 비롯되

였지만, 그것은 근본적으로 의학이론과 그것을 뒷받침하고 있는 세계관 전반을 논하지 않고서는 답을 얻을 수 없는 것이었다.

넓은 의미에서 볼 때 서양의학이 위생학과 외과술의 효용을 바탕으로 해서 근대의 정당성을 확보했다면, 한의학은 서양식 의료 제공의 미비한 부분, 서양의학이 효과를 잘 내지 못했던 영역을 걸고 들어가 근대에 딴죽을 걸었다. 그러나 너무나 거창했기 때문에 감히 덤벼보지 못할 상대였던 서양의학에 도전장을 내밀 수 있었던 것은, 근대의 초극을 외쳐댔던 1930년대 일본 제국주의 세력권의 토양 덕택이었다고 본다. 서양적 가치의 재음미와 동양적 가치의 재평가의 갑작스러운 흐름 속에 웅크리고 있었던 '효용 덩어리' 한의학이 선택된 것이었다. 그것은 전통과학 가운데 유일하게 살아남은 것으로서, 민중의 지지를 딛고 군국주의의 옹호를 업어 근대 서양과학의 빈틈을 찔렀다. 임상에서 보이는 한의학의 효용은 임상적인 효용 가치의 인정에서 더 나아가 자신이 기반한 가치관의 정당성을 표출하며, 궁극적으로는 서양 자연과학의 절대성을 의심케 하는 조그마한 공간을 창출했다. 나는 오늘날에도 지속되는 이러한 특징에 주목한다.

에필로그

20세기 전후 한국 사회의 의학이라는 주제를 다룰 때, 흔히 서양의학과 한의학의 양자 관계를 떠올린다. 이 시기 한의학은 어떻게 됐느냐고 묻는다. 이런 문제제기는 타당하다. 한의학은 여전히 존재하고 있었으며, 자신의 영역을 확보하고 있었기 때문이다. 하지만 이 시기 서양의학과 한의학은 실제 현상에서나 담론에서는 동등한 위치에 있지 않았다. 의학과 사회의 연관성이라는 측면에서 볼 때, 근대 서양의학-근대사회/한의학-전통사회 사이의 관계는 대칭적이지 않다. 의학지식체계가 그 사회의 권력체계와 긴밀한 관계를 맺고 있는 구조는 바로 근대만의 두드러진 특징이기 때문이다.

한의학과 그 지식체계도 이전에는 비록 느슨하기는 하지만, 전통사회를 떠받치는 구실을 했다. 일례로 한의학은 병의 치유 이외에 효로 대표되는 유교적 이념을 지식체계로서 뒷받침했다. 그렇지만 한의학은 하나의 세계를 광범위하고, 깊고, 철저하게 지배하는 지식체계의 수준을 보이지 못했다. 한의학은 병의 치유 그 자체의 영역을 크게 넘어서지 못했다.

이와 달리 서양의 근대의학은 서양의 자연과학의 일부로서, 근대적인 '몸'과 관련한 모든 부분을 지탱하는 핵심 위치에 있었다. 심신의 분리, 객체로서 몸에 대한 규정, 근대인의 탄생을 위한 몸에 대한 훈육, 인구관리술, 종족의 우열을 가늠하는 우생학, 정상과 비정상의 판단 등 이른바 근대사회 질서 전체를 유지, 관리하기 위한 지식과 이데올로기의 총본산이었다. 이런 것의 효과에 견준다면, 의학이 표방하는 본래 목적인 환자의 치료, 즉 의술은 오히려 부차적인 것이라 할 수 있었다. 하지만 병의 예방까지를 포함한 그 의술의 효과는 그것을 벗어난 광범위한 영역에 대한 지배를 정당화하는 핵심진지였다. 의술은 단지 병의 관리와 치료에 국한되지 않고 몸의 전 영역에 대한 의학의 지배를 관철시켰다. 그것은 현대 한국의 재벌이 소수의 지분으로 선단의 기업을 지배하는 것과 흡사하다는 점에서 제국주의적이라 말할 수 있다.

나는 여태까지 20세기 전후 한국 사회의 의학과 근대성에 관한 몇몇 주제를 탐구했다. 그렇지만 그것은 빙산의 일각에 불과하다. 한국의 근대사회를 짜는 데 의학 지식이 얼마나 넓고도 깊게 드리웠는지, 의학 지식이 어떠한 모습으로 근대 한국인의 몸을 규정하고 행동양식을 결정했는지, 각종 정치권력이 어떻게 의학과 의료를 활용했는지, 의학 지식의 담지자인 의사가 어떻게 해서 오늘날 그토록 막강한 권력을 획득하게 되었는지, 또 서양의학과 다른 의학체계인 한의학이 근대의학이 지니고 있는 문제를 해결할 수 있는 하나의 대안으로 구실할 수 있을 것인지, 이런 수많은 것들이 후속 연구를 기다리고 있다.

보론
식민지 보건의료의 근대성

나는 서양의학의 수입과 확산 과정을 보면서 그것의 '근대성'을 세 가지 차원에서 생각한다. 첫째는 이른바 학문으로서 서양과학(서양의학) 그 자체의 근대성이다. 그것은 물질과 그것의 운동으로 파악하는 근대 기계론적 세계관에 입각해 있으며, 엄밀한 실험과 관찰이라는 방법론을 통해 '진리'를 찾아내고 그것을 현실세계에 적용하여 참된 효용을 창출한다는 것으로 이해된다. 이런 세계관과 방법론을 갖지 못한 사회에서는 이러한 과학관 자체가 그 어느 것과 비견할 수 없는 질적 차이로 인식되며, 그 차이가 너무 커서 한 시대, 즉 근대와 전근대를 가르는 일차적인 기준이 된다고 많은 사람들이 동의한다. 유럽은 중세 이후 이런 변화를 겪어나갔지만, 조선의 경우에는 19세기 후반에서야 이런 상황에 마주치게 된다.

둘째는 공중위생학을 위시한 서양의학이 '부국강병'으로 집약되는 인구관리를 위한 국가의 이념에 포섭되는 형태로 자리잡게 되는 국가권력과 연관된 근대성이다. 보건 문제는 어느 시대에도 있었고 또 그것을 해결하려는 사회의 움직임이 있었던 것은 사실이지만, 이처럼 뚜렷한 목적 아래 그것을 실현할 수 있는 과학기술적 수단을 확보한 점이 없었다는 점, 그것이 유럽 사회에서 경쟁적으로 이루어졌다는 점, 또 세계 전체로 확산되었다는 점은 분명히 이전에 보이지 않았던 현상으로서 '근대성'이라 이름 붙일 수 있을 것이다.

　셋째는 근대의학이 근대국가와 결합되어가는 현상과 함께 프랑스대혁명 이후 의학과 공중보건의 제공이 국민의 권리로서 인식되어간 측면이다. 이런 개념은 매우 새로운 것이어서 국가의 가부장적인 배려의 형태로 건강을 돌봐야 한다는 이념과 정반대의 것이다.

　서양의 역사에서 나타났던 의학의 근대성과 관련된 이런 현상들은 개항 이후 조선에는 또 다른 맥락의 모습으로 나타났다. 대체로 그것은 서양의 근대의학을 강조하는 측면이 두드러졌다고 보인다. 의학 그 자체만 수용한다면 그 의학이 어떤 맥락에 놓이는가의 여부와 상관없이 근대 또는 근대의 성과로 등치된다는 점이 그것이다. 개항 직후나 대한제국기, 일제강점기 당시 조선의 지식인 그 누구도 위에서 언급한 세 가지 근대성의 성격을 제대로 짚지 못했으며, 그 의학의 수입을 주도한 자들의 메시아적 논리를 무비판적으로 수용할 수밖에 없었다. 나는 우리나라에서 근대 서양의학의 침투와 확산이 이 메시아적 논리와 관련되어 있다고 본다. 그들은 서양의학, 위생학의 전체 모습이 아니라 일부를 선택했으며, 그것을 자신의 목적과 동기에 부합하는 쪽으로 활용했다. 따라서 나는 그 과정을 전략과 전술, 왜곡과 과장이 담긴, 몰락하는 제국 또는 식민지 상황의 근대의학 형성이라고 본다. 극단적 폭력이란, 이른바 위생단속 같은 것을 염두에 둔 것인데, 과학과 위생의 이름으로 경찰과 헌병의 공권력을 남발한 것을 지적한 것이다.

　내가 근대 서양의학의 침투와 확산을 과학과 정치성의 양자의 결합물로 파악한 것은 한국의 역사에서, 특히 의학사에서 두드러지게 나타나는 "근대의학 자체만을 선한 것"으로 간주하려고 하는 근대 지상주의적 해석의 문제점을 지적하기 위한 것이다. 기존의 한국 역사와 의학사 연구에서는 대체로 서양의학의 운반자가 일본인이 됐든 미국 선교사가 됐든 어떤 목적으로 들여왔든 그 맥락을 살피는 것이 아니라, 운반해온 것 자체만을 대단한 선물로 간주하고 있다. 일본의 제국주의적 침탈의 의도나 선교회의 제국주의적 동기는 무시되고 있는 것이다. 게다가 더 중요한 것은 실제로 권력의 주체였던 식민시기의 일본이나 선교회 측에서는 자신의 입장에 따라 근대를 노래하는 역사서술을 담당했고 그것이 정설로 되어 재생산되었다는 점이다. 그들이 관련된 활동은 미화되고, 그와 배치되는 사실은 폄하되는 일이 벌어졌다. 내가 지적하고 싶은 점은 그러한 일이 '합리적' 이성을 최대한 반영하는 형태로 진행된 것이 아니라 권력의 입맛에 맞게 '비합리적'으로 이루어졌다는 점이다. 그럼에도 불구하고 거기에 아무런 의심이나 비판도 없이 그 결정을 교과서적으로 수용한다는 현실 자체가 한국 '근대'의 두드러진 특징을 띠고 있다. 이런 일은 비단 의학 부문에서만 아니라 매우 많은 영역에서 똑같이 나타나는 현상이다. 한국 근대의 천박함이 그대로 드러나는 부분이다. 내가 의학과 권력의 관계를 언급한 것은 궁극적으로 이런 천박함을 지적하기 위한 도구적 성격이 짙다.

식민지 교육 연구 잡감

오성철

오성철

1980년 서울대학교 교육학과에 입학. 1985년부터 2년간 고등학교 교사로 근무한 후, 서울대학교 대학원 교육학과에 진학하여 1996년까지 교육사회학을 전공으로 공부했다. 서울대학교 '한국교육사고'(韓國敎育史庫)라는 연구 공간 속에서 성장하였다. 식민지 조선의 초등교육을 다룬 박사학위 논문은 2000년, 『식민지 초등교육의 형성』으로 출판되었다. 한국 근대교육의 역사를 평범한 우리의 역사, 나의 역사로 복원하려고 이런저런 시도를 하고 있다. 또 최근에는 대만이라는 새로운 세계를 만나 교육에 관한 '비교역사사회학'의 꿈도 갖게 되었다. 근대 이후 우리 교육과 사회를 대만(일제 식민지), 일본(제국), 중국(서구의 반식민지), 베트남(프랑스 식민지)의 그것과 교차 비교하고 싶다. 제 역량에 넘치는 엄청난 과제이지만, 그래도 한 걸음씩 한 걸음씩 나가다 보면, 어느 땐가 동아시아, 식민주의, 근대, 식민적 근대, 탈식민 같은 거대한 개념을 이해할 수 있는 실마리가 찾아지지 않을까 기대하고 있다.

식민지 시대와의 만남

전공이 뭐냐고 물어올 때마다 뭐라고 답해야 좋을지 망설이지만, 대체로 식민지 교육을 연구한다고 말하는 편이다. 이 글에서는 내가 어떻게 식민지 시기와 만나게 되었는지, 어떤 질문이 나를 사로잡았는지, 그리고 앞으로 무엇을 할 생각인지 등을 이야기하고자 한다. 그러니까 이 글은 잡감雜感이다.

1961년 박정희 정권과 함께 태어나 그 치하에서 유년기와 청소년기를 보낸 나는 80년에 대학에 입학한다. 지금부터 26년 전의 일이지만, 내게 그것은 옛날이 아니라 아직도 현재처럼 느껴진다. '제2의 탄생'이니 '질풍노도의 시기'니 하는 청소년기를 지칭하는 말들은 내게는 대학에 들어와 비로소 의미를 갖기 시작했다. 대부분의 경험이 충격적이었지만, 공부와 관련해서만 이야기하자면 무엇보다도 압도적인 지적 충격은 마르크스의 정치경제학이었다. 개념과 이론의 수미일관성과 적확함, 더구나 그것이 '세계를 해석하는 것이 아니라 변혁하기' 위한 것이라는 자신에 찬 선언을 들었을 때, 나는 '지식'과 처음 만났다고 해야 옳다. 마르스크의 원전이 아니라 정치경제학 영어 해설서 - 그것마저도 금서였는데 - 복사본을 밑줄을 그어가며 공부했었다. 최루탄 연기와는 전혀 무관한 듯 보이는 평화스러운 교육학에는 좀처럼 흥미를 느끼기 어려웠다. 당시 내게 의미 있는 교육학이란 오직 파울로 프레이리Paulo Freire[1]의 『억압받는 자의 교육학』Pedagogy of the Oppressed밖에 없었다. '진짜 지식'은 강의실 밖에, 금서 안에 존재한다고 믿었다.

　졸업 후 2년간 고교 교사로 일한 후 대학원에 진학했는데, 그때 선택한 전공은 '교육사회학'이었다. 당시 한창 국내에 소개되던 비판적 교육사회학 이론들이 강의실 안으로 들어오고 있었던 것이다. 1987년 6월항쟁 이후에는 금서들이 해금되어 강의시간에 『자본론』까지 읽게 된다. 학교교육이 불평등한 사회구조를 재생산하는 기능을 수행하고 있다고 비판하는 마르크스주의 재생산 이론을 체계적으로 배우는 일은 즐거웠다. 그 이론이 80년대의 사회 그리고 그에 대한 내 경험에 적합하다는 느낌이 강했다. 그러나 '진보성'만이 사회과학의 미덕은 아니라는 것도 점차 알게 된다. 대학원에서 마르크스주의와는 다른 지적 토양에서 발아한 이론들을 접하게 된다. 특히 미국의 지위획득과정 연구가 풍기는 독특한 매력이 있었다. 쉽게 말하자면 그 연구는 자본주의 사회에서 '누가 출세하는가', 학교교육이 사회적인 상향 이동에서 독자적인 효과를 발휘하는가라는 매우 상식적이고 단순한 질문에 답하려는 것이었다. 나를 매료시킨 것은 그 연구 경향에서 강조하는 '증거'의 중요성이었다. 어떤 명제라도 그것의 타당성을 입증할 수 있는 증거를 엄격한 규칙을 통해 제시하지 않으면 안 된다는 과학의 기본적 약속을 배웠다고나 할까. '입증해 봐!' Prove it!라는 요구는, 주장이 갖는 진보적·실천적인 함의와는 별개로 중요한 것이다. 실은 사회과학에서

---

[1] 브라질의 민중교육 운동가이자 사상가이다. 그의 저작은 우리나라에도 몇 편 번역되어 있다. 그의 의식화 개념은 1980년대 민중야학운동에 적지 않은 이론적 통찰을 제공하였다. 학교교육을 이른바 '은행저금식'(banking-deposit) 교육으로, 민중교육을 이른바 '문제제기식'(problem-posing) 교육으로 대비시키는 그의 비유는 유명하다.

질문지questionaire 조사방법을 처음으로 사용한 학자도 다름 아닌 마르크스였단다.[2] 한편으로는 재생산 이론을 학습하고, 또 한편으로는 난해한 통계 분석기법이나 컴퓨터 통계패키지를 배워가며 학문으로서의 사회과학이 뭔지 조금씩 알게 되었다.

석사학위 논문에서는 지위획득 연구에서 가장 강력한 모형robust model이라는 이른바 '위스콘신 사회-심리 모형' Wisconsin socio-psychological model[3]을 한국 현실에 적용하려 시도했었다. 석사 논문으로 다루기에는 너무 큰 주제였지만, 연구 프로젝트에 참여하여 비교적 양질의 자료를 확보할 수 있었고, 조사 연구의 엄밀한 규칙을 따라가며 '저명한' 모형의 타당성을 한국 사례에 비추어 재검토하려는 시도 자체는 해볼 만한 것이었다. 그런데 정작 연구해보니, 미국과 한국의 현실 자체에 근본적인 차이가 있지 않은가 하는 의심이 강해졌다. 그 모형의 산실인 미국의 경우, 대학에 진학하겠다는 주관적 포부와 주위 사람들의 심리적 후원이 대학 진학과 직업 취득에 결정적인 영향력을 미친다. 그래서 모형의 이름도 '사회-심리 모형'이다. 그런데 우리의 경우, 포부나 심리적 후원과 같은 변인은 고교 단계에서는 거의 변별력을 갖지 못했다. 흔히 말하는바, '한국인의 교육열'이 강하다는 이야기다. 그런데 대체 왜 그렇게 강한가. 이는 유수한 외국 이론을 학습하거나 적용하는 것만으로 답할 수 있는 문제는 아니다. 우리 사회의 특질과 그 역사적 내력에 주목하지 않으면 안 될 터였다.

---

[2] 1880년 마르크스는 고용주의 착취 상황을 조사하기 위해 프랑스 노동자 2만 5,000명에게 질문지를 우송했다. 질문지 문항은 예컨대 이런 것이었다. "당신의 고용주는 임금을 착취하기 위해 속임수를 씁니까." 다만 이 질문지들이 회수되었다는 기록은 없다고 한다(Earl R. Babbie(1973), *Survey Research Method*, California, Belmont: Wadsworth Publishing Company, Inc. 3장).

[3] 1960년대 말 미국 위스콘신대학교 사회학자 스월과 하우저(Sewell & Hauser)에 의해 제시된 모형으로, 미국에서의 대학 진학 및 직업 지위획득과정을 가장 엄밀하게 설명한 모형으로 평가받았다.

또 하나의 에피소드도 잊을 수 없다. 석사 과정 중에 어느 학회에 참석한 적이 있다. 당시 발표된 논문 중에는 보울즈와 진티스S. Bowles & H. Gintis의 경제재생산이론Economic Reproduction Theory을 한국 식민지 교육에 적용하여 그 이론의 타당성을 입증하려는 시도가 있었다. 당시만 해도 보울즈와 진티스는 자타가 공인하는 마르크스주의 교육사회학자였고, 그들의 이론은 한국에서도 꽤 유명하게 회자되고 있었다. 그런데 막상 참여하여 발표를 들어보니, 조금 의아했다. 발표자는 그들의 이론의 타당성을 선험적으로 전제하고 난 후, 식민지 시기의 학교교육은 자본가가 요구하는 순치된 노동력을 재생산하는 역할을 담당했다는 결론을 도출하고 있었다. 그런데, 과연 식민지 시기에 얼마나 많은 조선인들이 교육을 받았던 것일까 하는 궁금증이 돌연 생겼다. 토의 시간이 되자 어눌하게 질문했다. "저어…… 당시 보통학교 취학률은 어느 정도였어요?" 발표자는 내 질문을 대수롭지 않게 받아넘겼다. "글쎄요. 한 10%나 되었을라나……." 취학률 같은 가장 기초적인 사실조차 확인하지 않은 채, 외국의 유명하다는 이론에 기대어 한 시대의 교육의 성격을 그렇게 용감하게 규정해도 좋은 것일까. 그런데 이후 확인해보니, 실제로 식민지 시대 취학률에 관한 믿을 만한 조사나 연구 자체가 아예 없었다. 너무나 많은 부분들이 해명되지 않은 채 남겨져 있었던 것이다. '그렇다면, 내가 한번 취학률을 확인해볼까…….' 식민지 시대와의 만남은 기실 이렇게 단순하게 시작되었다.

'생활의 발견'

서울대학교 도서관 6층에는 경성제국대학 시절의 도서 30여만 권이 소장된 서고가 있다. 그 '구간서고' 舊刊書庫를 찾았다. 그때의 전율을 뭐라 표현해야 좋을까. 적막한 서고 가득히 조용히 도열해 있는 서가들, 촘촘히 꽂혀 있는 책들 위로 반세기 동안 쌓여온 시커먼 먼지, 누렇게 빛이 바랜 종이가 풍기는 독특한 냄새……. 내가 있어야 할 곳은 여기다, 라고 중얼거렸다.

막상 조사해보니 보통학교 취학률은 1920년대 이후 급격히 상승하여 식민지 말기가 되면 50%에 육박했다. 남자의 취학률은 물론 그보다 더 높았다. 더욱 놀라웠던 것은 학교 취학이 강제적인 것이 아니라 대단히 자발적인 선택이었다는 점이다. 식민지기에 조선인들은 '필사적'이라 할 정도로 보통학교에 진학하려 했다. 매년 치러지는 보통학교 입시에서 무수한 사람들이 탈락하여 낙담했다.

평범한 대다수 조선인들의 삶의 모습은 유수한 재생산이론에도, 명쾌한 지위획득 모형에도, 조선총독부의 교육 법령이나 교과서에도 나와 있지 않았다. 그들의 일상적인 삶을 보여주는 다른 자료를 찾아야 했다. 일단 신문을 보기로 했다. 도서관에는 『동아일보』와 『조선일보』 마이크로필름이 있었고, 후자의 경우 색인 작업까지 되어 있었지만, 색인집을 이용한 검색으로는 충분치 않았다. 내가 보고 싶은 것들은 색인집에 수록된 큰 사건이 아니라 너무나 사소하여 목록에서조차 누락된 1단짜리 작은 기사들 속에 있었던 것이다. 구간서고에는 다행히 식민지기 『동아일보』 원본이 있었다. 삭아서 부서질 듯한 신문을 열람대 앞에 펼쳐놓고 한 장씩 넘겨가며 1단 기사들을 일일이 훑어보는 '무식하고 저돌적인' 방식을 취했다. 그렇게 하기를 정말 잘했다. 그것은 대단히 흥미진진한 경험이었다.

그 속에는 사람이 있었다. 생활이 있었다. '월사금도 제때 내지 못해 구박받으면서도 책보 매고 산 넘고 물 건너 십리 길을 걸어 핵교에 댕겼다'는 어른들의 이야기는 과연 사실이었다. 점심도 굶고 영양실조로 쓰러지면서도 보통학교에 다녔다. 비록 식민지 지배하에서 억압되고 굴절된 생활이라 할지라도, 그들은 그 속에서도 열심히 살았다. 조선인의 적극적인 교육 행위는 단지 자녀를 학교에 보내는 것으로 그치지 않았다. 그들은 마을에 보통학교를 설립하기 위해 봄가을 곡식을 모으고, 취로사업에 나가 임금을 기부하고, 술과 담배까지 줄였다. '우리 일은 우리 손으로!' 이것이 보통학교 설립운동에 참여한 사람들의 모토였다.

그런데 대체 왜 그랬단 말인가? 내가 보았던 교육사 책 속에서 보통학교는 황국신민을 양성하기 위한 식민지 교육기관에 다름 아니었는데……. 이러한 인식이 물론 틀린 것은 아니지만 그것만으로는 조선인의 적극적 교육 행위를 설명하기 어려웠다. 조선인에게 보통학교는 그와는 다른 의미를 지닌 것임이 틀림없었다. 식민지 시대의 또 다른 세계, 거대하고 미묘한 '생활 세계'를 발견했다는 예감……. 식민지 통치 집단의 시각이 아닌 조선인의 시각에서 식민지 시대와 그 교육을 재검토하지 않으면 안 되었다. 이것이 결국 박사학위 논문의 주제가 된다.

'동상이몽' 혹은 '양날의 칼'로서의 식민지 교육

식민지 시기 한 면面에 보통학교가 신설되기 위해서는 총독부에서 받는 보조금과 함께 조선인의 자발적인 기부금이 필요했다. 성격이 전혀 다른 두 재원에서 나온 돈이 결합되어 비로소 보통학교가 설립되는 것이다. 두 종류의 돈에 담긴 의도가 동일하지는 않을 것이다. 서로 다른 꿈이 결합되어 보통학교라는 하나의 공간이 탄생한 것이다. 비유하자면 보통학교는 '동상이몽'同床異夢의 장이었다.

그런데 다른 꿈이란 게 과연 무엇이었을까. 총독부의 의도는 법령이나 지배자의 각종 언설, 교과서 등으로 명시적으로 표방되는 언설을 통해 어느 정도 파악할 수 있다. 그러나 조선인이 보통학교에 걸었던 꿈이 무엇이었는가는 여전히 미지수였다. 자녀를 보통학교에 보내거나 학교 설립을 위해 보리쌀 한 되를 기부하는 조선인 필부필부들은 총독부 관료나 조선 지식인들처럼 자신의 생각을 명시적인 언설로 표현할 수 있는 기회가 거의 없었다. 더구나 그 꿈을 하나로 규정짓는 것 자체가 애초 무리일 것이다. 그것은 필시 '아는 것이 힘이다, 배워야 산다'라는 구호 속에 응축되어 있을 테지만, 정작 이 구호의 의미는 지극히 애매하다. '무엇'을 아는 것이 '무엇을 하기 위한' 힘인지, '무엇'을 배워야 '어떻게' 살 수 있는지를 이 구호가 말해주지는 않는다. 그 '무엇'이 양반에게, 천민에게, 지주에게, 소작농에게, 독립지사에게, 순사보에게, 민족주의 지식인에게, 사회주의 지식인에게, 그리고 그 모두의 아들에게, 그리고 딸에게 동일하지는 않았을 것이다. 나는 식민 통치 집단의 그것과는 다른 조선인의 꿈들에 관해 몇 가지 가설적인 추측을 해보기는 했지만, 여전히 탐구해야 할 과제로 남아 있다.

서로 상이한 꿈은 식민지 교육의 실제와 그 결과에도 영향을 미치지 않을 수 없었다. 보통학교 교육의 실제와 그 결과는 지배자의 의도가 순조롭고 일방적으로 관철된 것이라고 예단할 수 없다는 것이다.

공사립 중등학교 이상의 학생은 물론 각지 초등학교 학생들까지 앞서서 소요의 전위 투사로서 계속 활약하고 행동이 과감·신속·기민해서, 일반에게 많은 찬탄을 받았다. …… 각지에서 남녀 학생의 망동은 특히 현저하여 종래 신교육을 비난하던 일반 민중은 신교육이 반드시 조국 관념을 소멸시키는 것이 아니며, 오히려 장래의 운동은 마땅히 신교육을 받은 청년 투사에

게 기대해야 된다고 생각하기에 이르렀다.[4]

이것은 조선인의 교육열 발흥의 원인에 대한 총독부 경무국의 분석이다. 식민지 교육은 때로는 '과감·신속·기민'하게 시위에 참여하는 인간을 창출하는 역설적인 측면을 지니고 있었다.

이와 같은 적극적인 저항은 아닐지라도, 식민지 교육의 결과는 지배자의 의도를 흔히 벗어나곤 했다. 총독부는 보통학교를 통해 조선인들이 황국 신민으로서의 이데올로기를 내면화하고 '자기 자리'에서 양순하고 충실하게 노동해주기를 바랐지만, 조선인들은 자식을 단지 성실한 농부로 만들기 위해 보통학교에 입학시키지는 않았다. 조선인들의 사회이동 욕구는 학교교육을 통해 냉각되기는커녕 더욱 고조되었다. 총독부는 조선인이 '교육에 대해 잘못된 사념'을 갖고 있다고 거듭거듭 역정을 냈지만, 기실 그것은 식민지 교육이 '동상이몽'의 장이라는 토로에 다름 아니다. 그 '사념'이 빚어낸 욕망이 중등학교 입학난이나 취직난 때문에 좌절되고, 그로부터 '과격한 발언'이나 '헛된 사상'이 발효되어 '국민 공영의 본지를 오염'시키기도 했다. 식민지 교육의 결과는 어느 일방의 의도가 순조롭게 관철된 결과라기보다는 오히려 '의도하지 않은 결과' the unintended consequences를 노정했던 것이다.

교육이라는 인간 활동, 학교라는 공간 자체가 대단히 미묘한 성격을 지닌 것만은 분명하다. 그것은 지배의 수단이자 욕망의 대상이며, 규율의 장이지만 때로 해방의 싹이기도 하다. 그것은 '양날의 칼'이라는 심증이 강해졌다.

---

4 朝鮮總督府警務局(1934), 「最近における朝鮮の治安狀況-昭和八年」, 『1930년대 민족해방운동』, 거름, 1984, 74~75쪽.

학교는 무엇보다도 문자를 배우는 곳, 즉 문맹에서 벗어날 수 있는 '효과적인' 수단이다. 사실, 오늘날 우리들은 문맹이라는 것이 어떤 상황인지 상상하기 어렵다. 파울로 프레이리는 문맹이야말로 브라질 민중의 '침묵의 문화' culture of silence의 원인이라고 보았다. 문맹은 말하자면 가족과 마을이라는 '자연적 생활 세계' 너머에 존재하는 광대한 세계 자체에 대한 본능적인 두려움이다. 따라서 글자를 안다는 것은 단지 편리한 도구 하나를 얻는다는 의미를 넘어서서 이 두려움의 껍데기를 깨부수고 세계로 한 걸음 내딛는다는 것을 의미한다. "부르주아 사회에서 무산 계급의 무지, 무지식은 유산 계급의 무기이다. 우리는 그 무기를 탈취하는 것이 필요하다"[5]는 조선인 사회주의자들의 선언은 민중의 문맹이라는 깊은 어둠을 직시했을 때의 절망감에서 비롯된 것이 아닐까. 그런 점에서 문자해득력은 일단 있어야 하는 것이었다.

보통학교에서 최소한 1941년까지는 조선어를 배울 수 있었다. 하지만, 보통학교는 무엇보다도 일본어를 가르치는 학교였다. 일본어는 '일본인의 정신적 혈액'으로 간주되었고, 바로 그런 맥락에서 조선인에게 압도적으로 강제되었다. 그것은 조선인의 문화와 아이덴티티를 억압하고 말살하는 가장 강력한 기제였으며, 동시에 일본어 문해자와 문맹자 간에 새로운 권력 관계를 창출함으로써 식민지적 협력 메커니즘을 재생산하는 틀이기도 했다. 그런데 그 일본어 문해조차도 양날의 칼은 아니었을까 하고 생각할 때가 있다. 지식인들의 식민지 시대 회고를 보면, 이른바 '이와나미문고'岩波文庫에 대한 이야기가 제법 나온다. 자타가 공인하는 민족주의자 장준하가 가장 아낀 소장품도 '이와나미문고'였다는 말을 들은 적도 있다. 그것은 식

---

[5] 「조선사회단체중앙협의회 창립대회 토의안」(1927. 5. 16.) 중에서〔金俊燁, 金昌順(1986), 『韓國共産主義運動史』 3, 청계연구소, 30쪽〕.

민지 조선의 지식인에게 근대 서구문명과 사상, 과학과 예술에 접근하는 실질적인 창구였다. 마르크스의 『자본론』 일역판을 읽기 위해서라도 일본어가 필요했다는 말이다.[6] 나는 문맹보다는 일본어 문해라는 길을 선택한 조선인들의 결정을 우선은 그들의 생활 속에서 그들의 눈으로 이해할 필요가 있다고 믿는다.

하지만 '동상이몽'이거나 '양날의 칼'이라는 비유가 과장 해석되는 것도 경계하지 않으면 안 된다. 당시는 식민지적 상황이었다. '조선인의 시각'을 지나치게 강조한 나머지, 식민지적 억압과 굴절의 측면이 희석되어서는 곤란하다는 말이다. 서로 다른 꿈이 결합되어 보통학교가 설립되었다 할지라도 그 두 꿈의 권력 관계는 결코 평등하지 않았다. 식민지 교육의 목적과 내용, 방법은 식민지 지배자에 의해 독점적으로 결정되었으며, 당연한 말이지만 조선인들은 그와 관련하여 무력했다. 가령, 교육을 통한 근대적 부문으로의 이동이나 신분상승이라는 꿈이 있었다 해도 그것이 순조롭게 실현될 수는 없었다. '식민지 피지배자의 꿈이 필연적으로 배반당하는 구조'야말로 식민지체제의 본질이 아니겠는가.

한편, 조선인의 꿈을 신비화하려는 충동도 경계할 필요가 있다. 조선인의 욕망은 그것이 식민지 지배 집단의 의도와 다르다는 이유 때문에 무조건 긍정되거나 미화되어서도 안 된다. 그 욕망 자체도 식민지적 사회구조에 의해 뒤틀린 것일 수 있다. 필요한 것은 그 욕망의 기원과 발현 과정의 사회적·역사적 맥락을 밝히는 것이다.

---

6 물론 '이와나미문고'를 통한 서구문명의 학습 과정 자체를 긍정적으로만 볼 수는 없다. 이 과정은 말하자면 일본어를 매개로 한 서구문명의 중역(重譯) 과정이라고도 할 수 있을 것이다. 이와나미문고의 구성은 서구적, 일본적 편향성이 매우 강하다. 그 안에 일본 근대 지식인의 자발적 오리엔탈리즘이 반영되어 있을 가능성은 없는가. 그리고 그것의 학습을 통해 형성되는 식민지 지식인의 세계관은 어떤 것이었는지를 비판적으로 검토할 필요가 있을 것이다.

식민지기 교육과 '근대'

식민지기를 다룰 때 결국은 피해갈 수 없는 거대한 주제, '근대'라는 주제에 대한 상념을 이쯤에서 한두 마디라도 하지 않으면 안 되겠다. 근대와 관련하여 보통학교 교육의 성격을 어떻게 파악해야 좋을까.

먼저 그것은 식민지 일본 제국의 언어와 가치, 문화와 역사를 강제한다는 점에서, 그리고 조선인의 주체적인 근대의 시도—조선인의 국민국가 형성 시도, 근대교육의 시도—를 저지하고 억압했다는 점에서 식민지주의적인 것임은 분명하다. 그러나 그렇게만 볼 경우, 최소한 1920년대 이후에 조선인이 보통학교에 적극적으로 쇄도했다는 사실을 설명하기 어렵다. 그것은 대단히 복합적인 성격을 지니고 있었다. 덧붙여 말하면, 식민지주의와 근대 자체가 양립 불가능한 모순된 개념은 아니라는 점도 기억할 필요가 있다.

보통학교로 대표되는 식민지 교육 기관은 조선인을 그 안으로 끌어당기는 흡인력을 갖고 있었다는 점을 부인하기 어렵다. 물론 그것은 사립학교 등 다른 선택지를 억압하는 보통학교의 독점적 지위의 결과라는 점도 잊어서는 안 되겠지만……. 교육 기회의 신분적인 차별은 최소한 '제도적으로' 철폐되었기 때문에 과거 천민의 자식이 과거 양반의 자식과 한 교실에서 동일한 내용을 배울 수 있었다. 그것은 '문맹'에서 탈피하여 '문해 능력'(일본어뿐만 아니라 조선어 문해 능력)을 획득하고 근대 지식에 접근할 수 있는 현실적인 수단이었다. 적지 않은 조선인들이 교육을 통한 신분상승과 사회이동이라는 '꿈'을 꾸었다.

무엇보다도 그 안에서 전개되는 교육의 형식은 오늘날의 그것과 기본적으로 동일했다. 보통학교 교육은 동일 연령층 학생의 집단화와 조직화,

학년별 승급과 관료화된 평가에 의한 선발, 초·중·고등 교육의 학제화, 교육과정과 교사 자격의 중앙 통제와 통일성 확보, 집단적 규율과 행동 통제 등 근대적 국민 교육의 형식을 갖추고 있었다. 무엇보다도 혈족에 의한 차별과 문화에 의한 동화를 기축으로 하는 일본적 식민지주의의 특성 때문에, 조선의 식민지 교육은 일본 제국의 근대교육과 형식 및 내용의 면에서 연속적이었다.

그렇게 본다면 '보통학교 교육은 근대교육이다' 라는 입론 역시 가능하다. 그것은 어떠한 '근대 개념'을 적용하느냐의 문제와 관련된다. 그런데 정작 나는 보통학교 교육을 '식민지 교육'으로만 규정하기는 어렵다고 보는 것과 마찬가지로 '근대교육'이라는 거대 개념으로 일괄하여 규정하는 데에도 조심스러운 편이다. 이전에 나는 근대교육에 관한 엄밀한 개념 규정이 성립되어 있지 않은 상황에서 보통학교 교육을 잠정적으로 '신식교육'으로 명명하겠다는 입장을 표명했었다.[7] 이후 이 점에 대한 비판이 간혹 들려왔다. 한마디로 "왜 보통학교가 근대교육이 아니냐"는 반론이었다. 그런데 지적 자체보다도 내 주의를 끌었던 것은 그로부터 도출된 결론이었다. 어떤 경우에는 보통학교가 근대교육이고, 따라서 그것을 통해 근대적 노동력이 양성되고 경제 성장이 가능했다는 이른바 식민지 근대화론이 도출되기도 했다. 결국 그 이야기를 하기 위한 비판이었던 셈이다. 이 경우의 '근대' 개념은 긍정적인 함의를 갖게 될 터이다.

그러나 '근대'가 반드시 긍정적인 의미만을 지니는 것은 아니다. 이른바 포스트모더니즘의 문제의식의 기초가 되는 푸코의 근대 개념을 통해 식민지 교육을 성격 규정하고, 그런 맥락에서 비판이 제기되는 경우도 있었

---

7 졸고(1996), 「1930년대 한국 초등교육 연구」, 서울대학교 대학원 교육학과 박사학위청구논문; 졸고(2000), 『식민지 초등교육의 형성』, 서울: 교육과학사.

다. 즉, 식민지 조선에서의 보통학교는 일본의 소학교와 마찬가지로 근대적인 규율장치이며, 근대교육의 억압적 성격은 일본에서뿐만 아니라 식민지 조선에도 관철되었기 때문에, 식민지 교육은 명백히 근대교육이라는 일반적 입론인 셈이다.

분명 보통학교 교육 안에는 그렇게 볼 수 있는 '부분' 혹은 '측면'이 존재한다. 그런데 나는 보통학교 교육의 성격을 근대교육 일반의 성격으로 일괄하여 규정하는 작업에는 그다지 매력을 느끼지 못하고 있다. 푸코의 근대론의 타당성을 입증하기 위해 식민지 조선의 사례를 각주의 하나로 첨가하는 일보다 오히려 나는 보통학교 교육의 역사적·사회적 특정성과 '중층성'을 해명하는 일에 더욱 큰 관심을 갖고 있다.

보통학교가 '근대교육'으로서의 성격을 지니고 있다 할지라도 그 '근대'의 구체적인 내용은 여전히 단순하지 않다. 보통학교 교육을 일단 일본의 근대 초등교육, 즉 소학교 교육의 식민지적 버전이라고 해보자. 그런데 일본 소학교 교육은 서구적 근대교육과 공통되는 규율적 성격을 지니고 있을 뿐만 아니라, 천황제 이데올로기의 유사 종교화나 충효일치, 가족주의적 국가관과 같은 '일본적 성격'도 지니고 있다. 물론 이러한 측면이 일본에만 특유한 것이 아니라는 견해도 있다. 근대의 억압적·규율적 성격은 서구와 일본을 막론하고 공통된 것이며, 서구적 근대교육을 신비화해서는 안 된다는 견해도 있다. 그러나 '세상의 어느 것 두 가지도 다르지 않지만, 세상의 어느 것 두 가지도 같지 않다'. 학교 규율의 구체적인 내용과 형식, 무엇보다도 개인의 의식과 행동을 '폭력적으로' 장악하려는 규율의 '강도'에서 적지 않은 차이가 존재한다. 예컨대 일본 최초의 문상 모리 아리노리 森有札(1847~1889)로 대표되는 이데올로그들이 단지 서구 교육의 이식에 만족하지 못하고, 조회 등 다양한 일본적 규율의 형식과 내용을 고심 끝에

창안해냈다는 점을 기억해야 한다. 식민지 조선의 교육을 지배한 것은 그것들이었다.

한편, 보통학교 교육 속에는 조선인의 전통적인 교육관의 관성적 영향도 작용했다. 과거 양반 계층의 신분적·문화적 표식이었던 비실용적인 '인문적 교양'을 획득하려는 욕망이 보통학교 교육의 실제 성격에 영향을 미치기도 했다. 교육내용의 실용성은 '서구적 근대교육' 개념의 중요 요소다. 그런데 정작 식민지기 조선인들이 요구했던 교육은 실용성과는 거리가 있었다. 조선총독부는 조선인이 실용적 교육을 기피한다고 거듭 비난하며 '교육실제화' 정책 등을 강제했지만, 보통학교 학생들은 실용 교육에 반대하는 시위까지 전개했었다. 교육실제화 정책은 순조롭게 관철되지 못했다. 이처럼 보통학교는 조선인의 교육관과 일본 제국의 교육관, 전통적 교육관과 근대적 교육관이 충돌하고 갈등하는 장이기도 했다.

마르크스나 푸코, 포스트모더니즘 등의 이론적 안목으로부터 식민지기를 해석하고 설명하는 시사와 통찰을 얻는 것은 소중하다. 그러나 나는 식민지 시대의 교육 및 사회를 어느 거대 이론으로 서둘러 해석하고 정리해버리기보다는 그것의 복잡 미묘함, 역사적·사회적 특정성을 해명하고 싶다. 최근, '식민적 근대성'colonial modernity이라는 개념이 부상하는 듯하다. 아직 개념의 내포와 외연이 뚜렷하게 확립되지는 않은 듯하나, 오히려 그 점이 내게는 매력적으로 느껴진다. 근대가 갖는 양면성, 즉 규율과 해방, 지배와 욕망이라는 양면성을 의식하면서, 그것이 식민지주의라는 억압 상황 속에서 어떤 내용과 형식으로 굴절되어 발현되는가를 규명하려는 문제의식이라고 일단 나는 이해하고 있다. 그 내용과 형식이 각각의 식민지 상황, 각각의 사회 영역에 따라 특정화되고 구체화되어야 하는 것이라면, '조선' '교육'의 '식민적 근대성'은 나 자신이 만들어가야 할 개념이라고도 할 수 있다. 즉 그것은 내게는 열린 질문이고 과제이고 도전이다.

▀ 교육만인보

교육은 사회구조고, 이데올로기적 국가기구며, 제도고, 존재다. 맞는 말이다. 그런데 동시에 그것은 일상적 인간 행위고, 경험이며 의식이기도 하다. 그런데 식민지기 교육과 관련해서는 그동안 후자의 측면이 상대적으로 간과되어온 것이 아닐까. 흔히 총독부가 작성한 통계표상의 수치로만 환원되어온 대다수 조선인의 개별적 경험에 한 발짝이라도 더 다가가고 싶다.

이를 위해 내가 최근 갖게 된 구상은 이런 것이다. 식민지기 조선인의 교육적 경험을 망라하여 데이터베이스를 구축할 생각이다. 먼저 도서관의 서가를 뒤져 식민지 시기 이후 지금까지 글로 씌어진 모든 종류의 문서, 회고록, 자서전, 전기, 수필, 논픽션, 대담, 동창회보 등을 확인하여 교육적 경험을 발굴하고 정리하고 싶다. 최초로 집을 떠나 학교 문에 들어섰을 때의 경험이나 잊을 수 없는 은사에 관한 에피소드 등, 개인사 속에는 반드시 교육과 관련된 기억이 포함되어 있다. 나아가 독립운동가들의 수사 기록과 공판 기록, 혹은 미국의 아카이브즈에서 애써 복사해왔던 김일성대학 초대 교수들의 자필이력서 혹은 빨치산의 취조 기록까지 뒤져보자. 이뿐만 아니라 구술사oral history라는 연구방법을 적극적으로 활용하여 기억 속의 경험을 복원하는 작업도 수반되어야 한다.

이는 교육사, 식민지사를 생활사로 되살리는 작업, 즉 역사에 피와 살을 붙이는 작업이라 할 수 있다. 평범한 사람들의 꿈, 노력, 성공과 좌절의 생생한 과정, 말하자면 개인적 교육 경험의 집대성이라고도 할 만한 이 구상을 '교육만인보'敎育萬人譜라고 불러도 좋지 않을까. 식민지 시대가 인간들의 삶에 짙은 그늘을 드리운 것은 사실이지만, 그 속에서 살아간 인간의 경험에는 나름의 색깔과 무늬가 있었을 것이다. 집적된 개개 교육적 경험의 사례는 말하자면, 커다란 모자이크화를 구성하는 작은 편린들과도 같다. 과연 어떤 그림이 그려질지는 모르지만, 다만 그 그림이 흑백 사진처럼 무채색이기보다는, 보다 풍부한 색과 무늬를 지닐 것이라고 기대한다.

다양한 그림이 가능하겠지만, 예컨대 '교육만인보'를 기초로 식민지기 계층 변동 과정에 관한 그림을 그릴 수도 있지 않을까. 식민지기를 생각할 때 '그 많던 양반들은 다 어디로 갔을까' 하는 의문이 떠오를 때가 있다. 식민지기 사회변화 속에서 양반의 신분 재생산, 혹은 평민이나 천민의 신분 변동 과정은 과연 어떠했을까. 그리고 그 과정에서 식민지 교육은 어떤 역할을 담당했을까. 그런데 조선 후기 신분제의 동요에 관한 연구는 적지 않으나, 식민지기에 들어서면 계층 연구가 갑자기 빈약해지는 것이 사실이다. 식민지기 개개인의 신분이나 배경, 사회경제적 지위에 관한 체계적인 기록 자료의 존재 여부가 관건이 되며, 바로 그런 이유에서 그동안 연구가 진척되지 못했다고도 할 수 있다. 그러나 체계적 자료가 없으면 없는 대로, '교육만인보'를 통해 단편적인 형태로라도 개인사의 사례를 정리하여 계층 변동의 모자이크화를 그릴 수는 있을 것이다.

대만이라는 거울

최근에는 식민지 비교 연구라는 주제에도 강한 관심을 갖게 되었다. 자신을 보기 위한 거울로서의 비교 대상은 유의미한 공통점과 차이점을 적절히 갖추고 있어야 할 것이다. 그렇다면 지구상에 존재하는 수백여 개의 국민국가 중에서 역사적 경험이나 구조적 특성에서 지금의 한국과 상대적으로 가장 유사하면서도, 동시에 의미 있는 차이점을 지닌 국가는 어디일까? 지금 내게 떠오르는 나라는 바로 '대만'이다.

 두 나라 모두 동아시아의 유교문명권에 속해 있었으며, 사서오경과 과거제가 한 사회의 지배적인 세계관과 계층 질서의 축을 이루고 있었다. 다만 대만이 중국 중심의 동아시아 질서에 편입된 역사는 우리보다는 훨씬 짧아서 17세기 말부터지만. 그러다가 근대에의 주체적 준비가 채 갖추어지기 전에 강제적으로 식민지 지배를 경험했다. 그런데 그 식민지 지배의 종주국이 다름 아닌 일본 제국이었다는 사정이 있다. 그런 점에서는 같은 유교문명권이었으면서도 프랑스의 식민지 지배라고 하는 특성을 지닌 베트남과도 다르다. 이른바 '일본적 식민지주의'의 특정성 문제다. 일본 제국주의라는 공통의 구조적 요인은 다른 어느 식민지와도 구별되는 모습으로 대만과 조선의 모습을 바꾸어놓았을 것이다.

 대만의 식민지화와 조선의 그것 사이에는 무시할 수 없는 차이도 존재한다. 무엇보다도 청조의 속지로서의 대만, 그리고 조공 관계에도 불구하고 독립적인 왕조로 유지되어온 조선이라는 차이는 식민지 지배에 대한 전통 엘리트층의 대응 방식에 영향을 미쳤을 것이다. 폴리네시아 계통의 대만 원주민과는 달리 중국에서 이주해온 대만 한족이 전통적 체제인 청조에 대해 갖고 있는 의식은 귀속감은커녕 일종의 '버림받음'이었다. 식민지 영유 당시 대만 지도층, 즉 향신층의 일제에 대한 저항의 강도는 상대적으로 약했다. 오히려 처절한 무장 투쟁의 주역은 한족이 아니라 원주민이었다. 반면 의병 투쟁이나 면암 최익현을 떠올릴 수 있듯이, 조선왕조나 대한제국에 대한 조선인의 귀속감은 상대적으로 강했다고도 할 수 있다. 주체적인 근대의 모색에서도 상대적 차이가 없지 않다. 특히 근대교육만을 놓고 보더라도, 대한제국에 의한 근대적 학제 발포나 1900년대 후반 4,000~5,000을 헤아리는 사립학교의 왕성한 발흥에 비해, 대만의 경우 실질적으로 근대교육과 식민지교육이 애초부터 같은 모습으로 등장하게 된 점을 떠올릴 수도 있다. 무엇보다도, 1895년의 대만과 1910년의 조선 간에는 15년의 시간적 격차가 있다. 20세기 초의 동아시아에서 15년은 결코 짧은 시간이 아니다.

1945년 이후는 어떨까? 최근 대만의 정치민주화를 계기로, 우리 독립운동의 은인이라던 장제스蔣介石(1887~1975)의 초상화 이면에 감추어진 피로 얼룩진 대만 현대사의 모습들이 새롭게 드러나고 있다. 대만 현대사는 대부분의 경우 내게 기시감déjà vu 같은 감정을 불러일으킨다. '그래 그런 일은 우리도 전에 겪은 적이 있어'라는 탄식 말이다. 우리의 제주 4·3과 대만의 2·28, 우리의 빨갱이 사냥과 대만의 백색 테러, 이승만·박정희·전두환·노태우로 이어지는 독재체제와 장제스·장징궈蔣經國(1910~1988) 부자의 국민당 독재, 인권 유린과 언론 통제, 정보기관에 의한 감시……. 대만과 한국은 냉전체제하에서 가장 강력하고 노골적인 반공국가였다. 상시적인 준전시체제, 부패하고 잔인한 독재체제, 반공 이데올로기의 강제는 그 두 나라 사람들의 일상적인 의식과 생활을 옥죄며 반세기가량 지속되었다.

오랜 기간 한국과 대만은 여전히 분단 상태에 놓여 있었으며, 조선민주주의인민공화국과 중화인민공화국이라는 존재, 그 타자와의 군사적 대치와 긴장은 여전히 현재진행형이다. 다만, 이 분단 상태에 대한 인식이나 현재의 권력 관계에서 중요한 차이도 존재한다. 대만에서는 이를 분단이 아닌 '분열'이라고 부르고 있다. 적지 않은 대만의 지식인들은 분열 상태의 지양을 '통일'이 아닌 '대만독립'에서 찾고 있다.

한편, 오랜 동안의 정치적 권위주의와 병존하여 경이적인 수준의 경제 성장이 이루어졌다는 현대사의 가장 역설적인 아이러니에서도 대만은 우리와 유사하다. 이른바 '압축 근대화' condensed modernization의 경험에서 대표적인 두 사례인 것이다. 또한, 오랜 어둠을 뚫고 이루어낸 최근의 정치 민주화. 지난 십여 년 동안 두 나라에서 전개된 놀라운 정치적 변화 속에서 안타까운 시행착오, 불만스러운 변화의 속도와 내용도 감지되지만, 그럼에도 결코 되돌릴 수 없는 민주화의 세찬 흐름이 본궤도에 올랐다는 점에서 우리와 대만은 여전히 꿈틀거리는 나라, 약동하는 나라다.

과연 대만이라는 거울은 우리의 어떤 모습을 비춰줄 수 있을까. 이제 막 비교 연구에 대한 관심이 시작된 터라 미리 예단하기는 어렵지만, 당장 떠오르는 것 두 가지 정도만 말해보자.

최근, 대북臺北에 있는 2·28기념관을 찾은 적이 있다. 대만에서 원주민 박물관과 함께 중국이 아닌 대만의 근현대사를 보여주는 거의 유일한 곳이다. 2·28기념관은 식민지 시대로부터 전시를 시작하고 있었다. "식민지 통치하의 근대화"라는 타이틀 아래 다음과 같은 설명이 붙어 있다.

…… 1895년 일본이 대만을 점거한 후, 압제적이고 착취적인 식민 통치를 행하였다. 그러나 '계란을 얻으려면 암탉을 살찌워야 한다'(欲取雞卵, 先養肥母雞)는 마음으로, 일인들은 여러 가지 건설에 적극적으로 종사하였다. 그것들은 다음과 같다. 토지 자원과 민정 풍속의 조사, 교통 건설의 발전, 현대 교육의 보급, 위생환경의 개선과 전염병 방제, 사법제도의 독립확립, 사회 치안의 개선과 유지, 일상생활 수준의 제고 등은 대만 근대화의 발걸음을 촉진시켰다. 일치日治시대 대만의 근대화 발전과 성취는 같은 시기의 중국 사회가 이룬 것과는 비교할 수 없을 정도다. 50년간 서로 달랐던 역사 발전

은 서로 상이한 사회적 발전과 생활수준을 만들어냈으며, 대만과 중국 간의 문화 격차를 형성하였다. 종전 이후 문화 마찰이 극심해지고, 사회적 충돌이 끊이지 않아 2·28사건 발생의 원인이 된다.

식민지 지배하에서 사법제도가 개선되고 치안이 개선되고, 일상생활 수준이 제고되는 등 근대화와 발전이 일어났다고 '명시적으로' 이야기되고 있다. 사실 여부는 차치하고라도 식민지 지배에 대한 이러한 '현재의 기억'은 대체 무엇을 의미하는가? 최근 우리와 중국에서는 격렬한 반일시위가 일어났지만 같은 시기 대만에서는 거의 반일적인 움직임이 감지되지 않았다. 이런 사정과 기념관의 전시물을 겹쳐 보며, 대만의 친일, 한국의 반일이라는 이분법적 인식을 퉁명스럽게 내뱉거나, '우리는 민족정신이 강해'라는 식의 자의식을 강화할 법도 하다. 그러나 사태는 그리 단순하지 않다. 먼저 그러한 현재의 기억이 만들어진 역사적 내력, 즉 대만 현대사에 주목하지 않으면 안 되기 때문이다.

1945년 이후 해방군이라는 기대 속에서 대만인들이 맞이했던 국민당군은 본토의 국공내전에서 패배가 필연적일 만큼 부패하고 무력한 군벌의 '사병'私兵에 지나지 않았다. '국민'의 군대로서의 인식과 규율을 결여한 그들에 의해 저질러진 일상적인 만행과 착취를 기념관의 전시물은 고발하고 있다. 국민당 고위 간부는 일제가 남기고 간 재산과 토지, 건물, 공장을 횡령하고, 말단 사병들은 눈에 보이는 대로 약탈과 착취를 저질렀다. 그 과정에서 축적된 대만인의 좌절과 불만이 1947년 2월 28일의 자연발생적 시위로 터져 나온 것이다.

사건 발생 후, 국민당군의 대응은 단순히 시위 집단에 대한 해산과 질서 회복에 그치지 않고, 의도적으로 공포심을 자아내기 위한 잔학하고 조직적인 학살로 이어졌다. 심지어 2·28시위와는 무관했던 인사들, 특히 식민지기에 고등교육을 받은 대만의 각계 지도층 인사들에 대한 불법 연행과 학살이 전개된다. 대만 내부의 잠재적인 비판과 저항 세력을 일소하기 위해 지식인과 엘리트 계층의 씨를 말리려는 의도였다. 법률, 의료, 언론, 교육, 학술, 문화계의 지도급 인사들을 포함하여 3만 명가량이 처형 혹은 실종되었다고 한다. 그 피바다 위에 장제스의 국민당 지배가 들어섰고, 비교 정치 교과서에 실릴 만큼 세계 역사상 가장 긴 기간 동안(1949년부터 1987년까지 38년간) 계엄령이 지속되었다. 그는 독재 지배의 정당성의 근거로 자신의 항일 경력을 내세웠다.

왜 현재 식민지 통치가 '사법의 독립'과 '치안 유지'의 시대로 기억되고 있는가. 그것은 무엇보다도 국민당 지배하에서의 폭력과 억압에 대한 고발과 비판의 의미를 지니고 있다는 점을 기억해야 한다. 또 한편으로는 중화인민공화국과의 대치, 대만 독립에 대한 희구와 그에 대한 중국의 억압이라는 현재적 상황이 일본에 대한 인식과 기억에 작용하고 있다고도 볼 수 있다. 나는 식민지 지배에 대한 대만인의 현재의 기억-최소한 기념관의 패널 속의 기억-에 대해 섣부른 판단은 삼가고 싶다.

다만, 식민지 지배의 경험에 대한 이러한 기억과 평가의 상위로부터 우리의 식민지 경험을 새롭게 대면할 수 있는 시사점을 얻을 수 있지 않을까. 바꾸어 말하면, '민족주의'적인 해석의 그늘에 알게 모르게 가려져 있던 식민지 시대의 또 다른 모습을 대만이라는 거울을 통해 재인식할 수 있지 않을까. 식민지주의에 대한 비판적 시각을 견지하면서도 동시에 식민지 경험의 복잡한 착종성을 정직하게 인식할 수 있는 가능성을 대만과의 비교를 통해 찾을 수 있지 않을까.

대만이라는 거울은 '식민지기와 현재'라는 주제, 바꾸어 말하면 식민지적 잔재의 청산이라는 과제를 성찰하는 데에도 중요한 시사점을 제공할 것이다. 대만에서는 전술한 대로, 1947년의 2·28학살, 그리고 1950년대 초의 이른바 '백색 테러'를 통해 지도급 친일파 인사를 포함하여 식민지기에 고등교육을 받은 엘리트층이 철저하게 '청산' 되었다. 식민지적 잔재의 청산이라는 과제를 친일파의 숙청과 탄핵으로 이해한다면 대만은 그 과제를 거의 완벽하게 달성한 셈이 된다. 그래서 과연 대만이 식민지기로부터 자유롭게 되었을까.

여기서 내가 퍼뜩 떠올리는 것은 국민당 치하 대만 학교에서 사용된 이른바 '방언찰' 方言札이다. 그 내력은 이러하다. 오늘날 대만의 공식어는 북경관화인데, 그것이 공식 언어가 된 것은 1945년 이후 중국에서 국민당과 함께 건너온 이른바 '외성인' 外省人의 지배가 시작되면서부터다. 장제스 정권은 45년 이전 대만의 한족, 즉 '본성인' 本省人이 사용하던 언어인 '복료어' 福佬語와 '객가어' 客家語를 부정하고,[8] 북경어를 표준어로 강요했다. 같은 중국어라도 발음이나 어휘가 크게 달라 복료어, 객가어, 북경어는 서로 통하지 않는다. 그런데 북경어의 표준어화 정책의 시행 과정은 식민지적인 억압의 재현으로 나타났다. 식민지 시기 대만인 학생들은 공학교—우리의 보통학교에 해당—에서 복료어나 객가어를 사용하다 적발되면 그 징벌로 이른바 '방언찰'을 목에 걸어야 했다. 그런데 1945년 '해방' 이후에도 여전히 학교에서 복료어나 객가어를 사용하다 적발되면 '방언찰'을 목에 걸어야

---

8 복료어는 복건성 지방의 언어에 기원을 가지며, 민난어라고도 한다. 민족 구성상 가장 큰 비중을 차지하는 복건성 출신 한족이 사용한다. 객가어는 광동어에 기원을 가지며, 광동성에서 이주해온 한족이 사용한다. 이들의 비중은 본성인 중에서는 소수다. 덧붙여 말하면, 현재 대만인은 이른바 4대 족군, 즉 원주민·복료인·객가·외성인 등으로 구성되어 있고 각각의 비중은 1989년의 경우 1.7%, 73.3%, 12%, 13%로 되어 있다. 본성인이란 복료인과 객가를 가리킨다〔若林正丈(2001), 『台湾—変容し踏躇するアイデンティティ』, ちくま親書, 筑摩書房 참조〕.

했던 것이다.

1945년 8월이 '해방'이라는 환희에 찬 말로 표현되기보다는 오히려 '개가 가니까 돼지가 왔다'고까지 표현되기도 하는 착잡한 현실이었다. 북경관화의 표준어화는 대만인의 아이덴티티와 문화를 억압하며 국민당 정부의 지배체제를 재생산하는 주요한 기제였다. 그리고 강제 과정에서 식민지적 지배 방식이 고스란히 부활한 것이다. 친일파를 청산하며 반일을 표방하는 민족주의 정권하에서 식민지 지배의 형식이 그대로 부활되고 강화되는 이러한 대만의 역사는 무엇을 의미하는가. 이는 우리 사회에서 최근 전개되고 있는 역사바로세우기 운동과 관련해서도 시사하는 바가 적지 않을 것이다.

대만과 한국.

유사한 타자에 의해 유린당하고 지배당하면서 고통을 겪어온 슬픈 내력이 있고, 지금도 온몸의 곳곳에 상처가 드러나 있기도 하고 숨어 있기도 하며 여전히 신음하고 있지만, 그래도 그 상처로부터 새 살이 돋고 또 새로운 활력을 갖고 살아가려 애쓰는 두 존재. '그 타자의 유린에 내가 너보다 더 철저히 몸부림치며 저항했어'라거나 '그때 너는 나보다 더 복종적이지 않았냐'는 식의 이기적인 비교와 오만한 힐난만큼 어리석고 서글픈 일은 없다. 이제 비로소 만나게 된 그 두 존재가 조심스럽게 서로의 몸을 살펴보고 쓰다듬어보면서, 제 눈으로는 쉽게 보기 어려운 상처를 서로에게 일깨워주기도 하는 모습을 그려본다. 무엇이 같고 무엇이 다른지, 여기까지 오게 된 동아시아의 작은 두 나라의 내력을 정직하게 알아보고 싶다.

식민지와 '지금 우리'

사람들은 스스로 자기의 역사를 만들지만 그러나 그것을 자기의 뜻대로 만드는 것은 아니다. 그들은 자기의 역사를 자기 자신이 선택한 환경 속에서 만드는 것이 아니라 자기 앞에 놓여 있는, 이미 이루어진, 과거에서 물려받은 환경 속에서 만든다. 모든 죽은 세대의 전통이 악몽과도 같이 산 사람의 넋을 억누른다.[9]

시적이기까지 한 이 통찰은 마르크스의 것이다. 지난 십여 년간 식민지기에 줄곧 관심을 가져왔고, 앞으로도 식민지기 교육과 사회 연구를 계속할 생각이지만, 과연 식민지기를 연구하는 일은 '지금 우리'에게 어떤 의미가 있는가 하고 자문할 때, 내게 떠오르는 명제다. 어쩌면, '악몽과도 같은 죽은 세대의 전통'이 지금도 우리의 넋을 억누르고 있지는 않을까.

모두에 고백했듯이 박정희 세대였던 나는 후에 식민지 시기 보통학교 규율에 관한 사료를 보면서 경악했었다. 국민학교, 중학교, 고등학교 때의 숱한 집단 훈련과 행사, 규율 장치에 대한 우울한 기억들이 식민지기 사료를 통해 다시 환기되었다. '황국신민서사'는 '국기에 대한 맹세'와 겹쳐졌고, 교육칙어봉독은 국민교육헌장 암송과 겹쳐졌다. 심지어 백미터달리기, 멀리뛰기, 턱걸이, 윗몸일으키기, 심지어 수류탄던지기 등, 지금도 선연히 기억하는 체력장의 종목마저 식민지기의 그것과 완전히 동일하다는 사실을 알았을 때, 이미 식민지는 과거가 아니었다. 반장이 되어, 교실 뒷벽과 복도를 북괴의 실상이나 국군의 위용, 온갖 표어로 도배하고, 국군장병에

---

9 K. 맑스, 「루이 보나빠르트의 브뤼메르 18일」, 맑스·레닌주의연구소(편), 『맑스엥겔스선집 I』, 백의, 1989, 250쪽.

게 보내는 위문품과 국방헌금, 폐품 등을 수집하던 내 모습을 1930년대 말 보통학교 교실 속에서 다시 보기도 했다. 결국 식민지기 연구는 내 유년시절과 청소년 시절의 지독한 경험을 이해하는 작업이다.

그런데 지금은 21세기가 아닌가. 이제는 국민교육헌장이나 국기에 대한 맹세도 사라졌고, 체력장이나 반공주의적 의식과 행사도 거의 자취를 감추지 않았는가. 그렇다. 분명 정치민주화와 함께 학교교육에도 적지 않은 변화가 일어난 것은 사실이다. 그것은 저절로 쉽게 얻어진 것도 아니다. 그럼에도 불구하고 나는 마르크스의 경고로부터 우리 교육이 아직 자유롭지 못하다고 생각하고 있다.

얼마 전 고등학교 교사로 있는 친구에게서 이런 메일을 받았다.

○○고등학교 2학년 담임을 맡았는데…… 여기는 아직 말죽거리 수준이여……. 교실이 언덕 위에 있는데…… 아침부터 남학생 여학생 가릴 것도 없이 오리걸음으로 기어 올라가는가 하면…… 한쪽에서는 수십 명 걸린 애들이 앉았다 일어섰다 하면서 구호를 외치고…… 싸대기 맞고 엎드려뻗쳐서 매 맞는 애들이 있고……. 학생부 안 된 게 얼마나 다행인지 몰라 하며 씁쓸한 마음을 맨날 출근하면서 가진단다. ㄲ응. 어째 학교는 이렇게 변화가 없는지……. 참교육 하겠다고 일어선 전교조 나이도 하메 15살이 넘었는데…… 학교는 어째 더 이상하게 돌아가는 거 같구. 쩌업. 선생님들은 학생부에서 애들을 콱 잡아주니까 좋아하구.

'정신! 통일! 복장! 불량!' 구호를 외치며 아이들이 '앉아 일어서'를 반복하고 있다. 교복을 입은 남녀 고교생들이 귓불을 두 손으로 잡고 오리걸음으로 기어 계단을 올라가고 있다. 학생주임—순사이자 형리이자 검찰관이자 판관이기도 한 그는 아직도 팔뚝에 완장을 차고 있을까—이 사나운 표정으로 고함지르고 있다. 이런 일상적인 풍경이 자연스럽게 매일 반복된다. 이것은 교사들의 마음에 통증조차 유발하지 않는다. 식자들이 탈근대를 구가하는 오늘날 서울의 한 모습이다.

모든 것을 식민지로 환원하자는 이야기는 아니다. 이 슬픈 현실 속에는 한국전쟁과 분단, 오랜 기간의 권위주의 통치 등 한국 현대사가 반영되어 있다. 그러나 동시에 '학생은 모름지기 이래야 돼', '학교에는 규율이 있어야 해', '질서는 아름다운 것이야'라는, 오늘날의 교사들이 의심의 여지없이 당연하게 받아들이는 학생관, 교사관, 학교관, 교육관 속에 식민지 교육의 그림자가 짙게 깃들여 있는 것이 아닐까.

한국 교육을 생각할 때 내게는 이런 그림이 떠오르기도 한다. 한국 교육의 역사라는 거대한 강이 있다. 그 강 위로 가끔씩 외국에서 불어온 태풍이 스쳐지나간다. 수면 부근은 격랑이 일기도 해서, 무언가 급격히 바뀌고 있다는 착시 현상을 불러일으키기도 한다. 그렇게 한 차례 태풍이 지나가고 나면 한동안 조용한 듯하다가, 또 다른 태풍이 훑고 지나간다. 그런데 수면 밑 깊은 바닥에는 오랜 기간 침전되어온 뻘이 있고, 그 위로 거의 요동치지 않는 무거운 저류가 있다. 밖에서는 잘 보이지 않지만 내게는 그 존재가 느껴진다. 그 어둡고 완강한 심연이 보이는 듯하다. 그 심연에 웅크린 죽은 세대의 전통이 나는 무섭다.

하여, 내게 식민지 연구는 흥미로운 지적 유희만은 아니다. 나는 학교 규율과 행사의 계보학을 만들어보고 싶다. 반장제, 주번제, 조회, 제식훈련, 소풍, 수학여행, 운동회, 복장·용의·소지품 검사, 교복, 규율부, 교무 분장 分掌, 학생부, 일직숙직제 등이 언제 왜 만들어졌는지 그것이 왜 해방 이후에도 심지어 지금도 유지되고 있는지를 밝히는 작업이다. 그 글을 누구보다도 선생님들과 함께 읽고 싶다.

　영리한 식자들이 이미 누차에 걸쳐 사망선고를 내린 그 학교 현장을 지키고 있는 분들이 있다. '비관적 지성' pessimism of the intellect으로 현실 인식의 칼날을 차갑게 벼리면서도, 동시에 학교교육 안에서 우리의 힘으로 변화가 가능하다는 '낙관적 의지' optimism of the will를 끝까지 잃지 않은 분들이다. 내가 식민지기를 시간여행하며 보았던 것들을 그분들께 말씀드리고, 저 심연 속으로 들어가 그 역사적 내력을 함께 확인하고, 변화의 가능성에 대해 대화하고 싶다.

나의 공부

장석만

장석만

어떤 사람에 대해 이야기할 때, 나이나 학번을 밝히면서 시작하는 것이 싫기 때문에 나 자신에게도 그러고 싶지 않다. 서울대학교 인문대 종교학과를 졸업하고, 대학원에서 박사학위까지 받았기에 한 구멍만 파는 학구파라고 생각하기 쉬우나 결코 그렇지 않다. 그건 종교학을 전공하면 종교에 대해서만 이야기해야 한다는 사람들에게 짜증이 나서, 문화연구소를 만든 것만 봐도 알 수 있다. 문화의 제목을 걸고 이야기하면 무얼 말하든 시비 걸지는 않으니까……. 그동안 내가 쓴 글은 두 가지 커다란 관심사를 중심으로 이루어져 있다. 하나는 근대적 개념이 지닌 역사적 의미를 탐색하는 것, 다른 하나는 우리의 몸 습관이 자연스럽게 정착된 과정을 추적하는 것이다. 종교, 의례, 신화 개념의 형성에 관한 글이 전자라면, 단발과 면도에 관한 글은 후자에 속한다.

지금 나의 우선적인 연구 대상인 19세기 말~20세기 초에서 앞으로의 관심이 현재로 올라올 수도 있고, 조선시대로 내려갈 수도 있다. 하지만 '현재'는 나의 관심사가 늘 딛고 서 있는 기반이기 때문에 나에게 별도의 연구 영역으로 설정될 필요는 없다고 생각한다. 연구의 시기가 아마도 일제시대 이상으로는 올라가지 않을 것 같다. 시간의 여유가 생긴다면 조선시대 사람들이 몸과 마음에 관해 느끼고 생각한 것을 찬찬히 살펴보고 싶다.

오래된 구두의 기억

예쁜 구두가 한 무더기로 버려져 있다. 10월의 대학축제에 참석하기 위해 학생들이 신고 온 것이다. 주위에는 아직도 매캐한 최루탄 냄새가 가시지 않고 있다. 축제가 벌어지던 곳에 경찰이 난입한 것이다. 축제의 혼돈을 틈타 학생들이 보인 조그만 저항의 몸짓이 그들의 심사를 거스른 것이다. 쌍쌍파티를 즐기기 위해 모여든 학생들을 향해 갑옷을 입은 경찰이 달려들었고, 학생들은 비명을 지르며 사방에 흩어졌다. 그 와중에 여학생들의 반짝이는 구두가 주인을 잃어버린 것이다. 대학은 이미 황폐할 대로 황폐해진 지 오래였다. 제정신을 가진 사람이라면 이런 대학을 공부하는 곳이라고 말할 수 없었다. 대학은 전쟁터 같았다. 아수라장이 된 축제와 사방에 흩어져 있는 구두는 오래도록 기억에 남았다.

　지배 권력의 폭압성은 날이 갈수록 구제할 수 없을 지경이 되었다. 대학에는 사복경찰이 상주하고, 학생들 사이에 첩자를 심었다. 경찰의 억압은 그래도 견딜 수 있었지만, 학생들끼리 서로를 프락치로 의심하는 상황은 정말 참아내기가 힘들었다. 데모를 해서 제적이 되면 앞날을 걱정하는 게 아니라, 이제는 적어도 첩자 의심은 받지 않을 것이라고 안도의 한숨을 쉬었다. 동료를 의심하는 불신의 분위기는 많은 학생들을 극단적으로 압박하였고, 엄청난 정신적인 고통에서 헤어나지 못하게 만들었다. 상당수가 미치기 일보 직전까지 갔고, 실제로 미친 학생도 적지 않았다. 대낮의 테러는 일상사였고, 고문은 그리 특별한 일이 아닌 양 자행되었다. 목숨을 걸고 시위를 하는 학생들이 도서관 주위에서 낙엽처럼 떨어져 스러졌다. 캠퍼스에는 피가 낭자했고, 분노에 찬 학생들이 연이어 자신의 몸에 불을 살랐다. 이제 대학은 더 이상 전쟁터가 아니라, 살육이 벌어지는 곳이었다. 거기에서는 비통의 울부짖음과 복수의 다짐만이 하늘을 찔렀다. 공부는 교실이 아니라, 데모와 노동의 현장에서 이루어졌다. 이런 상황에서 아직도 대학교의 지식습득에 미련을 보이는 자는 조롱거리가 되었고, 신변의 안위를 걱정하며 해외유학의 피신을 택한 자는 더 이상 논의할 필요조차 없는 경멸의 대상이 되었다.

모든 조건이 데모로 청춘의 열기를 발산하도록 부추기는 상황이었다. 그러다가 나는 생각지도 않은 일에 휩쓸리게 되어 학부를 마치지 못하고, 어쩔 수 없이 군대에 가게 되었다. 군대에 있을 때 자주 꾼 꿈은 입학시험을 치르느라 진땀을 흘리는 것이었다. 전혀 모르는 수학문제가 나와서 아득해하고 있는데 잠을 깼다. 그런 꿈을 꾼 날이면 군대에서 돼지처럼 사육당하는 것이 나을 수 있다고 생각했다. 공부의 긴장으로 온몸이 마비되는 난처한 상황에 직면하는 것보다 군대의 단순한 생활이 편하게 느껴졌던 것이다. 군대에서 받는 수모와 고통은 누구나 당하는 것이려니 하고 견뎌나갔다.

박정희의 암살과 전두환의 쿠데타로 나라가 소용돌이 치고 있을 때, 나는 군대에서 제대하고 복학하였다. 제대하고 난 다음에 종종 꾼 꿈은 제대가 행정 착오였다고 하면서 다시 군대로 끌려가는 것이었다. 그런 꿈에서 깨고 나면 깊게 안도의 한숨을 쉬었다. 주위의 상황은 입대 전과 많이 달라져서 친구들도 많이 흩어졌고, 데모의 구호도 바뀌었다. 이제는 반미의 구호가 스스럼없이 제창되었다. 많은 지우知友가 학적을 포기하고 노동 현장에 들어갔다. 하지만 나는 머뭇거리며 학교에 머물렀다.

묘한 종교학

대학 교양과정 일 년 반을 마친 다음 내가 선택한 전공은 종교학이었다. 나에게 어떤 신앙심이 있는 것은 아니었다. 거의 발가벗은 원시 부족민이 북두드리는 것을 보고 그들의 모습에 흥미를 느끼게 되었을 뿐이다. 종교학이라는 학문은 처음부터 묘했다. 현실에서 동떨어져 있는 분위기, 그렇지만 혹은 그래서 뭔가 심오한 '냄새'를 풍긴다는 '의혹'이 함께하였다. 종교 연구에 당장의 현실적인 쓸모가 없다는 건 대부분 당연하게 여겼다. 하지만 종교가 인간 경험의 심층부에 자리하고 있으며, 그런 종교에 대한 연구 역시 '뭔가 심오한 것을 건드리고 있을지 모른다'는 점에 대해서 사람들은 쉽게 내치지 못했다. 심오함의 인상이 너무 강해서 종교를 연구하는 일이 과연 가능하냐를 묻는 이가 많았고, 종교가 시대착오라는 인상에 사로잡혀 연구할 가치를 인정할 수 없다는 사람도 적지 않았다.

당시에는 종교학을 신학의 아류처럼 보는 사람이 적지 않았다. 식견이 있다는 이들도 종종 탁명환식의 이단 감별을 종교학 공부와 동일시하였다. 한국의 기독교 신학 풍토가 척박하기 이를 데 없고, 차마 신학이라고 말할 수 없는 이른바 '꼴보수' 일색이라는 점은 종교학이 발전하는 데 커다란 장애물로 작용하였다. 종교학이라는 학문이 제대로 발전하기 위해서는 신학이 논쟁의 상대가 되어 서로 비판적 긴장을 주고받을 필요가 있기 때문이다. 학교를 맹목적인 신앙 주입의 장소로 생각하는 자들이 교계를 장악한

지 오래되었으니, 신학이 탄력성 있게 자신의 신앙에 대해 검토하기를 바라는 건 무리일 수밖에 없었다. 하지만 종교학이 지지부진한 것은 남의 탓이 아니라, 자기 탓이 더 컸다.

국립대학교를 교회 뒷마당으로 생각하는 교수는 앞뒤가 꽉 막힌 설교의 말씀을 늘어놓아 학생들의 반발을 자초하였다. 하지만 일부 학생들의 저항은 아직 덜 떨어진 자의 미성숙한 소행으로 간주되거나 사탄의 유혹에 넘어간 때문으로 간주되었고, 간혹 학생들이 거세게 반발하면 교수는 오히려 순교자의 심정으로 그런 상황을 즐기는 듯했다. 다행히도 이런 종류의 교수는 곧 은퇴하였지만, 그가 남긴 상처는 깊고 오래갔다. 호교론적인 수업이 진행되어도 '그때보다는 낫다'는 식의 냉소주의로 자위하는 분위기가 강했다. 이런 탓에 시국이 어지러워 학교 공부에 흥미를 잃은 우리는 더욱더 공부로부터 멀어지게 되었다. 나는 혹시나 하고 철학과 미학과 같은 인문대의 다른 영역에 기웃거려보기도 했지만, 기가 막힌다는 점에서는 그곳도 별반 다를 것이 없었다. 강의 자체가 제대로 행해지지 않았다는 건 그렇다 해도, 꽤나 이름이 있다는 교수들의 강의도 도대체 요령부득이어서 알아들을 수 없었다. 하지만 별로 상관이 없었다. 이미 학생들은 스스로 프로그램을 짜서 공부하거나 길거리에서 생생한 현장학습을 하고 있었기에 교수들의 강의에 거의 기대를 하지 않았다.

학부를 마친 다음, 나는 돈과 상관이 없고 남이 알아주지도 않는 종교학 공부를 계속하기 위해 대학원에 들어갔다. 돈 걱정할 필요가 없을 만큼 부유한 처지도 아니었고, 돈독하게 단련해야 할 신앙심이 있는 것도 아니었다. 내게는 대학원을 진학한 데 대해 내세워 자랑할 만한 명분이 없었다. 하지만 변명의 기회가 주어지면 나는 그 나름으로 공부의 필요성이 있지 않냐고 우물거리며 말하였다. 그리고 이런 우물거림은 내 공부의 습관이 되었다. 이후로 나는 늘 내가 왜 공부하는지 자문하였다.

▪ 밥벌이 하는 곳, 대학원

대학원 공부는 학부 공부와는 달리 특정 전문가를 양성하는 성격이 강하기 마련이다. 그래서 전공을 공유하는 사람들은 전문가 집단 특유의 이기주의적 모습을 띠기 쉽다. 그 공부를 하여 먹고살아야 하는 사람끼리 서로 뭉쳐야 하기 때문이다. 하지만 대내적으로는 그런 이익을 놓고 서로 경쟁하는 처지에 있다. 그래서 밖으로 자기 학문의 필요성을 선전하는 데 힘을 다하고, 안으로는 전공 영역을 다시 세분하면서 이익의 극대화를 위해 노골적인 각축을 벌인다. 이런 상황 탓에 대부분의 학문은 처음에 지니고 있던 현실과의 적합성을 유지하는 대신에 특정 집단의 생계유지 수단으로 변질되는 경향이 있다. 예컨대 사회학 개론 과목을 들으면 사회학이란 학문이 어째서 꼭 존재해야 하는지 그 이유를 장황하게 늘어놓는 일에 급급해서 정작 그 과목이 도대체 나의 삶을 정리하는 데 어떤 보탬이 되는지 소홀하게 다루어지는 경우를 많이 볼 수 있다. 이는 이익집단 내부 회람용으로 교육시킬 내용을 전혀 상관이 없는 사람들에게 주입시키는 것과 마찬가지다.

대학원에서 나의 종교학 공부도 그런 성격에서 별반 다를 것이 없었다. 줄창 종교학이 왜 있어야 하는지, 어째서 신학과 다른지에 관해 몰두했으니 말이다. 하지만 그 절박성에서 종교학 공부는 다른 학문과 달랐다. 종교학은 다른 학문이 누리는 권위나 기득권을 전혀 가지지 못했고, 학문의 세계 안에서도 서자庶子 취급을 받고 있었다. 종교 문제가 거론되면 매스컴에 등장하는 이들은 대부분 목사, 신부나 승려 등의 종교인이지 종교학자는 아니었다. 게다가 인접 학문의 학자들 중에는 종교가 학문의 방법으로 접근할 수 있는 것인지 회의하는 자들도 적지 않았다. 우리는 종교학이 앞으로도 하나의 학문으로 계속 존립할 수 있을지, 그리고 그럴 필요가 있는지 알고 싶었지만 확실한 답변은 얻을 수 없었다.

마치 한 발은 집어넣고, 다른 발은 공중을 헤매는 어정쩡한 자세로 지내던 시절이었다. 그래서 엘리아데Mircea Eliade가 근대문명의 근본적인 인간 소외를 비판하며 종교학이 새로운 돌파구를 열 수 있다고 주장할 때, 종교학도들은 당연히 솔깃하였다. 그는 인간을 "호모 렐리기오수스"로 이해하면서, 근대인이 성스러움으로부터 멀어져 세속화함에 따라 인간의 소중한 측면을 상실하고 있다고 파악하였다. 엘리아데는 부르주아적 자유주의뿐 아니라 공산주의적 세계관도 근대의 세속주의에 오염되기는 마찬가지라고 비판하였다. 그의 대안은 원초적 건강성을 간직하고 있는 비서구의 문화, 그리고 근대의 세속주의와 거리를 두는 서구의 민중문화였다. 근대적 엘리트에 대한 엘리아데의 비판은 민중의 관점을 중시하는 당시 대학가의 분위기와 잘 어울릴 수도 있었지만, 그가 역사의 진보를 부정적으로 보고 있다는 점은 쉽게 용납되기 어려웠다. 마르크시즘과 주체사상이 소리 높여 외쳐지는 상황에서 엘리아데는 반反역사주의와 비합리주의를 주장하는 반동적 사상가로 여겨졌다.

나는 엘리아데를 그렇게까지 폄하하지는 않았지만, 그렇다고 매력적으로 여기지도 않았다. 특히 동서고금의 방대한 자료를 처리하는 그의 방식은 만족스럽지 않았다. 그는 자신의 주제에 적합하다고 여겨지는 자료를 사통팔달四通八達의 자유자재한 자세로 처리하였다. 나는 엘리아데가 자료의 역사적 맥락을 소홀하게 취급하고 있다고 생각했다. 논문 쓰는 것과 더불어 소설 쓰기를 병행하는 그의 공부 태도가 매혹적이기는 했지만, 양자의 서술 방식은 서로 다를 수밖에 없다고 보았다. 나는 주위의 다른 친구들에 비해 엘리아데에게 별로 영향을 받지 않았다고 생각했다. 하지만 돌이켜보니 나도 모르게 그에게 영향을 받은 점이 적지 않음을 깨닫게 되었다.

줄 끊어진 풍선처럼

본래 종교학은 타他 문화의 타 종교에 대한 관심에서 출발했다고 볼 수 있다. 직접 가서 현장 조사하는 것과 문헌을 통해 타 종교를 파악하는 두 가지 방법 가운데 종교학은 역사적으로 문헌학적 방법에 강하게 영향을 받았다. 종교학과 인류학 전통의 시작이 다른 것은 바로 이 점에서라고 할 수 있다. 인류학이 이국땅에서 원시 부족민을 직접 만나 '그들'의 문화를 이해하고자 한 반면, 종교학은 책상에 앉아 옛 문헌을 읽으면서 '그들'의 종교를 알고자 하는 것으로 출발한 것이다. 예컨대 불교를 연구하려면 불교에 관한 역사적 문헌을 읽을 수 있어야 하며, 팔리어와 산스크리트어, 그리고 한문을 아는 것이 필수적이기 때문에 해당되는 언어를 공부하는 것이 무엇보다도 요구되었다.

예나 지금이나 언어를 배우는 것은 오랜 기간을 필요로 한다. 비슷한 어족語族에 속하는 여러 개의 사어死語를 배우는 것이 산스크리트어와 한문처럼 전혀 성격을 달리하는 언어를 배우는 것에 비해 용이하기는 하겠지만 말이다. 낯선 옛 문자 읽는 법을 배워 문헌을 해독해나가는 작업은 매우 더디고 힘들게 진행되기 마련이어서 다른 영역의 공부를 두루두루 섭렵하기가 쉽지 않다. 그리고 그렇게 외곬으로 보는 문헌은 대부분 특정의 종교 전통에 국한되는 것이어서, 종교학은 종종 특정한 종교 전통의 주요 문헌을 해석하는 공부라고 간주되었다.

하지만 처음에 성립될 때부터 종교학은 비교종교학이라고 일컬어질 만큼, "하나만 알면 아무것도 모르는" 것으로 간주되기도 했다. 그래서 같은 종교 전통 안에서 다른 지역, 다른 시대, 다른 주제 사이에 또는 다른 종교 전통과의 비교가 핵심적인 작업으로 여겨졌다. 그러나 이런 비교 작업을 제대로 수행하기 위해서는 두 가지 이상의 역사적 맥락을 살피고, 그에 관련된 주요 문헌을 면밀하게 검토하는 것이 필수적이다. 이런 공부는 한 사상가의 저술이나 특정 종교의 경전을 연구하는 것에 비해 훨씬 어려운 일이다.

대부분의 비교작업이 이런 점을 극복하지 못하고 '뻔한' 동어반복에 지나지 않거나 피상적이기 십상이었다. 그동안의 비교 종교 연구가 이 수준을 넘어서지 못했기 때문에 하나의 종교 전통에 국한하여 문헌 주석을 업으로 해온 이들에게 여러 가지 공격을 당하게 되었다. 그 가운데 주요한 것은 비교 종교의 작업이 학문적 엄밀성의 기준에서 너무나 형편이 없다는 것이다. 그런데 하나의 종교 전통만 문헌적으로 파고들면 이런 비난을 피하기 쉬웠다. 좁고 깊게 공부하는 것이 학자의 올바른 자세라고 널리 인정받고 있었기 때문이다. 이런 까닭에 특히 한국에서 종교학은 하나의 종교 전통에서 핵심적으로 인정받는 문헌을 주석하는 작업이라고 여겨졌다. 하지만 엘리아데의 작업은 이런 훈고학적 방향에 대해 이의를 제기할 수 있는 최소한의 발판을 마련해주었고, 알게 모르게 나도 그 영향을 받았다.

엘리아데는 나에게 특정 종교 전통의 문헌을 읽는 것이 공부의 전부가 아니라는 것을 확인해주었을 뿐만 아니라, 현대문화를 비평하는 작업에도 관심을 갖도록 하였다. 당시에는 학자가 당대의 문제를 건드려서는 안 된다는 관점이 널리 퍼져 있었다. 거기에서 많은 사람들이 저널리즘과 구분되는 아카데미즘의 특징을 찾았던 것이다. 특히 인문학을 한다는 이들의 상당수가 그런 식으로 생각했다. 현대사나 현대사상에 관한 연구를 하면 흔히 한 등급 낮은 수준에 있다고 여겼다. 이런 상황에서 엘리아데가 영화를 현대의 꿈 공장으로 보며 분석하고, 책 읽기도 종교 의례의 일종이라는 식의 해석을 하며 현대 문화비평을 전개하는 것이 신선하게 비쳐졌다. 엘리아데는 종교적 인간을 소외시키고 있는 여러 가지 현대 문화를 비판하는 한편, 이른바 세속화된 서구 사회 안에 남아 있는 성스러움의 흔적을 찾기 위해 노력하였다. 그리고 그가 주장하는 "새로운 휴머니즘"은 문화비평 작업의 사명감을 불러일으키기도 하였다.

하지만 나는 우주적 규모로 펼쳐지는 엘리아데의 작업보다 구체적이고 역사적인 문화 분석이 필요했다. 그래야만 내가 지금 여기에서 공부하는 이유를 좀더 절실하게 느낄 수 있다고 보았다. 나는 그로부터 얻은 것이 있었으나, 그에게 전폭적인 동의를 할 수 없었다. 또한 점차 나는 당시 유행하던 마르크스주의가 종교 현상의 분석에 한계를 가지고 있다고 생각하게 되었다. 물론 종교가 이데올로기이고, 허위의식의 산물이라는 주장은 그런 종교가 주위에 가득 널려 있었기 때문에 쉽게 이해할 수 있었다. 하지만 그런 주장을 따라가 보면, 결국 "그런데 왜 없어지지 않고 남아 있지?"라는 하나의 질문만이 남게 되었다. 거기에는 사라져야 할 당위와 그럼에도 남아 있는 것에 대한 설명만이 강조될 뿐이었다.

나의 공부는 종교학의 문헌학적 전통에 서 있지 않았고, 엘리아데에게도 쏠리지 못했다. 정열과 냉정함의 매력적인 결합으로 한동안 나를 사로잡던 마르크스주의에도 빈틈이 보이기 시작하면서 나는 끈 끊어진 풍선처럼 제멋대로 흔들거렸다.

불나비의 시절

마르크스주의는 1970년대 중반 이후 독재정권과 싸우기 위해 학생들이 어쩔 수 없이 들었던 무기였다. 빈주먹에 붙잡을 수 있는 것은 그것밖에 없었다. 60년대에는 민주와 자유의 구호가 휘날렸으나, 그 구호의 허구성이 분명하게 드러나자, 보다 체계적으로 저항할 수 있도록 방향을 제시해줄 수 있는 기반이 필요했다. 마르크스주의는 그래서 다시 부활했다. 그것은 반공주의를 국시國是로 삼던 체제에서는 작용과 반작용의 법칙처럼 필연적으로 나타날 수밖에 없는 현상이었다.

당시 독재정권이 마르크스주의에 대해 취한 태도는 무조건적인 거부와 배제였다. 마르크스와 비슷한 발음 때문에 막스 베버의 책도 수입 금지되었다는 이야기가 떠돌았지만, 우스개로 듣는 사람은 없었다. 마르크스의 책을 읽는 것은 곧 감옥에 가는 것을 의미했을 뿐만 아니라, 그 책과 관련하여 여러 사람에게 심한 고초가 가해지게 됨을 뜻했다. 하지만 마르크스주의에 대한 탄압이 거세지는 만큼, 그에 대해 사람들의 호기심이 커지는 것은 당연했다. 내가 일본어를 배운 것은 마르크스주의 책을 읽기 위한 것이었다. 난곡의 야학당에서 15일 동안 일어를 배우고 속성으로 변증법에 관한 책을 읽었다. 한참이나 걸어 들어가던 추운 빙판길과 전기가 안 들어와서 어두웠던 당시 난곡 달동네의 을씨년스러운 모습이 아직도 생생하게 떠오른다.

마르크스와 레닌, 그리고 마오쩌둥의 저술을 읽고 토론하는 모임은 비밀결사처럼 움직였다. 언제나 미행자의 여부를 세심하게 파악해야 했고, 이런 책을 소지하면 확실하게 반체제 분자로 낙인찍힌다는 점도 염두에 두어야 했다. 세계 역사의 거대한 방향을 파악하고, 그 안에서 지금 해야 할 구체적인 작업의 가닥을 잡아내는 것은 충만한 의미가 느껴지는 일이었다. 나는 역사적 조건의 산물이고 그 영향권 안에서 움직이지만, 그런 내가 역사를 새롭게 만들어나갈 수 있다는 주장은 하나의 계시와도 같이 다가왔다. 혹시 내가 그 과정에서 '적'들에게 짓이겨진다 해도 흔쾌히 받아들일 수 있었다. 축제장에 흩어져 있던 여학생의 구두가 잊히지 않고 종종 떠올라서 내가 치러야 할 희생도 감내하게 만들었다. 그때 내가 자주 불렀던 노래는 '불나비'였다. 올바른 제목은 '불나방'일 테지만 상관이 없었다. 자기 몸이 불살라지는 것도 아랑곳하지 않고 불 속에 몸을 던지는 것은 인간이 곤충에게 배워야 할 미덕이었다. 사랑할 때와 죽을 때가 일치하는 불나방이 부러웠다. 삶의 절정이 끝난 후에도 한참이나 살아야 하는 인생이 뭔가 모자란 듯이 여겨졌다.

하지만 청춘의 열정과 더불어 있던 마르크스주의도 지적인 측면에서는 나의 허기를 채워주지 못했다. 아마도 나이를 먹어가면서 불나방 같은 삶 대신 불로장생하고 싶은 욕심이 생기기도 했고, 고질적인 대학원 공부의 이론주의에 빠져 있었기 때문인지도 모른다. 마르크스주의에 대한 비판의 명분은 문화 특히 종교 현상을 제대로 파악하지 못한다는 것이었다. 어쨌든 나는 다른 식의 관점이 필요했다. 그때 내 앞에 등장한 것이 에이즈로 죽은 빡빡머리의 미셸 푸코였다.

빡빡머리 푸코의 매력

내가 미셸 푸코에 관심을 보인 이유는 그가 새로운 공부법을 제시했다고 여겼기 때문이다. 그는 어떤 주장의 진리성도 그대로 받아들이지 않고, 그

집요한 진리 주장의 역사적인 조건을 탐구한다. 그러나 그의 이런 탐색은 책상머리의 상대주의에 빠지지 않고, 길거리의 투쟁과 함께 행해진다. 푸코는 마르크스주의를 비롯한 근대적 공부법의 역사적 전제를 검토하며, 그 한계를 넘어서려고 한다. 그의 문제제기는 단지 공부의 내용을 바꾸는 데 그치지 않고, 여태까지 건드리지 않고 당연하게 여겨왔던 공부의 틀 자체를 다시 묻게 한다. 그가 결코 하고 싶어하지 않은 것은, 반대하고 저항하면서 오히려 그 체제를 더욱 탄력성 있게 만드는 짓이다. 그의 타격 목표는 바로 우리를 둘러싸고 있으면서도 우리가 의식의 표면에 떠올리지 못하는 인식의 틀 자체이다. 우리가 생각하고, 행동할 수 있는 한계에 이를 때까지 자신을 밀고 나가는 것, 그러면서도 허무나 방종에 함몰되지 않는 자신의 윤리를 구축構築하는 것이 그의 관심사이다.

그가 진정으로 추구한 것은 다르게 생각하고, 다르게 살아가는 자유로움이었다. 하지만 주인과 노예의 변증법처럼, 나의 자유로움이 타자他者의 예속이어서는 올바른 자유로움이 될 수 없는 것이다. 내가 보기에 그는 자신의 관점을 결코 절대화하지 않는다. 그리고 그를 제대로 읽으면, 그를 읽는 우리가 그를 무조건 수용해서는 안 된다는 것을 깨닫는다. 나는 자신을 교조화하지 않고 읽는 이에게 자유의 공간을 마련해주는 그의 자세가 좋았다. 그가 고대 그리스의 사례를 집중적으로 연구하는 모습도 이해가 되었다. 그가 유럽의 역사적 전통에 영향을 받은 것은 어쩔 수 없지 않은가. 유럽 문화의 역사적 기원을 이룬다고 할 만큼 핵심적인 부분으로 인정받으면서도 근본적으로 이질적인 모습을 한 고대 그리스 문화는 푸코에게 지금의 서구인을 새롭게 비쳐볼 수 있는 거울로서 여겨졌을 것임이 분명하다. 고대 그리스는 현재 서구의 관점에서 볼 때, 의외로 그 경계에 위치하는 낯선 타자이기 때문이다.

내가 푸코의 공부법에 매혹을 느꼈다고 해서 그가 관심을 기울인 고대 그리스를 공부한다는 건 우스운 일이었다. 아마도 그렇게 한다면 그것은 그에 대한 배반이 될 것 같았다. 그래서 나는 푸코의 그리스에 해당하는 것은 나에게 무엇일까를 생각했다. 지금의 나에게, 우리에게 과연 푸코의 그리스와 같은 타자는 무엇일까? 나는 현재에서 시작하여 거슬러 내려가며 지금 우리가 낯익게 생각하는 것과 전혀 낯설게 여기는 것 사이를 가르는 역사적 단층이 무엇인지 찾으려고 애썼다. 그 결과는 바로 19세기 말과 20세기 초의 역사적 시기였다. 나는 우리의 현재가 기본적으로 그 바탕을 마련한 곳이 바로 이 시기라고 생각했고, 이 시기를 경계로 하여 우리와 우리의 타자가 서 있다고 보았다.

두 가지 관심: 개념과 몸의 습관

지금까지 나는 이른바 근대라고 구분된 시기와 그런 시기 구분 자체에 관심을 기울여왔다. 나는 학문의 통상적인 영역 분할이나 방법론의 '텃세'를 인정하는 '미덕'에는 전혀 존경심이 없다. 물론 나는 학계의 아웃사이더로서 그런 '무례함'의 대가를 충분히 치르고 있다. 나는 그저 근대의 시기에 해당하는 주요 주제라면 모두 흥미를 느끼고 있으며, 특히 한국의 근대에 초점을 두고 있다. 한국에 관심을 기울이는 이유는 간단하다. 한국이라는 민족국가 안에 살면서 그 영향을 직접적으로 받고 있기 때문이다.

내가 한국 근대성에 관한 공부의 중요성을 인식하고 처음 쓴 논문은 1990년에 나온 「19세기 말 20세기 초 한중일 삼국의 정교분리 담론」[1]이다. 아직도 미완성인 이 논문은 근대성의 주요한 특징 중 하나인 정교분리政教

分離의 원칙을 다룬 것으로, 동아시아 지역에 이전에는 찾아볼 수 없던 정치와 종교의 분리라는 이념이 어째서 기본 원칙으로 자리잡고 제도화되었는지 검토한다. 한국의 경우에 국한하지 않고, 중국과 일본도 살펴본 것은 한국 근대성의 성격을 제대로 파악하기 위해서 중국, 일본으로 대표되는 동아시아의 경우를 비교의 대상으로 연구해야 한다는 생각 때문이었다. 여기에 서구에서 정교분리의 원칙이 성립하게 된 배경, 그리고 19세기 말에 동아시아 지역에 그것이 당위의 원칙으로 등장하게 된 맥락, 그 원칙의 수용으로 말미암아 생겨난 정치적, 문화적 효과가 언급되어 있다. 내가 이 논문을 간행하기 전에 세미나에서 초고를 발표한 적이 있는데, 거기에 참석한 상당수의 사람들이 이 논문에 실망을 나타냈다. 그들이 기대했던 것은 정교분리에 관한 구체적인 내용이었지만, 나는 정교분리라는 담론 자체의 등장과 확산에 관해 말했기 때문이다. 당시에는 담론 자체의 문제를 다루는 논의를 낯설어하는 사람이 많았다. 기존의 물음과는 다른 차원의 문제제기를 쉽게 이해하려고 들지 않았던 것이다.

이런 분위기 때문에 박사학위 논문을 쓸 때도 어려움을 겪었다. 대부분의 논문 심사위원들은 기존의 논문과 다른 차원의 문제를 제기하고 있는 내 논문에 호의적이지 않았으며, 심지어 짜증을 내기도 했다. 더구나 논문 내용 가운데 심사위원의 논문을 비판한 부분이 문제가 되어, 네 차례 발표하고도 통과되지 못하는 좌절을 맛보기도 했다. 아마도 지도교수의 지속적인 위로와 격려가 없었다면, 공부 판에 남지 않고 다른 행로를 택할 수도 있던 상황이었다.

박사학위 논문의 주제는 종교 개념이 한국에서 어떻게 형성되었냐에

---

1 「19세기 말 20세기 초 한중일 삼국의 정교분리 담론」, 『역사와 현실』 제4호, 역사비평사, 1990.

관한 것이다. 철학, 예술, 문화, 사회, 정치, 과학, 역사, 문학의 개념과 마찬가지로 종교라는 개념도 근대성의 산물이다. 우리가 이런 근대적 개념을 가지고 우리의 삶을 정리해오기 시작한 것은 그리 오래되지 않는다. 하지만 백년 남짓의 짧은 기간 동안 이미 몸에 익어 마치 아주 오랜 옛날부터 그런 틀을 지녀온 듯 생각한다. 그래서 그 틀로 과거도 정리하고, 미래도 살피려고 한다. 이런 태도는 우리 삶의 의미를 그렇게 정리해온 지 상당 기간이 경과하였으므로 어쩔 수 없는 일이기도 하다. 그러나 때로 고개를 돌려 우리의 사고 습관 자체를 묻는 것이 필요하다. 생각의 습관을 살피려는 노력은 문제의 핵심으로 이끌 수 있기 때문이다. 나는 종교 개념을 하나의 사례로 하여 근대성이 마련해놓은 우리의 사고 습관에 의문을 제기해보려고 하였다.

정교분리 담론을 검토했을 때처럼, 이런 개념 형성의 문제를 연구하는 것도 동아시아 전체의 맥락에서 이루어지는 것이 필수적이다. 내가 보기에 동아시아의 개념사 연구에서 종교 개념에 관한 연구가 지니는 의미는 다음과 같다. 첫째, 동아시아에서 종교 개념은 사회, 역사, 예술, 정치, 문화 등과 같이 인간의 사고 및 행위 분야에서 기본적인 부분을 이루고 있다고 여겨지기 때문에 생략할 수 없다. 둘째, 동아시아의 근대적 인식체계에서 종교는 세속세계의 전체와 서로 대응되는 위치에 있다고 간주되므로, 종교 영역에 대한 검토는 세속 영역을 파악하는 데 필수적이다. 동아시아 근대적 지식의 골격은 서구에서처럼 이른바 종교—세속의 구분 아래 세워져 있다고 보아야 하지만, 동아시아와 서구의 역사적 맥락은 서로 다르기 때문에 그 특징을 살리는 것이 중요하다. 한국 종교 개념의 성격과 역사적 맥락의 특성을 살피는 것은 동아시아 전체의 근대적 사고방식의 성격을 파악하는 데 중요한 통로를 제공해줄 수 있다.

이처럼 '종교적'이라는 범주와 '세속적'이라는 범주는 서로 의존적이다. 두 영역은 모두 자신의 정체성을 서로에 의지한다. 종교와 과학의 대립, 종교와 정치의 분리 등은 모두 '세속 대對 종교'의 상호연관성 틀에서 나타난 것이다. 이런 관계는 서구에서 만들어진 것이지만, 우리나라와 같은 비非서구 지역에도 적용되어 우리 스스로를 비춰보는 중요한 거울로서 작용하고 있다.

생각의 버릇을 만들어내는 기본 개념이 생산, 유통, 소비되면서 드러나는 문제뿐만 아니라, 특정 방향으로 우리를 저절로 이끄는 몸의 습관을 연구하는 것도 결코 소홀히 할 수 없는 분야이다. 내가 처음 이 주제에 대해 쓴 논문은 단발령에 관한 것[2]으로 상투를 자르는 것이 우리에게 어떤 의미로 다가왔느냐를 살펴본 것이다. 이후에도 나는 1920~30년대에 수염 깎기가 문화적으로 준 효과를 다룬 논문[3]을 썼다. 머리 깎기와 수염 깎기에 대한 논문을 발표하고 나서 집안이 이발사와 관계있냐는 농담을 종종 들었다. 하지만 수염과 머리털에 대한 관심은 개인적으로뿐만 아니라, 사회적으로도 각별할 수밖에 없다. 얼굴은 조그만 차이도 금방 파악이 되는 부위이므로 수염과 머리털을 다루는 사회적 방식이 변화하면 그 효과는 지대할 수밖에 없고, 곧바로 집단적인 정체성 문제와 밀접하게 연관된다.

생각의 버릇과 몸의 습관은 의식적인 노력 없이 저절로 움직인다. 그만큼 자연스럽고 편하게 진행된다. 이런 당연함의 영역이 바로 헤게모니가 작동하는 곳이며 "물음을 제기할 필요가 없는" 영역이다. 우리의 "상식"을 곰곰이 다시 검토하는 것, 우리도 모르게 진행되면서 우리에게 커다란 영향력을 행사하는 것에 질문하는 것, 사소함의 표면 아래 정작 중요한 일이

---

2 "The Politics of Haircutting in Modern Korea: A Symbol of Modernity and the 'Righteous Army Movement' (1894~1895)", *Review of Korean Studies*, Vol. 1, September, 1998.

3 「수염 깎기와 남성성의 혼동」, 『역사비평』 제59호, 2002년 여름호.

벌어지는 곳을 살피는 것, 이런 일이 바로 공부의 시작이다.

하면서 즐겁다

공부라는 것은 인간이 살아가는 방식에 대한 지속적인 관심이라고 말할 수 있다. 인간은 자신의 삶을 어떻게든 정돈하면서 살고자 노력하며, 여기에서 의미의 세계가 만들어진다. 공부는 인간 삶의 그런 의미방식을 검토하면서 삶을 정돈하려는 또 다른 의미추구의 방식이다. 자신이 살아갈 거처를 마련하려는 의미세계의 형성은 항상 특정 역사적, 문화적 상황 속에서 이루어진다. 우리는 이전 세대로부터 물려받은 언어, 역사적 전통, 그리고 누적된 삶의 기억을 지니고, 우리의 삶의 방식을 만들어간다. 하지만 이런 의미세계는 유일하거나 고정되어 있는 일이 없다. 언제나 잘 들어맞지 않아 삐거덕거리며, 수시로 모양을 바꾼다. 그래서 우리가 의미를 부여하고 살아가는 방식에 대한 끊임없는 해석과 점검의 과정이 요청된다. 복합적인 삶의 상황 가운데에서 의미를 직조해가는 우리의 전통과 기억, 그리고 우리의 언어사용법에 대해 계속 질문을 던져야 한다. 또한 그런 질문의 자세와 내려진 판단, 평가에 대해서도 다시 비판하는 태도가 요구된다. 그래야 이 세상의 복합성에 대한 겸손한 인식이 나오게 되며, 희망을 잃지 않고 의미의 거미줄을 짜내는 인간에 대해 어느 정도 공정한 판단이 제시될 수 있기 때문이다.

공부는 이런 겸손의 인식과 판단의 책임성을 함양하기 위해 마련된 것이다. "제대로 된" 공부의 길은 고된 훈련을 요하기에 결코 쉬운 길이 아니다. 그러나 공부하는 사람은 그 과정 자체에서 보상을 받을 수 있다. 우리는 인간의 다양한 의미창조 능력에 경탄하고, 삶에 촘촘히 희망을 박는 무수한 인간의 열정에 감동받으면서 우리의 삶의 의미를 건져 올릴 수 있기 때문이다. 나도 이런 기대를 가지고 공부를 한다. 아직은 그 기대치에 많이 미치지 못하지만, 뭐 어떤가? 중요한 것은 뚜벅뚜벅 공부해나가면서 즐거움을 느끼는 일이다.

나의 근대: 연관된 아이러니의 세계

윤해동

윤해동

1983년 대학을 졸업하고 '군역'을 마친 후, 역사문제연구소에서 간사·사무국장 등으로 일하다 대학원에 들어가 학위과정을 밟기 시작했다. 제도권에 적을 두고 공부해야겠다는 생심을 내게 된 것은, 1980년대 운동권의 '억압성'과 제도권의 '편협함'을 어느 정도 견딜 수 있는 분위기가 '87운동' 이후 마련되었다고 보았기 때문이다. 그리하여 공부의 일차적인 과제는 자연스럽게 그 억압성과 편협함을 넘어서는 것이 되었다. 그럼에도 갈 길은 너무 멀었다. 그 여정에서 가장 먼저 마주친 벽은 나의 무지와 단견과 천박함이었던 바, 이를 발견하고 경악하지 않을 수 없었다.

국가·민족이 나의 '인문학' 공부에서 가장 중요한 연구 대상이 아니어야 한다는 당위로부터 나의 학문 여정은 한 고비 전환을 감행하였다. 지역과 일상으로부터 동아시아와 지구로 이어지는 사회적 삶의 궤적이 나의 관심사가 되었다고 솔직히 토로하는 것이 '학문적'이지 않은 언설인 줄 알지만, 이 또한 어쩔 수 없는 일이다. 근대적 삶과 사유를 넘어설 수 있으면 좋겠다.

실험과 도전으로서의 글쓰기

'한국적 근대의 기원을 계보학적으로 탐색'하는 작업의 일환으로 "'지금' '우리'를 구성하고 있는 한국적 근대의 형성 과정"을 연구하는 연구자들의 '자전적 에세이'를 집필해달라는 것이 이 글에 대한 편집자의 대체적인 요구사항이었다. 이러한 집필 의뢰를 받고서 내심 '거리낌'과 '호기심'이 착종하였지만 일단 응낙하기로 마음먹었다. 거리낌은 '자전적 에세이'라는 글의 형식과 아울러 '한국적 근대'라는 글의 내용 때문이었다.

우선 자전적 에세이라는 형식에 관해 간단히 언급해보자. '자전적 에세이'는 "'한국'에서 '근대역사학'을 '전공'"하는 사람에게는 두 가지 '금기'를 깨지 않으면 접근하기 어려운 서술 형식인 듯하다. 사료 비판과 엄밀한 인과관계에 기초해서 연구 대상으로 삼은 시대상을 법칙적으로 구성할 수 있다는 '믿음'에 근거한 글 '만'을 써야 한다는 것이 첫번째 금기라면, 두번째는 사학계의 원로가 아닌 사람에게 자전이라는 형식은 허용되지 않을 것이라는 믿음과 관련된다. 이것은 어쩌면 '이제'는 외부에서 가해지는 금기 또는 강제라기보다는 '내면의 금기'에 지나지 않을지도 모른다. 하지만, 그런 글을 쓰는 일이 내게는 아직도 일정한 용기를 필요로 함은 틀림없다. 요컨대 개인적 역정과 생활감정을 바탕으로 '마음이 가는 대로' 구성하는 '자전적 에세이'가 사료에 기반한 엄밀한 글을 써야 할 역사 연구자에게는 어울리지 않을 뿐 아니라 허용되어서도 안 된다는 것이다.

다음으로 '한국적 근대'라는 주제의식이 던지는 거리낌은 무엇 때문인가? 최근 역사 인식을 둘러싸고 주변국과 외교적 마찰이 잦아지면서, 특히 식민지배의 경험, 나아가 한국 근대의 경험을 어떻게 인식해야 하는가에 대한 관심이 부쩍 커지고 있다. 한편 식민지 인식에 관한 '고전적' 이론인 '수탈론'과 이를 비판하면서 등장한 '식민지 근대화론' 사이의 논쟁이 의미 있는 진전을 보여주지 못하는 이유를 '근대 비판의 부재'에서 찾아야 한다는 지적도 있어왔다. 논쟁의 정돈停頓 상태를 돌파하는 계기로 '식민지 근대'라는 개념에 주목하는 것은 이런 이유 때문일 것이다. 요컨대 학계 내부적으로든 외부적으로든 '한국의 근대를 어떻게 볼 것인가' 하는 점이 초미의 현실적 과제가 되어 있다. 이처럼 '근대'라는 문제를 석명釋明하는 일이 중요함에도 불구하고, '한국적 근대'가 특수한 형태로 존재할 수 있을지에 대한 의문은 지우기 어렵다. 근대란 원래 일국적인 현상이 아니었다. 한국의 근대도 세계 자본주의와의 접촉이나 일본에 의한 식민화 현상을 제쳐두고 이해할 수 없다. 그리하여 내게는 대상화할 수 있는 '한국적' 근대가 애초에 존재하지 않는다.

나는 한국적 근대가 아닌 '한국에서의 근대'라고 굳이 구분해서 보고자 한다. 이에 대해서 조금 더 부연하겠다. 한국에서도 근대 학문 나아가 근대적 지知의 체계가 위기에 처해 있다는 지적은 일찍부터 있어왔다. 크게 보면 인문학의 위기를 운운하거나, 학제적 연구의 필요성을 강조하는 것 역시 이런 위기의식에 입각한 것이라고 볼 수도 있다. 18세기 이래 서구에서 형성된 근대적 지의 체계 또는 학문의 체계는 주로 제국주의 일본을 통해 한국으로 수입되었다. 그렇다면 근대적 지의 체계가 위기에 봉착했다는 말은 무엇을 뜻하는가? 단적으로 말하면 근대(적 현상)를 서구에서 형성·

발전되어온 근대적 개념으로는 더 이상 설명할 수 없게 되었음을 말하는 것이다. 예를 들어 국가-사회-개인이라는 위계로 이루어진 개념적 틀로는 더 이상 근대를 설명할 수 없게 된 딜레마를 지적하는 것이다. 인터넷으로 연결된 가상세계에서는 근대적 시공간이 더 이상 발붙일 수 없다. 하물며 국가로부터 분리된 사회라는 근대적 틀은 이 엄청난 교류가 이루어지고 있는 지구화시대에는 이제 한낱 가공의 틀에 지나지 않는다. 세계는 변화했지만 새로운 인식틀은 아직 만들어지지 않았다. 근대를 이루는 '과거' 조차 근대적 개념을 해체 재구성하지 않으면 더 이상 설명할 수 없게 된 딜레마를 어떻게 극복할 것인가? 나는 근대 또는 근대적 지知(역사학을 포함한)가 봉착한 이런 딜레마를 드러내기 위하여 '한국적 근대'가 아니라 굳이 '한국에서의 근대' 곧 '식민지 근대'라는 개념을 사용하고자 한다. 다시 말해두지만, 한국적 근대라는 문제의식은 성립하지 않기 때문이다. 근대란 원래 세계체제를 전제로 한 것으므로.

그렇다면 '한국적 근대'에 대해 '자전적 에세이'라는 형식으로 글을 쓰게 한 호기심은 어떤 것이었을까? 기존의 역사서술 형식에 얽매여 있던 '내면의 금기'를 파괴하고서, '한국적 근대'가 아닌 한국에서의 '근대'를 자유로운 형식으로 기술해보고자 하는 마음이었을 테다. 이처럼 '한국적 근대'에 관한 '자전적 에세이'를 쓴다는 행위는 내게 거리낌과 호기심을 동반한 것이었지만, 다소 상반된 두 감정이 어쩌면 동전의 양면을 이루고 있었을지도 모르겠다. 금단의 열매는 언제나 달콤한 법인가? 특히 근대를 산다는 것, 근대를 사유한다는 것 역시 이런 상반된 요소들로 구성되어 있는지도 모른다. 그리하여 '지금'의 '나'에게 근대는 일종의 아이러니로 다가서는 것이리라. 그러하므로 '나에게 근대'를 기술하는 일은 하나의 실험이자 중대한 도전이기도 하다.

'콰이강의 다리'와 리콴유李光耀: 식민지를 보는 두 개의 시각

태국의 수도 방콕에서 자동차로 약 2시간 거리인 칸차나부리는 흘러간 명화인 〈콰이강의 다리〉로 유명한 곳입니다. 제2차 세계대전 당시 일본군이 이 지역을 점령하고 연합국 포로수용소를 만들어 버마(미얀마)로 들어가는 철교를 세운 것이죠. 이곳에는 당시 희생된 연합군들의 묘지가 단장되어 있으며 당시의 참전 당사국 이름을 딴 JEATH 전쟁박물관이 있습니다. JEATH는 바로 일본Japan, 영국England, 호주Australia, 태국Thailand, 그리고 네덜란드Holland를 의미합니다. …… 그리고 콰이강의 다리 바로 옆에는 또 하나의 제2차 세계대전박물관이 있으며 앞마당에는 녹슬고 낡은 기관차 하나가 전시되어 있습니다. 그런데 그 기관차에는 전쟁 관련 국가들의 국기들이 걸려 있는데 의외로 태극기를 볼 수 있어 놀랐습니다.[1]

내가 처음 본 한국 사람들은 일본 군복을 입고 있었다. 그 때문인지 한국인에 대한 나의 첫인상은 그렇게 좋은 편은 아니었다. 그 한국인들은 일본군이 싱가포르를 점령할 당시 이끌고 온 두 외인부대 중 하나였으며, 다른 외인부대는 타이완인들로 구성됐었다. 일본군을 돕고 있던 한국인들은 몹시 거칠게 행동했고, 일본 군인들만큼이나 고압적인 태도를 보였다. 타이완인 부대의 병사들은 싱가포르인들 사이에 통용되는 주요 중국 방언인 푸젠어福建語의 통역 인력으로 활용되었다.[2]

---

1 김동주, 「콰이강의 다리에서 본 태극기」, 『조선일보』, 2005. 5. 31.
2 리콴유, 『리콴유 자서전 – 내가 걸어온 일류국가의 길』, 문학사상사, 2001, 672쪽.

이 두 개의 삽화는 제국주의 일본의 지배를 받던 식민지 조선이 일본 제국의 밖에 있던 외부인에게 어떻게 비쳐졌던가를 잘 보여준다. 나는 일본 제국주의 침략으로부터 고통을 겪었던 동남아시아 지역 주민들이 한국에 대해 어떤 태도를 취하고 있을지 어렴풋이나마 이해하고 있다고 생각했다. 하지만 두 글을 최근에 접하고 그런 나의 주관적인 이해가 얼마나 근거 없고 현실성이 약한 것인지 확인하게 되었다.

한 지방도시의 중학교에 재학하던 시절, 중간고사와 기말고사가 끝날 때마다 이른바 '문화교실'이라는 이름으로 시내의 극장에서 영화를 볼 기회가 제공되곤 했다. 할인된 가격으로 영화를 관람할 수 있는 문화교실은 도시 변두리 지역에 살던 학생들에게는 '고급문화'를 경험할 수 있는 아주 소중한 기회였고, 나는 될 수 있으면 그 기회를 놓치지 않으려고 애썼다. 중학생 시절 보았던 장쾌한 할리우드 전쟁영화 〈콰이강의 다리〉를 경쾌한 주제음악과 아울러 나는 아직도 또렷이 기억하고 있다. 영화에 대한 기억이 선명한 것으로 짐작건대, 중학교를 졸업한 뒤에도 TV '명화극장'을 통해서 그 영화를 한두 번 더 보았던 듯싶다. 여기에서 할리우드 전쟁영화의 오리엔탈리즘에 대해서 새삼스럽게 거론할 생각은 없다. 하지만 현실의 콰이강의 다리에 대한 위의 르포 기사는 또 다른 의미에서 우리에게 충격을 던진다. 한국은 제2차 세계대전 당시 버마전투의 당사자로 '지금까지도' 간주되고 있는 것이다. 이것을 단순히 태국인들의 착각이라고 가벼이 보아 넘길 일은 아니다.

한국 근대사를 전공한답시고 공부를 시작한 이래, 어쩌면 처음부터 관심을 가지고 주의를 기울였던 영역 중 하나가 식민지배 말기 총동원체제하의 조선인 강제동원 문제가 아니었나 싶다. 1980년대 후반 우연한 기회에 한 월간 잡지의 청탁으로 조선인 강제동원에 대한 글을 준비하면서, 강제

동원 문제에 대한 한국 사회의 무관심에 놀랐고 다음으로 학계의 무책임에 경악했던 기억이 생생하다. 백만 명 이상, 아니 어쩌면 수백만 명이 강제로 전쟁에 동원되었고 그 동원의 상처를 가진 많은 사람들이 살아 있었음에도 불구하고, 한국 사회와 학계는 정말이지 이 문제에 대해서 너무 무관심하고 무능력해 보였다. 군위안부 문제가 사회적 의제로 부상하기 훨씬 전의 일이었으니 그 무관심의 정도를 짐작할 수 있으리라. 하지만 공부를 더 해 나갈수록 조선인 강제동원 문제가 그리 간단한 것만은 아니라는 점을 알게 되었다. 영화 〈콰이강의 다리〉에서 연합군 포로를 교량 공사에 동원하고 학대하던 일본군 포로감시병 속에 조선인이 섞여 있었던 점을 보더라도 그러하다.

포로감시병이었던 조선인들은 도대체 어떤 사람들이었고, 그 후 그들은 어떻게 되었을까. 한국 근대사를 전공하면서도 왜 나는 그런 사실을 몰랐던가? 1937년 제국주의 일본이 중국 관내지역을 침략한 사건 곧 중일전쟁이 발발한 이후부터 동아시아에서 일본군이 만들어내는 전선은 계속해서 확대되었고, 전쟁에 소요되는 인력과 물자를 감당하기 위하여 식민지 조선에도 총동원정책이 시행되었다는 사실은 주지하는 바다. 일본은 '내선일체'內鮮一體라는 슬로건하에 조선인이 일본인과 전혀 차이가 없는 '황국신민'皇國臣民이 되었다고 하면서 조선인을 전쟁에 동원하고자 하였다. 그럼에도 불구하고 조선인을 군인으로 동원하고자 했을 때 일본인에게 다가선 감정은 거리낌과 두려움이었다. 1938년부터 시행된 '육군특별지원병제도'는 이런 두려움의 산물이자, 조선인 징병을 위한 시금석이었다. 1941년 일본이 미국과 교전을 개시하면서 태평양전쟁으로 확전되자, 1944년부터 1945년까지 2년 동안 조선인은 일본군으로 징병되었다.

지원병과 징병에 더하여 많은 조선인이 군속軍屬으로 동원되었다. 군속이란 민간인 신분으로 군대에 징집된 사람을 말하는데, 1941년부터 해군 군속으로 조선인을 징집하기 시작했다. 일본 해군에는 공병대가 없었기에 조선인 군속을 모집하여 시설부대로 활용했던 것이다. 그 후 일본 육군도 조선인을 군속으로 동원하였다. 조선인 해군 군속 수는 1944년 현재 3만 8,000여 명이었고, 이에 육군 군속을 합친 조선인 군속의 전체 수는 15만 5,000여 명에 달했다고 한다. 그런데 동원 구분별로 희생자 수가 가장 많았던 것은 해군 군속이었다. 전투 중에 사망하거나 공사 중에 사고로 사망한 사람들이 다수를 이루었지만, 연합군 포로감시병으로 근무하던 조선인 가운데 제2차 세계대전 이후 전범재판에서 처형된 사람도 희생자에 포함되어 있다. 연합군은 전쟁이 끝난 이후 동남아시아 각지에서 일본군 전범을 체포하여 재판에 회부하였는데, 그 가운데서 가장 가혹한 처벌을 받았던 사람들이 바로 포로수용소의 감시병들이었다. 일본군의 연합군 포로에 대한 학대는 공공연한 것이었고, 연합군은 여기에 분노했던 것이다. 조선인 군속들 가운데서도 A급 전범으로 처형을 당하거나, B급 전범으로 징역형을 살았던 사람들이 많았다. (육군 군속으로 관동군에서 근무하다가 소련군의 포로가 되어 시베리아로 끌려간 조선인의 수가 만여 명에 이른다는 설도 있지만, 여기에 대해서도 구체적으로 밝혀진 바는 별로 없는 것 같다.) 영화 〈콰이강의 다리〉에 등장하는 일본군 포로감시병 가운데 조선인이 포함되었던 것은 바로 이런 연유에서다. 그렇다면 태국인들이 제2차 세계대전 박물관에 태극기를 게양함으로써 아직도 한국을 전쟁당사자로 간주하고 있다는 사실을 어떻게 이해해야 하는가? 태국의 박물관에서 태극기를 끌어내린다고 해서 조선인들이 태국 침략전에 참여했던 사실이 없어지지는 않을 것이다.

한국전쟁의 휴전 교섭이 진행되고 있던 1951년, 미국이 주도하여 제2차 세계대전을 공식적으로 종결짓는 샌프란시스코 강화조약이 발효되었다. 이를 통하여 일본 정부는 일본에 거주하던 조선인들의 국적 선택의 자유를 전면적으로 박탈하였다. 한편 연합국의 통제에서 벗어난 일본 정부는 전쟁희생자를 위한 다양한 원호법을 제정하지만, 강제로 동원되어 일본 제국의 신민으로 편입되었던 조선인 군인 군속은 원호법의 대상에서 제외되었다. 하지만 B급 전범으로 처벌을 받은 조선인들은 일본 국적을 박탈당한 뒤에도 여전히 징역을 살아야 했고, 일본 정부의 원호법의 혜택도 받지 못했다. 일본군에 강제로 동원되어 근무했던 조선인이, 전범으로 연합군에게 처형되거나 처벌을 받고서도 일본인이 아니라는 이유로 일본 정부로부터 아무 지원을 받지 못한 채 일본에서 어려운 생활을 꾸려가야만 하는 기구한 인생의 유전을 어떻게 보아야 하는가? 〈콰이강의 다리〉를 보면서 연합군 포로를 학대하는 일본군 포로감시병에 대해 느꼈던 분노는 또한 어찌해야 하는가? 더욱이 한국 근대사를 전공하는 자가 포로감시병 속에 조선인이 포함되었던 사실조차 몰랐다면 연구자로서 갖는 책임감으로부터 어떻게 면책될 수 있는가? 한국 정부와 사회, 심지어 학계조차 이런 사람들에게 어떤 관심도 보여주지 않았다는 사실에서 위안을 얻을 수 있을까?

두번째 삽화는, 싱가포르 전 수상 리콴유의 자서전에서 1942년 일본군의 싱가포르 '함락' 이후 일본군에 소속된 조선인들에 대한 인상을 묘사한 부분이다. 리콴유뿐만이 아니라 대부분의 동남아시아 사람들은 조선인을 일본 군복을 입은 모습으로 처음 대했을지도 모른다. 그것도 고압적이고 난폭한 인상으로. 말라카 반도의 남단에 위치한 싱가포르는 '대영제국'의 동아시아 식민지배의 전초기지로서 중시되었다. 마찬가지로 '귀축미영' 鬼畜米英 곧 '악마와 같은 미국·영국' 제국주의 타도를 내건 일본의 동남아시아 침략전쟁에서도 싱가포르 함락은 기념비적인 것으로 간주되었다.

싱가포르 함락은 조선인들에게도 커다란 충격으로 받아들여졌다. 도저히 상대할 수 없을 것 같던 '대영제국'의 전초기지를 단번에 함락시킬 수 있는 힘을 제국주의 일본이 가진 것처럼 보였기 때문이다. 이런 측면에서 싱가포르 함락 이후 조선 지식인들이 일본 제국주의의 힘을 칭송하고, 전쟁을 찬양하며, 나아가 조선의 젊은이들에게 전쟁에 협력하라고 요구한 것을 전혀 이해하지 못할 바도 아니다. 강압적인 힘을 행사하는 상대방에게 압도될 때 그 힘에 굴복하는 것이 인간의 속성이기 때문이다. '대영제국'을 제압하는 '대일본제국'의 힘에 압도될 때, 조선의 피지배 식민지민들은 제국 속의 '이등국민'이 될 수 있는 가능성을 엿보았다. 리콴유가 증언하는 싱가포르에 있던 조선인들의 모습은 바로 이런 이등국민이 될 수 있는 가능성을 갖고 침략전에 나섰던 사람들이었을 테다. 그럼에도 그들 대부분은 강제로 동원되었지 자원하여 전쟁에 참여한 사람들이 아니었다.

요컨대 위의 두 삽화는 모두 '식민지'로서의 조선이 그냥 '식민지에만' 머물러 있지 않았다는 것을 잘 보여준다. 조선은 식민지기도 했지만, 제국 일본의 한 부분이기도 했다. 한국인들은 조선이 식민지였을 '뿐'이라고 생각하는 데 비해, 일본의 침략을 당했던 동남아시아의 제3자는 조선이 제국 일본의 한 부분이자 침략의 당사자라고 믿고 증오하고 있었다. 식민지 피지배민 조선인은 거칠고 고압적인 일본군의 행태를 그대로 되풀이하는 '새끼' 제국주의자로 타자에게 인식되고 있었다. 제국 일본 속에서 이등국민의 가능성을 엿보았던 조선인들은 제국주의자로서의 욕망을 가슴속에 감춘 '새끼' 제국주의자였다. 이미 이 시기에 조선인들은 '강제된' 한 손에 '피'를 묻히고 있었다. 강제로 침략전에 나갈 수밖에 없는 사람, 그리하여 한 손에 이미 피를 묻혀버린 사람이 바로 식민지하의 조선인들이었다. 자신의 의지와는 상관없이 다른 나라를 침략해야 하는 사람은 어떻게 해서든 자신의 내면에서 일어나는 의식의 분열현상을 극복하지 않으면 안 되었던 것이다. 그렇다! 식민지는 바로 식민지민에게 분열증을 강요하는 체제였다.

식민지 분열증과 식민지 근대

식민지 분열증은 동일화를 내세운 이데올로기 또는 정책에서 연유한다. 그리고 이는 식민지 근대의 기저를 이루는 틀이다. 분열증을 근간으로 하는 근대가 바로 식민지 근대다. 이제 식민지 분열증이 무엇인지, 나아가 그에 기반한 식민지 근대란 어떤 성격을 가졌는지 기술해보자.

일본 제국주의 식민지배정책의 핵심적 성격으로 간주되는 동화정책은 동일화 이데올로기를 기반으로 한 것이었다. 식민지 피지배민을 지배민족과 동일하게 만들어 최종적으로 영토를 제국 내부로 편입하겠다는 목표를 가진 것이 동화정책이었으므로, 이에 이르는 과정에서 강조되어야 할 것이 동일화 이데올로기라는 점은 수긍하기에 어렵지 않다. 동일화 이데올로기가 극단화되면 지배민족과 피지배민족이 완전히 같은 인종 또는 민족이라는 점을 강조하게 될 터인데, 그런 시점에 도달하면 동일화는 곧 어떤 차이도 부정함으로써 인종 또는 민족을 말살하고자 하는 이데올로기가 된다. 또한 이 시점이 되면 조금의 차이나 차별을 인정하는 구호도 모두 사라지게 된다. (물론 현실적 차별이 없어진다는 것은 아니다. 오히려 실감하는 차별은 더욱 심해졌을 것이다.) 사회적 배제나 물리적 말살이 아니라, 사회적 차이를 부정하고 완전히 동일함을 인정하라는 사회적 강요가 초래하는 억압적 측면이 곧 인종적·민족적 속성의 말살을 의미하는 점에서, 동일화 이데올로기는 인종·민족 말살의 이데올로기가 된다. 내선일체內鮮一體 또는 일선동조론日鮮同祖論의 구호가 가지는 억압성은 바로 극단의 동일화 이데올로기에서 출발한다. 하지만 이런 인종·민족 말살의 이데올로기가 나치의 유대인에 대한 이른바 '최종해결책'과 전혀 다른 방식으로 역할을 수행한다는 점에 주목할 필요가 있다.

민족 '말살'이라고 할 때 말살이 가지는 폭력성이 물질적 폭력을 동반하는 것이지만, '말 그대로' 야만적 폭력을 의미하는 것은 아니었다. 차라리 자원의 수탈을 1차적 목적으로 삼는 원시적 폭력이 폭력적 지배를 당하는 이들에게는 마음 편한 일인지도 모른다. 1차적이고 물리적인 폭력에 대해서는 폭력을 수용하는 것 외에 달리 선택할 방법이 별로 없어서기도 하지만, 때리는 자에 비해 맞는 자가 오히려 편하기 때문이다. 물리적 폭력보다 더욱 가공할 폭력은 동일화라는 폭력이다. 타자를 자기와 동일화하려는 것은 물리적으로 절멸시키는 행위보다 타자에게 더욱 근원적인 고통을 줄 수 있다. 자신의 정체성이 외부의 강제로 변해야 하는 상황을 사람들은 더욱 참기 어려워하는 법이다.

일본 제국주의의 동일화 정책은 내선일체를 강조하는 단계에 이르면, 일정한 수준에서 '국민주의'적 지배 형식을 빌리지 않을 수 없다. 징병 곧 혈세血稅를 강요하게 되면, 그에 상응하는 권리를 식민지 피지배민에게도 인정해야 하기 때문이다. 일본 정부가 조선인에게 의무교육의 조속한 실시를 약속하고, 참정권을 부여하겠다는 의지를 표명했던 것은 바로 이런 이유 때문이다. 조선인을 전쟁에 동원해야 했기 때문에 일본인과 조선인이 동일하다는 점을 강조하게 될 때, 조선인은 내면의 분열을 감수하지 않으면 안 되었다. 강제로 손에 피를 묻혀야 하는 상황은 결국은 동일화 이데올로기를 내세운 식민지 동화정책이 궁극적으로 목표로 삼았던 바가 아니었던가? 이처럼 식민지 주민에게 피지배와 타자에 대한 침략을 한 몸에 구유

具有할 것을 요구하는 식민지 동원체제는, 인간적 모멸을 어떤 방식으로든 견딘 식민지 주민에게 자신이 겪은 모멸감을 타자에게 강요한다는 점에서 '근대의 야만'이었다.

동원과정에서의 이런 내적 분열—사회적·개인적 층위에서 모두—은 전후 한국 사회의 분열로 그대로 이어질 수밖에 없었다. 이런 측면에서 동원과정에서의 내적 분열 양상을 좀더 연구해볼 필요가 있다. 조선에서의 전시 동원체제는 1937년 중일전쟁 이후 본격적으로 추진되는데, 이 과정에서 주목해야 할 점은 조선인 중간지배층을 쇄신하고 그들을 동화정책의 첨병으로 내세운 것이다. 그러므로 대부분의 동원은 강력한 총동원체제의 구축과 아울러 그 체제에 포섭된 다양한 양태의 조선인 중간지배층에 의해 수행된다. 그러므로 동원된 조선인은 그 불만을 일차적으로 조선인 중간지배층에게 쏟을 수밖에 없었다. 식민지배가 통상 그러하지만, 총동원정책은 특히 한국 사회 내부의 적대와 갈등을 강화하는 역할을 수행하였다. 이런 식민지 분열 현상은 해방 후 민간인 학살을 이해하는 키워드가 될 수도 있다. 그런 측면에 대한 연구 성과도 축적되어 있다.[3]

나는 한 논문에서 식민지의 분열 증상을 다음과 같이 표현한 바 있다. "근대적 합리성은 일상생활 속의 무의식이나 잠재의식 속으로 침잠하며, 또한 무의식화나 내면화의 기제를 통해 발현한다. 나아가 합리성의 무의식적 내면화는 식민지적 분열 현상을 구성한다. 합리성은 무의식에 내면화하지만 식민화된 지배 방식에는 강력하게 거부하거나 저항한다. 이것이 바로

---

3 예를 들어 윤택림의 『인류학자의 과거 여행』(역사비평사, 2003)이라는 현지조사에 의한 인류학 보고서가 참고가 된다. 해방 후 이데올로기 대립도 이데올로기 그 자체 때문이라기보다는 촌락사회의 내부 균열에 기인하는 것이 많았고, 한국전쟁 전후 민간인 학살 역시 촌락 내부의 오래된 원한관계로 말미암아 발생한 사례가 많다.

'무의식의 식민화'로서, 탈식민이 탈근대의 문제의식으로 이어지는 것은 바로 이런 이유 때문일 것이다."[4] 식민지배하에 형성되는 근대적 합리성[5]이 무의식 속에서 내면화함에도 불구하고 표면적으로 식민지적 합리성을 거부하는 분열 증상을 나는 '무의식의 식민화'로 표현하였다. 요컨대 식민지적 분열 현상은 식민지배가 총동원체제로 전개되는 식민 말기의 상황이 아니라 하더라도 식민지민의 의식을 구성하는 근원적인 현상인 것이다.

나의 어머니는 1927년생으로 일제시기에 고등보통여학교(통칭 고녀)를 졸업했다. 성인이 되기 전에 식민통치가 종식되었음에도 불구하고, 일제하에서 중등교육을 이수해서 아직도 일본어를 모국어 수준으로 구사하며 일본식 생활양식에 매우 익숙한 편이다. 어릴 때부터 일본의 식민통치 시기에 대한 어머니의 회고를 들으면서 의아하게 생각한 일이 한 가지 있었다. 매우 모순적으로 보이는 사실들을 아주 자연스럽게 드러냈다는 점이 바로 그것이다. 일본인들의 식민통치나 교육 방식이 한국인에게 대단히 악랄하고 차별적이었다는 점을 누누이 설명하면서도, 대부분의 일본인은 매우 정직하고 근면하며 성실하게 생활했다는 점을 반드시 부가하곤 하셨다. 식민통치의 차별과 가혹함에 대해서는 비난을 퍼부었지만, 그들의 합리성에 대해서는 존경을 보내는 태도를 어떻게 이해할 것인가? 일본인들은 식민지를 운영할 만한 자격과 능력을 가지고 있었다는 것인가? 해방 이후 학

---

4 「식민지근대와 대중사회의 등장」, 임지현·이성시 편, 『국사의 신화를 넘어서』, 휴머니스트, 2004.
5 식민지배하 사회적 합리성은 식민정책의 전개 즉 근대적 관료행정의 시행과 자본주의의 제도화과정을 통하여 형성되는바, 이를 수용하고 저항하는 과정에서 사회적 합리성은 그 식민지적 특수성을 구성하게 된다. 이것이 바로 식민지 근대의 주요한 속성을 구성하는 것이다.
개별화된 존재의 차원에서는 근대적 시공간관의 수용과 발전관의 확립을 통하여 '근대인'이 형성되어간다. 이것은 바로 합리화의 과정이자 탈주술화의 과정이었다. 자신들의 삶의 조건에 대해 스스로 이해할 수 있고, 계산할 수 있다는 믿음의 확산과정이 바로 탈주술화의 과정이었다.

교교육을 통해 형성된 식민지상植民地像을 수탈과 저항의 이분법 위에 구성된 가혹한 차별과 빈곤의 모습으로 거칠게 묘사할 수 있다면, 그런 인식을 체화하고 있던 내게는 도무지 이해하기 어려운 일이었다.

대학을 다니면서, 식민지기에 고등교육을 받은 한국의 고위층 사람들이 공적으로 일본인을 만날 때에도 일본어를 사용했다거나 만찬이 끝난 뒤 술자리에서 일본 군가를 불렀다는 등의 소문을 심심찮게 접했다. 학계의 권위자인 모 교수가 공적으로는 매우 반일적인 태도를 취하고 학생들에게 일본어 서적을 보지 못하게 하면서도, 매우 많은 일본어 서적을 구입하여 읽고 있으며 그의 지식의 원천이 실은 일본에 있다는 등의 소문을 접하면서 나는 더욱 심란해졌다. 식민지 인식을 둘러싼 지식층의 이런 이율배반적인 태도는 무얼 말하는 것일까?

식민지를 회상하는 내 어머니의 태도가 이율배반적이며 무의식적인 것이었다면, 공적인 지위를 차지한 지식층의 태도는 의식적이었고 매우 위선적이었다고 하지 않을 수 없다. 언설상의 이런 차이에도 불구하고, 그들 모두에게 공통적인 것은 식민지에 대해서 매우 분열적인 인식을 가졌다는 점이다. 요컨대 해방된 민족국가의 공식담론에서는 도저히 일본의 지배에 대한 찬양이 용납될 수 없는 일이었지만, 내면에서는 제국 지배의 합리성과 차별에 대한 인식이 공존하고 있었던 것이다. 이것이 바로 식민지 분열증이 아니겠는가? 식민지 시기를 전공하면서 나는, 한국인들의 내면은 무의식적으로 식민화되어 있었다고 결론을 내리게 되었다. 그리고 그것을 식민지 근대를 구성하는 특성이라고 간주하였다. 그리하여 나는 식민지 근대를 다음과 같이 사유하고자 했다.

서구에서 생산한 근대관을 일방적으로 수용한 방식에 대한 반성으로서의 의미를 가지는 것이 바로 '식민지 근대'라는 발상이다. 서구는 항상 식민지를 대상화하고 이를 자신들의 근대관 속에 편입시켜 사고해왔다. 식민지를 제외한 채 서구 근대를 이해할 수 없는 것은 바로 이런 이유 때문이다. 그러나 식민지는 언제나 서구 근대를 대상화하지 못하고 자신의 외부로서 추종해 따라잡아야 할 목표로 간주해왔다. 이런 방식의 서구 근대 이해에서 서구 근대란 식민지 자신 속에 내재화되어야 할 외부이며, 이에 따라 언제나 외부화될 수 없는 내부이다. 하지만 식민지 근대는 식민지에서 서구 근대를 대상화하고자 하는 시도이다. 서구 근대는 식민지에 언제나 내부화되어 있지만 항상 외부화되어 있을 수밖에 없는 내부로서 사유하고자 한다.[6]

요컨대 식민지하에서도 근대 곧 근대적 합리성은 내면화되어 있었는데 그것을 대상화해서 파악하고자 하는 시도로 전유한 개념이 바로 식민지 근대다. 그리하여 나는 기존 학계의 식민국가에 대한 관심으로부터 '사회'로, 민족에 대한 관심으로부터 '공공성'으로 관심을 이동하고자 했다. 식민국가의 공식적인 정책을 연구하는 일이 중요하지 않다는 것이 아니라, 식민국가로부터 독립적인 모습을 갖추어가고 있던 조선인 사회의 모습을 밝힘으로써 비로소 조선인들의 삶과 일상에 육박할 수 있을 것이기 때문이다. 또한 조선인들의 삶은 민족이라는 공식적인 인식 범주만으로는 해석될 수 없는 다양성과 복합성을 가진 것이었고, 동요하던 조선인들의 삶의 모습은 그들이 만들어가고자 했던 새로운 '공공성'의 영역을 통해서 밝힐 수 있을 것이기 때문이다.

---

6 윤해동, 「식민지 근대와 대중사회의 등장」, 임지현·이성시 편, 앞의 책.

분리된 세계로부터 상호연관의 세계로

한국에서의 식민지 근대가 드러내는 면모는 공시적 측면과 통시적 측면으로 나누어 이해할 수 있다. 식민지 근대의 공시적 측면은 제국과 식민지의 상호작용 또는 상호연관이라는 점을 통해서, 통시적 측면은 식민지배 효과의 연속성이라는 점을 통해서 살펴볼 수 있다. 먼저 식민지 근대의 공시적 측면에 대해서 이리저리 생각나는 대로 기술해보자.

앞서 말한 바와 같이, 일본 제국주의 지배정책은 기본적으로 동일화 이데올로기로 지탱되어왔고, 시기별로 성격을 달리하는 각종 지배정책의 저류에는 근원적으로 동일화 이데올로기가 관통하고 있었다. 동일화 이데올로기를 가장 잘 표현하고 있는 슬로건은 '내지연장'內地延長이었다. 내지연장이라는 정책적 기조는 기본적으로 내지(곧 제국주의 본국인 일본)에서 실험된 근대화 정책들을 식민지에서도 적용하고자 했음을 의미한다. 일본의 식민지가 근대의 세례를 전면적으로 받았다는 것은 물론 헛된 말이 아니다. 그럼에도 일본으로부터 근대의 세례를 받았다는 사실과 관련해서는 두 가지 문제를 제기할 수 있다. 첫번째는 그 근대가 어떤 근대인가 하는 점이다. 일본의 근대 곧 자본주의 산업화를 달성하고 근대국가를 건설해나가는 과정과 제국주의를 실현하는 과정은 일본 근대화의 3각의 동력이었다. 이 세 개의 다리를 이용하여 일본은 급속한 근대화를 수행했던 것이다. 그렇다면 일본의 근대화는 식민지를 제외하고는 해명할 수 없게 된다. 그리하여 두번째 문제가 제기된다. 식민지에 '내지'의 정책이 연장될 때 그 정책 그대로 식민지에 적용되리라는 보장이 없다. 물론 근대적 정책에 대한 식민지의 저항도 문제가 되지만, 식민지는 일본과 다른 사회이기 때문이다. 그러므로 식민지에서의 정책은 실험적 성격을 가진다. 식민지에 적용해서 효과를 본 정책은 일본으로 역수출되기도 했다. 그러므로 제국과 식민지는 내지연장을 매개로 상호작용하는 하나의 체계를 형성했다고 할 수 있다. 그렇다고 일본 제국주의와 식민지의 관계에서 역문화동화逆文化同化[7] 현상이 지배했다고 주장하는 것은 아니다.

이는 식민지는 말 그대로 제국에 종속된 '식민지'이지, 하나의 독립적인 정치적·경제적 단위로 사고하거나 분석해서는 안 된다는 것을 의미한다. 식민지 조선이 정치적·경제적으로 독립적인 실체가 아니었다는 것을 지시하는 정책적 슬로건은 많다. 그것을 세 가지 수준에서 나열해보자. 먼저 식민 본국 일본과 조선의 상호연관을 보여주는 슬로건으로는 내선융화內鮮融化 또는 내선융합內鮮融合, 그리고 내선일체內鮮一體가 있다. 두번째로 일본과 조선을 포함하여 여타 식민지를 포괄하는 것으로는 일선만日鮮滿 블록, 대동아공영大東亞共榮 등의 슬로건이 있다. 세번째로는 식민지 간의 연관을 표현하는 것으로 선만일체鮮滿一體, 선만지일체鮮滿支一體, 만몽일여滿蒙一如 등이 있다. 이들 슬로건은 주로 1930년대 이후 일본의 침략전쟁이 확장되면서 제기된 정책적인 것이었지만, 식민지 조선이 제국 또는 식민지 상호간의 연관된 세계의 일환을 구성하고 있었다는 사실을 잘 드러내준다.

식민지 조선이 상호연관된 세계의 일부를 구성했던 사실은 전형적으로 '만주국'을 중심으로 살펴볼 수도 있다. 식민지 형태상의 특징을 기준으

---

[7] 식민자들이 피식민자에게 동화되는 현상을 역문화동화라고 한다. 예를 들어 남미에 진출한 스페인인이 원주민화한다거나, 토착민의 언어가 유럽인의 언어에 침투하거나 혹은 크레올어나 피진어처럼 혼합언어가 형성되는 현상을 역문화동화라 할 수 있다. 그러나 근대 제국주의의 식민지배 과정에서, 위와 같은 몇몇 개별적인 사례를 제외하면, 역문화동화가 문화적 정체성의 핵심으로 인식되는 경우는 거의 없다. 同種同文임을 내세워 전면적인 동화를 식민정책의 목표로 삼았던 일본 제국주의의 경우, 역문화동화를 자신의 문화적 정체성으로 삼았을 리 만무하다. 그럼에도 일본 제국주의의 식민지에서 문화적 동화가 지체되었던 것이 사실이라면, 역문화동화 역시 전혀 없었다고 할 수도 없을 것이다. 다만 제국과 식민지를 상호작용하는 하나의 체계로 인식하기 위해서는 역문화동화에 대한 고려도 필요할 것이라는 점을 부기해두고자 한다.

로 삼는다면, 조선은 세계사적으로 마지막 '식민지'였고, '만주국'은 첫 '괴뢰국가'였다. 한국은 제1차 세계대전 이전 식민지가 된 마지막 독립 왕조국가였다. 그에 반해 1931년 만주를 침략 점령한 일본은 그를 식민지로 만드는 데 어려움을 겪을 수밖에 없었다. 제1차 세계대전을 거치면서 대두한 양대 강국 소련과 미국은 이제 식민지를 인정하지 않는 태도를 취했다. 그것이 시대의 대세였던 것이다. 레닌의 소련은 고립무원의 상태에서 식민지 민족해방운동의 힘을 빌리고자 했고, 그에 대응하여 미국의 윌슨 대통령 역시 '민족자결'을 시대적 정의로 수용하고 있었다. 국제연맹은 리튼조사단을 파견하여 일본이 만주에서 철수할 것을 요구하였다. 일본은 국제연맹을 탈퇴함으로써 이에 응답하였다. 청의 마지막 황제 푸이溥儀를 새로운 황제로 추대하여 탄생한 괴뢰국가 '만주국'은 일본이 선택한 상황적 '고뇌'의 산물이었다. 만주국은 표면적으로는 일본의 식민지가 아니라 군대와 경찰과 관료기구를 가진 독립국가의 외관을 취하고 있었다. 최근 만주국의 국가적 자율성을 둘러싸고 논쟁이 벌어지면서 제2차 세계대전 이후 신제국주의와 냉전으로 형성된 이른바 위성국가satellite state보다도 만주국의 국가 자율성이 높았다는 주장이 제기될 정도로, 만주국의 괴뢰국가로서의 성격도 간단히 규정하기 어려운 측면이 있다.

한편 일본의 만주 침략을 주도하고 침략의 사상적 배경을 제공하였으며 1929년부터 1932년 사이에 관동군의 작전참모로 활동하였던 이시하라 간지石原莞爾가 "조선의 통치는 만몽滿蒙을 세력하에 둠으로써 비로소 안정될 수 있다"고 서술했듯이, 만주국은 조선에 대한 식민지 통치의 모순을 해결하기 위한 장으로 자리매김되었었다. "식민제국 일본에 내재하는 모순을 전가하는 장소로서 만주라는 외부가 새롭게 만들어졌던 것이다."[8] 이시하라는 만주에서의 과감한 군사행동을 통해 1920년대 후반 이후 일본 사회가 처했던 난국을 타개하고자 했다. 그는 만주를 이윤추구를 위한 자본주의 시장으로 만들지 않고, 사회적 평등과 국가에 대한 충성이라는 원칙에 바탕을 두고 새로운 사회를 창조하는 '실험실'로 간주하고자 했다. 만주에서의 성공적인 실험은 나중에 일본 내지에도 적용될 수 있을 테고, 이를 통하여 일본의 국력을 강화할 수 있으리라 믿었던 것이다.

이후 만주는 실제로 각종 정책의 실험실이 되었다. 만철(만주철도주식회사)에서 사회경제정책을 개발했던 좌파 이데올로그들뿐만 아니라, 동경제국대학을 졸업한 유능한 관료들이 만주국으로 파견되어 각종 사회정책의 '실험'에 종사하게 되었다. 그들은 동양 고대사회적 이상을 기반으로 각종 사회정책을 개발했을 뿐만 아니라, 국가 주도의 계획에 입각한 통제경제정책을 입안하고 시행함으로써 만주국의 공식 슬로건이었던 '왕도낙토' 王道樂土를 지상에 건설하고자 했다. 이들이 시행했던 계획경제정책을 나중에 연구자들은 '1940년 체제'라고 명명하기도 했다. 또한 이런 정책을 시행하는 데 핵심적인 역할을 수행했던 사람 중 한 명인 기시 노부스케 岸信介는 전후 1급 전범으로 기소되었지만 결국 석방되어, 집권여당인 자유민주당 출신의 수상으로 재직하면서 일본의 전후 경제성장을 이끈 주역이 되었다. 비록 전쟁에서 패한 후지만, 이시하라 간지의 '만주 실험실' 구상이 헛되게 마무리되지는 않았던 셈이다. 기시 노부스케를 통하여 만주국에서의 경제 실험이 전후 일본에서 실현되었던 것이다. 이를 역사의 간지라고만 볼 수는 없을 것이다. 만주라는 실험실에서의 경제 실험은 전후 일본에서 매우 효과적으로 실현되었고, 이런 점에서 만주는 실험실로서의 역할을 훌륭하게 수행했던 셈이다.

8　駒込武, 『植民地帝國日本の文化統合』, 岩波書店, 1996.

만주 붐은 1930년대 초반 식민지 조선에서도 실현되었다. 조선인들은 만주국으로 진출하여 한몫을 '챙기고자' 하였다. 만주국은 조선인 자본가들에게는 매력적인 시장으로 보였다. 오족협화五族協和, 곧 만주인·한인漢人·몽골인·일본인·조선인의 협화協和를 내세웠던 만주에서 조선인은 일본인 다음의 '이등국민' 二等國民으로 대우받을 수 있었다. 조선인들은 만주국의 군인·경찰·관료로 다수가 근무했다. 그들은 만주에서 무장투쟁을 벌였던 조선인들과 대치하기도 했다.

해방 이후 남한의 대통령 중 두 사람이 만주국에서 군인과 관료로 일했던 사람이다. 만주군관학교 출신으로 만주군에서 장교로 근무한 박정희와 만주국의 관리양성기관인 대동학원 출신으로 만주국의 관리로 근무했던 최규하가 그들이다. 비단 박정희와 최규하만이 아니라, 한국의 관료·군부·재계·학계 등에서 주역으로 활동했던 사람들 다수가 만주국 출신이 아니던가? 대개 그들의 공식적인 이력 가운데 만주국에서의 활동경력이 빠져 있었으므로 이런 사실은 잘 알려져 있지 않지만, 해방 이후 한국의 경험은 만주(또는 만주국)의 그것과 분리해서 이해하기 어려운 연관성을 가지고 있다. 총동원체제하의 조선에서든 계획경제가 추진되었던 만주에서든, 그 속에서 전쟁 시기를 보낸 한국인들의 의식 속에는 '통제'와 '계획'이라는 단어와 개념이 머릿속 깊이 각인되었을 터이다. 1950년대의 전후 부흥의 과정에서든 1960년대 경제성장의 과정에서든, 그들이 '통제를 통한 계획경제'라는 성장정책의 원형을 과거의 경험에서 떠올리는 일이 그리 어렵지 않았으리라 짐작할 수 있다.

만주국을 통해서 알 수 있는 것처럼, 제국과 식민지가 단순히 지배와 피지배라는 일방적 관계만을 맺었다고 볼 수는 없다. 제국은 식민지에 그리고 식민지는 제국에 영향을 끼쳤으며, 심지어 하나의 식민지와 다른 하나의 식민지도 상호연관된 세계로 묶여 있었다. 그래서 식민지 근대는 잡종성hybrid으로 표현되며, '식민지 근대'가 잡종화할 운명은 '제국주의 근대'(일본)의 잡종화로 이어질 수밖에 없었다. '식민지 근대'와 '제국주의 근대'의 잡종성은 근대의 역사적 특성을 구성한다. 이런 인식을 바탕으로 근대를 새로이 구성해야만 역사 연구에서의 민족주의적 단순구도와 제국주의적 단순구도를 상호 해방할 수 있지 않을까 한다.

한국에서는 아직 이런 문제의식이 일천하므로, 여기에서는 서구에서 새로 등장한 제국사 연구의 문제의식을 소개해둔다. 제국주의사에서 제국사로 이행하는 새로운 연구 경향에 대해 런던대 정치학과 교수인 린다 콜리는 다음과 같이 언급했다.

비교사적 접근법을 채택해야 하는 또 하나의 결정적인 이유는 서로 다른 여러 제국들이 그들 상호간의 긴밀한 관계와 대응 안에서 부상하고 변화하고 몰락했기 때문이다. 예를 들어 도미닉 리이븐Dominic Lieven이 최근에 밝혔듯이, 합스부르크 제국과 러시아 제국이 오랜 세월 동안 겪은 성쇠의 판도는 바로 이웃한 오토만 제국의 끊임없는 변화에 의해 얼마나 영향을 받았는지를 평가하지 않고서는 제대로 이해할 수 없다. 1750년 이후 인도에서 영토에 대한 영국의 영향력이 확장된 것은 무굴 제국의 지속적인 약화와 밀접한 관련이 있다. 20세기 초부터 세계 여러 지역에서 미국이 비공식적인 제국으로 부상한 사실은 영국 제국의 후퇴 같은 문제들과 병렬적으로 연구해야만 한다. 세계는 과거에도 현재에도 서로 얽혀 있다. 제국사가들의 책무 가운데 하나가 바로 세계사가 서로 어떻게 연관되어 있고 왜 그렇게 되었는지를 밝히는 것이다.

그러나 가끔 이 점을 망각하는데, 영 제국의 맥락에서 일어난 접속과 연관을 연구하는 것은 단지 영국 역사가에만 국한된 도전은 아니다. 1) 영국학자들은 과거 제국의 본질과 그 행위에 대해 다른 나라들이 어떻게 인식하고 있는지 알아야 할 뿐만 아니라, 영국에 의해 충격을 받은 사회들의 자율적인 과거에 대해서도 알아야 한다. 2) 마찬가지로 아시아와 북아메리카, 카리브 해, 아프리카, 태평양의 역사가들도 제국에서 영국이 차지하는 위치에 대한 다양하고 미묘한 차이가 있는 최근의 평가에 대해서 알아야 한다. 그들은 과거 영국이 그렇게 보인 것이나 아직도 일반적으로 그랬으리라고 생각되는 것과는 달리 영국이 실제로 어떤 특정 시기에 어떤 종류의 세력이었으며, 사회였는지를 명확히 인식하고 판단해야 한다.[9]

린다 콜리는 제국과 제국, 제국과 식민지 사이의 상호연관 관계를 파악해야 한다고 역설하지만, 여기에 식민지와 식민지도 상호연관 관계를 맺었으며 그것이 중요한 연구주제가 되어야 함을 부가할 수 있다.

근대 세계의 보편성과 연속성: 16년전쟁

다음으로 식민지 근대의 통시적 측면에 대해서도 살펴보자. 이는 식민지와 해방 이후 사회가 연속성을 가졌다는 점에 대한 지적일 텐데, 식민지배를 경험한 사람들의 경우에 식민지배 이후의 사회가 식민지와는 단절되어 있으며 그 사회가 식민지와는 다른 사회임을 강조하는 것이 일반적인 경향이

---

9 린다 콜리, 「오늘날 제국사란 무엇인가?」, 데이비드 캐너다인 엮음, 『굿바이 E. H. 카』, 푸른역사, 2005, 242, 245쪽.

고 그것은 매우 자연스러운 일이기도 하다. 후기식민사회가 식민지와 다르다는 점을 강조함으로써 사람들은 내면의 안정과 자기 사회에 대한 자부심을 가질 것이기 때문이다. 한국의 경우에는 이런 단절적인 인식이 특히 강해 보이는데, 여기에는 한일관계의 역사성과 식민지배기에 형성된 식민지 분열증이 반영되어 있을 것이다. 언표상으로는 이승만 정권기에 반일 민족주의가 가장 강렬했던 것도 이런 이유일 터이다.

　이른바 식민지 근대화론이, 식민지론에 대해 부분적으로 이론적 기여를 했음에도 불구하고, 한국 역사학계를 넘어서 일반인에게까지 비난과 증오의 대상이 된 것은, 해방 후의 한국 사회 그것도 한국의 근대화와 경제성장이 부분적으로는 일본의 식민지배에 기인한 것이라는 주장, 곧 식민지배기 한국 사회와 해방 후 한국 사회가 연속성을 가지고 있다는 주장에 대한 강한 반발 때문일 것이다. 요컨대 한국인들은 식민지와 해방 후의 사회가 연속성을 가지고 있다는 데 대해 '알레르기' 반응을 일으킬 정도로, 식민지와 후기식민사회에 대한 단절적 인식에 순화되어 있는 것은 아닐까?

　하지만 이런 인식을 자연스러운 현상이라고 간주하기에는 미심쩍은 면이 많다. 앞서 언급했던 바와 같이, 공적인 입장 표명과 사적인 태도가 일치하지 않는 한국인이 많다는 점이 확인되기도 하거니와, 단절적인 이해 자체에도 분열적인 면모가 없다고는 할 수 없기 때문이다. 잘 알려져 있다시피, 신생 독립국가가 국민적 통합을 이루어나가는 데 인식론적인 기여를 가장 크게 하는 것 중 하나는 민족사national history이다. 민족사 곧 국사가 한 국가의 역사를 자민족 집단의 역사로 재구성하려는 시도로 이루어지는 것이라 할 때, 민족사를 구성하는 데서 가장 심각한 문제가 되는 것이 바로 식민지 시기가 될 것임은 자명한 일이다. 식민지기 통치의 주체는 제국주의자이기 때문이다. 자민족이 통치의 주체가 아니었던 시기를 민족사의 일환으로 끌어들이기 위한 방법은 무엇일까? 그것은 바로 저항의 역사를 강조하는 것이다. 식민지기의 역사는 그리하여 자국민에 의해 주도되었던 저항민족주의를 중심으로 재구성되고, 저항의 편에 서지 않았던 민족 구성원은 민족으로부터 배제된다. 친일민족반역자를 국가 주도로 조사하기 위한 특별위원회가 만들어져 있는 한국의 상황은 이런 후기식민주의가 가진 딜레마를 잘 보여준다.

그리하여 저항민족주의를 기저로 구성된 국사는 식민지기에 대한 다른 모든 기억을 억압하고 민족의 기억으로 수렴시킨다. 그리하여 다양한 개인적 기억과 집단적 기억은 모두 민족의 기억, 국민의 기억으로 동원된다. 이를 '기억의 국민총동원'이라고도 할 수 있겠다.[10] 억압된 개인적, 집단적 기억은 공적인 자리에서는 표명될 기회를 얻지 못한다. 내면의 분열에도 불구하고, 공적인 언표상에서는 기억의 '민족적 통일'이 저항 민족주의의 이름으로 이루어지는 것이다. 술자리에서 취기에 일본의 식민지배를 칭송한다거나, 혼자서만 일본의 지식계에 젖줄을 대고 있다거나 하는 일견 분열적이고 허위적인 지식인들의 태도는 역설적으로 대단히 일관된 셈이다. 개인적·집단적 기억은 국민적 차원에서 총동원되었으므로, 다만 무의식의 차원이나 위선적인 수준에서만 허용될 수 있다. 이건 단지 일부 '친일파'에게만 국한된 것이 아니었다.

이처럼 식민지에 대한 단절적인 인식은, 공식적인 국사에 의해 이루어진 '기억의 국민총동원'이라는 '작위적인 동원'의 소산이기도 하다. 말하자면 식민지에 대한 단절적 인식은 후기식민 상황이 낳은 자연스러운 산물이기도 하지만, 국사가 이루어낸 기억의 국민총동원이 만들어낸 산물이기

---

10 테사 모리스 스즈키, 박성관 역, 『일본의 아이덴티티를 묻는다』, 산처럼, 2005 참조.

도 할 것이다. 그러므로 식민지에 대한 단절적 인식 역시 식민지 분열증의 소산이라고 할 수밖에 없지 않을까?

해방은 한국인들이 쟁취한 것이 아니었고, 전쟁에서 승리한 연합국이 준 선물에 지나지 않았다. 이런 해방에는 반드시 참담한 반대급부가 따르기 마련이다. 미소 양군의 분할점령이 바로 그것이다. 그렇지만 한국인들에게 미소 양군의 분할점령이 극복하지 못할 불가항력으로 보이지는 않았다. 미국이 주도하는 신탁통치 구상에 한국의 우파들은 강력하게 저항하였고(反託運動), 미국은 이를 수용하는 자세를 취했다. 분할점령이 분단으로 이어진 것은 전후 냉전이 가장 큰 원인이었지만, 분단을 고착화함으로써 미소는 한반도에서 자신들의 이해를 만족시킬 수 있었다. 그럼에도 냉전의 분할선을 경계로 한 분단은 열전의 가능성을 내장한 것이기도 했다.

한국은 1937년부터 1945년까지 겪은 제국주의 전쟁과 1945년부터 1953년까지 겪은 내전內戰(內燃하는 내전과 熱戰으로서의 내전)의 전개로서의 '16년전쟁'을 수행하였다. 한국의 현실을 강하게 지배하고 있는 냉전-분단론 위에서 일반적으로 이해되고 있는 20세기 역사의 단절적 이해를 극복하기 위해 맹아적萌芽的으로 전개되어온 논의를 하나의 전쟁 개념으로 통합하여 '16년전쟁'이라고 부를 수 있지 않을까? 물론 제국주의 전쟁으로서의 중일전쟁과 태평양전쟁에 조선인들이 참전하였다는 점과 새로운 국가를 형성하는 과정에서 장기내전으로서 한국전쟁을 겪었다는 것은 큰 차이를 갖는다. 그럼에도 제국주의 전쟁에 참가함으로써 한국인들은 심각한 식민지 분열 현상을 겪었으며, 이런 분열증은 해방 이후에도 한국 사회의 균열로 이어졌고 결국 내전으로 비화되었다는 점에서 연속적인 측면을 갖는다.

16년전쟁이라는 개념은 또한 한국사의 단절적 이해가 가져오는 심각한 폐해를 극복하기 위해 필요한 것이기도 하다. 해방을 경계로 역사를 단절적으로 이해하는 방식에 전형적으로 나타나는 특성은 무엇인가? 이런 인식은 대체로 식민지배의 경험과 분단이라는 현실을, 국민국가의 완성이라는 근대적 과제를 달성하는 '단선적'單線的 과정에서 나타난 왜곡된 현실이라고 이해한다. 식민지배와 분단을 단지 정상적인 과정으로부터의 왜곡 또는 일탈에 지나지 않는 것으로 가정함으로써, 국민국가적 폐쇄회로에서 빠져나올 수 있는 가능성을 스스로 차단해버리는 것이다. 폐쇄회로를 지배하고 있는 국민국가의 논리 곧 국사의 논리를 재고함으로써 단절적 인식으로부터 벗어날 수 있게 될 것이다.

위와 같은 내전의 조건에서는 전시 총력전체제에서 강요된 어떠한 동원의 요소도 국가의 입장에서는 거부할 수 없는 것으로서, 새로이 만들어진 국민화의 조건 속에서 이런 동원의 시스템을 한국(남한), 조선(북한) 국가는 모두 최대한으로 이용하였다. 다만 이런 전후 동원형 사회의 형성에는 남북에서 각각 채용한 미국형 민주주의와 소련형 국가주의 시스템이 큰 영향을 미쳤다. 제국주의 전쟁에 이은 장기 내전의 결과는 '두 개의 국민국가'로 귀결되었다. 이런 점에서 16년전쟁은 국민 형성, 국가 형성을 위한 전쟁이었다.

전 세계적인 냉전 상태하에서 일상적인 전쟁 상태를 유지하는 것으로 간주할 수 있는, 두 개의 국민국가가 '적대적 의존' 상태로 유지되고 있는 '분단 상황'의 논리적 연쇄를 파괴하는 길은, 내전의 결과로 정착한 항상적 전쟁 상태를 종결시키고, 두 개의 국민국가체제로 이행하는 것일 터이다.

이승만 정권은 전반적인 탈식민화의 요구를 거부하고 친일파를 대거 등용한 것으로 비판받지만, 친일파 등용이 이승만으로서는 도덕적 차원에서 고려되어야 할 사항이 아니었다. 식민지 동원형 시스템을 잘 체득하고 있는 친일-테크노크라트들은 내전과 전후 복구를 위해 필요한 동원 시스템을 작동하는 데 가장 필요한 인물들이었다. 이승만은 민족주의 담론을 매우 효과적으로 활용하였는데, 이는 물론 동원형 사회를 구축하는 데 필요한 방패막 역할을 반일 민족주의에 기댔기 때문이다. 이승만이 한일 수교를 거부하고 미국에게 일방적으로 의존하는 정책을 추진함으로써 1950년대부터 구축되기 시작한 미국을 매개로 한 일본의 경제시스템(엔 경제권)으로부터 제외될 수 있었다는 사실은, 1960년대 압축성장을 추구한 박정희 정권에게 수입대체의 기반을 마련해주었다는 점에서 행운이었다. 이처럼 이승만에게 친일경력자의 등용과 반일 민족주의의 활용은 전혀 배치되는 것이 아니었으며, 모두 동원형 사회시스템을 구축하는 데 중요한 역할을 수행하였다. 1950년대 한국 사회에는 전쟁의 야만과 직접적인 테러의 공포가 지배하고 있었다. 이를 바탕으로 1960년대 개발독재 시기 이후 복지시스템이 결여된 이른바 제3세계형 동원체제가 구축되었다고 할 수 있을 것이다.

이처럼 식민지 총력전체제와 해방 후 한국에서의 동원형 사회의 형성, 그리고 이를 매개한 것이자 세계전쟁의 일환으로서 한반도에서 연속적으로 전개된 '16년전쟁'을 설정할 수 있다면, 한국의 해방을 단절의 논리로만 구성하기는 어려움을 알 수 있다. 이런 전쟁의 연속성과 동원형 사회의 형성에 대해 시인 고은은 『1950년대』라는 회고록에서 다음과 같이 말하고 있다.

「전쟁은 그들의 운명을 만들었다.」
그리고 이 세대(전쟁세대 또는 전후세대 – 인용자)의 주인공들은 태어날 때부터 세계가 싸움터라는 풍문을 들었고 세계가 싸움터라는 것을 믿게 되었다. 일제의 식민지 정책에 의해서 쇠 징을 버튼처럼 박은 군화 소리를 들었고 만주사변 중일전쟁의 뉴스를 어린 시절에 들을 수 있었고 소위 대동아전쟁이라는 제2차 대전 속의 일본 전시교육으로 자라났다. 그리하여 1945년의 해방은 좌우익의 전선이 되었고 겨우 서정주의 〈귀촉도〉 한 줄을 외우다가 끝난 것이다. 그리고 어디를 돌아다볼 겨를이 없이 6·25가 밀려온 것이다.[11]

서구의 일본 역사학계에서는 이런 연속성의 문제의식을 통전기通戰期, transwar라는 개념으로 드러내고자 하였다. 통전기는 1920년대 후반 대공황기로부터, 1931년 만주침략을 시작으로 1945년 태평양전쟁에서의 패전으로 마감된 장기간의 전쟁, 이른바 15년전쟁을 거쳐 전후기에 이르는 일본 사회의 정치·경제·사회제도에서 발견되는 연속성을 강조하기 위하여 사용하는 개념이다. 앞서 언급한 '1940년 체제'라는 개념과 비교해서 시간적 대상을 더욱 확장하려는 의도에서 사용하는 것이 바로 통전기 개념이다.[12]

아이러니의 세계로서의 식민지 근대

내게 식민지, 나아가 근대는 양면성의 세계를 넘어 아이러니의 세계로 다가선다. 월러스틴은 기술의 근대가 해방의 근대를 억압하는 것이 근대의 속성이라고 했지만, 단순히 근대는 그런 양면성만을 가진 것은 아닌 듯하다. 서구 근대는 식민지를 이면으로 갖고 있음에도 식민지민들이 서구 근대를 모델로 삼아 따르도록 만들어 자신의 세계를 스스로 사유하지 못하도록 만들었다. 근대란 바로 그런 것을 말하는 것이 아닐까? 서구인들과 식민

---

11 고은, 『1950년대』, 향연, 2005, 28쪽.
12 통전기 개념에 대해서는 대표적으로 앤드루 고든, 김우영 역, 『현대일본의 역사』, 이산, 2005, 11~13장 참조.

지인들 모두 스스로를 기만함으로써 스스로 소외되어버린 것은 아닐까? 근대란 자신이 가장 굳건한 세계라고 믿어 의심치 않았던 세계에 의해 기만당하고 소외당하는 그런 세계, 그런 가치관이 아닐까? 근대를 산다는 것, 근대를 사유한다는 것은 언제나 스스로의 믿음에 의해 소외당하는 그런 것이 아닐까?

이제 근대는 근대가 만들어낸 사유나 개념으로 해명되지 않는 그런 세계가 되어버린 듯하다. 근대적 개념으로는 자신이 살고 있는 세계를 한 치도 해명하거나 진전시킬 수 없는 그런 시대가 되어버린 듯하다. 근대적 학지學知의 일환으로서 근대역사학이 구축해온 개념이나 세계 역시 이제 스스로를 배반하는 시대가 되어버렸다. 그리하여 나에게 근대는 아이러니의 세계다. 나아가 아이러니의 세계가 상호연관된 세계이기도 하다.

근대성과 내셔널리즘, 그리고 국민국가

김석근

김석근

연세대학교 정치외교학과를 거쳐 한국학대학원에서 박사학위를 받았으며, 도쿄대학 대학원에서 공부하기도 했다. 한국 정치학계의 '주변부'라 할 수 있는 한국정치사상사, 동양정치사상사가 관심 영역이며, 몇몇 대학에서 그 분야 강의를 하고 있다. 또한 나름대로 그 분야에 도움이 될 만한 책들의 번역 작업도 해오고 있다. 아울러 현실에서 이슈가 되는 주제들, 예컨대 '유교자본주의론', '아시아적 가치논쟁' 등에 대해서 더러 발언하기도 했다.

'근대'와 관련해서는, 독자적인 문명권으로 존재했던 동아시아 세계의 사상적 구조와 특성, 그리고 그들이 서구 세계와 조우하면서 겪게 되는 '문명충돌' 현상과 '문명론'의 유행에 대해서 몇 편의 글을 쓰기도 했다. 오늘날 사용되고 있는 중요한 정치학 개념(용어)들이 어떻게 소개·번역되었는지, 또 우리 사회에 어떻게 정착되었는지 여전히 궁금해하고 있다. 사례 연구로 'individual'(개인) 개념을 다뤄보기도 했다.

최근에는 거시적인 흐름과 특성을 살려가면서 한국정치사상사의 전체상을 한 번 그려내고 싶다는 다소 무모한 '욕심'(?)을 갖게 되었고, 자연히 '근대' 이전의 사상사로 거슬러 올라가는 일종의 '모험'을 감행해 보고 있다. 예를 들자면 '신화와 정치', '정치와 종교' 등의 큰 주제가 구체적인 국면하에서 어떻게 전개되었는지 역사정치학적으로 재구성해보려는 것이다. 역시 이웃 학문 분야로의 과감한 '월경'(越境)과 '가로지르기'가 필요하며, 그 같은 지적인 여행을 통해서 많은 도움을 얻을 수 있으리라 생각한다.

■ '근대성'과 '근대의 앎〔知〕'

지난 2003년 10월 '동아시아 유교와 근대의 앎〔知〕'이라는 주제로 개최된 국제학술대회에 발표자로 참여한 적이 있다.[1] 한국·중국·일본 세 나라의 유교사상, 좀더 넓히자면 동양사상을 전공한 사람들끼리 모여서, 각국의 '근대의 앎〔知〕' modern knowledge에 대해서 한번 얘기해보자는 거였다. 굳이 밝히지는 않았지만, 주최 측에서는 '비교'까지 했으면 하는 은근한 바람도 담았던 듯하다.

참가자들의 전공이나 관심 분야는 아무래도 철학·사상 쪽이 많았으며, 종교학·윤리학·정치학 전공자들이 한두 명씩 있기는 했다. '정치학'으로 분류된 나에게 주어진 주제는 '한국의 유교와 근대의 앎〔知〕'이었다. 그것은 제2부의 전체 제목과 같은 것으로, 다른 발표자들에게는 '한국 근대기'라는 시대적 한정과 더불어 '서양철학·종교·주자학' 등의 세분화된 주제가 주어진 것과는 달리 상당히 광범위한 주제여서 나는 적이 당황했다.[2]

하지만 그런 문제를 심각하게 생각할 만한 겨를이 없었다. 시일도 촉박

---

[1] 영남대학교 인문과학연구소와 국제동아시아사상연구회가 공동으로 주최했다. 거기서 발표된 일부 논문들은, 필자의 논문을 포함해서, 일본어로 번역되어 계간 『日本思想史』 66호(2004. 12)에 소개되기도 했다.

[2] 결국 내가 붙인 제목은 "한국의 유교와 근대의 앎〔知〕: '儒學知'와 '脫近代的 知'의 峽間?"이었다. 일본어로 번역, 소개하는 과정에서 부제를 앞에 내세우는 식으로 수정, 보완했다. "'儒學知'と'脫近代的知'のはさま?—韓國儒教と'近代の知'についての一素描"

했거니와 '근대의 앎'이라는 개념과 용어 자체가 상당히 낯설었기 때문에 학술대회에서, 당연히, 나는 그 점을 먼저 지적했다. 그런데 흥미롭게도 한국 측에서는 거의 대부분 '근대성' modernity 문제에 초점을 맞춘 반면, 일본 학자들은 주로 '근대의 지' 내지 '근대지' 近代知에 접근하고 있었다. 게다가 '근대성' 문제는 시대적으로는 조선 후기, 실학과 다산 정약용을 대상으로 삼고 있었다. 그러다 보니 정작 개항기 이후에 해당하는 시대는 그다지 주목받지 못했다. 근대의 '앎'〔知〕부분은 거의 다루어지지 않았다. 발표한 일본학자들의 경우, 시대적으로는 메이지유신 明治維新 이후, 대상은 메이지 시대의 유학과 변용, 그리고 국민, 국민국가, 계몽사상과의 관련성 등을 다루었다.

대충 가늠해봤더니, 그 같은 두 개의 상이한 흐름 사이에 나의 다소 애매한(?) 입장이 자리하고 있었다. 다시 말해 한쪽에 근대성의 연원을 찾아내고자 하는 입장이 있다면, 다른 한쪽에는 역사적 현실 속에서 구현된 근대와 관련된 지식 문제를 논하고 있었다. 나의 경우, 여러모로 생각한 끝에 그야말로 잠정적으로, '근대의 앎'에 대해서 "여기서는 일단 소극적으로는 근대 modern, 근대적인 의식 modern consciousness, 근대적 사유 modern thinking, 근대성 modernity을 떠받쳐주는 지적인 기반, 나아가 적극적으로는 '국민' nation, '국민국가' nation-state, 그리고 '내셔널리즘' nationalism의 형성 및 전개와 긴밀하게 연결되어 있는 체계화된 지식 정도로 이해해두고자 한다"고 했다. 내가 보아도 동어반복 같았지만, 달리 어떻게 해볼 수가 없었다. 거기에 나의 고민이 담겨 있었다.

국민국가와 내셔널리즘 사이

내가 '민족', '민족국가', '민족주의' 같은 기존의 익숙한 것들 대신 '국민', '국민국가', 그리고 '내셔널리즘' 같은 용어를 굳이 쓴 것은, 적어도 정치학 분야에서 그 용어들이 갖는 '근대적인 성격'을 두드러지게 하고 싶었기 때문이다.[3] 세 용어는 서로 연결되어 있을 뿐만 아니라 그 핵심적인 자리에 (근대적인) '국가'가 자리잡고 있다. 그 점을 정면으로 바라보아야, 적어도 정치학 영역에서의 한국의 근대성이라는 주제가 갖는 문제성을 드러낼 수 있을 것 같았다.

아는 바와 같이, 우리의 경우 일본의 '식민지'가 됨으로써 30여 년 동안 이른바 '국가 없는' 시대를 살았다. 그럼에도 사람들과 사회는 어쨌든 '근대'로 급격하게 나아가게 된 것이다. 말하자면 근대화하기 시작한 것이다. 다소 위험하지만, '식민지 근대화'라는 표현은 식민지 치하에서 전개된 현상으로서의 근대를 설명해주는 측면도 없지 않다. 그리하여 1920년대가 되면, 이미 사람들의 생각과 사회·문화 각 영역에서 근대적인 양상과 징후를 두 눈으로 확인할 수 있다.

바로 거기서 문제가 생긴다. 한편에서는 조선 후기를 중심으로 '근대성'에 대한 모색과 논의가 있고, 다른 한편에서는 1920년 이후 가시화된 근대적인 양상들에 대한 활발한 소개와 연구가 이루어지고 있다. 그들 둘 사이에 빈 틈새가 있지 않은가. 그 틈새야말로 '한국의 근대성'이 자리하고

---

3 지금이야 많이 달라졌지만, 지난날 가끔 열띤 논쟁을 벌인 것을 보면, 내용의 문제라기보다는 오히려 개념을 둘러싼 오해 때문인 경우가 많았다. 그 같은 개념의 내연과 외포는 서구정치사의 전개와 밀접하게 관련되어 있다. 그 자체가 서구정치사의 독자적인 전개과정의 산물이라 할 수 있다. 한국에서 쓰이는 전통적인 용어들의 경우, 오해를 불러일으키기 십상이다. 역사와 구조를 달리하는 동아시아의 경우, 그 틀을 그대로 들이댈 수는 없다.

있는 시간과 공간이 아닐까. 어떤 형태로건 그 부분에 대한 적절한 설명이 있어야 하지 않을까.

다른 분야는 어떨지 모르겠지만, 적어도 정치학의 경우 그런 틈새에 무관심할 수가 없다. 국가 없는 시대에 '국민'이 어떻게 존재할 수 있는가. 억지로 하고자 한다면 국가 없는 '민족'까지는 설정할 수 있을 것이다. 그럴 경우 '민족'은 [nation(국민)이라기보다는] 오히려 ethnicity에 가까운 것이라 해야 한다. 오래전부터 '단일민족'이라는 신화를 가지고 있는 우리에게, 그 둘은 엄격하게 구분되어 쓰이지는 않았다. 지금도 완전히 벗어난 것처럼 보이지 않는다. 하지만 예컨대 50여 개에 달하는 '소수 민족'ethnic minority을 포괄하고 있는 중국을 보면, nation[nationality]과 ethnicity는 누가 보더라도 확연히 구분되는 개념이다.[4]

근대로 이행하는 과정에서 식민지를 경험한 우리의 경우, 전체적으로 내셔널리즘 역시 독특한 양상을 띠게 되었다. 거시적으로 보자면 내셔널리즘은 잃어버린 국가를 되찾으려는 형태의 '저항' 민족주의 내지는 국가 없는 시대의 내셔널리즘 '운동'으로 전개되지 않을 수 없었다. 국가, 더 정확하게는 국민국가를 '기준'으로 삼아 끝까지 밀고 나갈 경우, 해방과 분단을 거친 한국의 경우, 아직도 근대성이 충분히 발현되지 못했다는 식으로 자리매김할 수도 있겠다.[5]

그러면 근대성과 국민국가는 어떤 관계에 있는가. 우리의 정치학, 정치사상은 그런 측면을 어떻게 정치학적으로 설명해왔는가. 그리고 지금은 또 어떤가. 그리하여 한국의 근대성에 대한 총체적인 이해를 돕는 데 기여해

---

4 단적으로 연변 조선족의 경우, nationality는 어디까지나 중국이다.
5 엄격하게 말해서 두 개의 '근대국가'가 생겨났다고 주장하는 입장도 없지는 않다.

왔는가. 지금은 하고 있는가. 그렇다면 나는 그런 작업에서 어떤 일들을 하고 있는가.

이 글은 그런 물음에 대한 내 나름대로의 비판 혹은/과 동시에 자신이 하고 있는 학문 행위에 대한 자기 진술로서의 의미 역시 갖는다. 자신에 대해 말하는 것이 결코 쉽지 않았을 뿐만 아니라 예상치 못했던 약간의 고통마저 치러야 했다는 점도 미리 덧붙여둔다.

'한국정치사상'이라는 분야

정치학 하는 사람들이 가장 많이 쓰는 상투적인 말 가운데 "정치학은 으뜸학문master science"이라는 것이 있다. 지금도 여전히 유행하고 있다. 풀어서 말하자면, 고대 그리스 시대부터 시작된 사회과학 중 가장 오래된 학문이며, 사회과학의 철학적 단계의 총칭으로서의 의미를 갖는다는 것이다. 사회에 대한 인식의 어머니에 해당된다고 해도 좋겠다.

그 말을 많이 사랑(?)하면서도, 유신 말기에 대학을 다녔던 나로서는 정치학에 대해서, 특히 한국의 정치학에 대해서 적지 않게 실망하고 있었다. 정치학이 한국의 정치 현실에 대해서 한없이 무력하다는 것도 그랬지만, 강의실에서 배우는 커리큘럼과 내용 역시 한국의 정치 현실에 대해서 설득력 있게 설명해주지 못했기 때문이다.[6]

약간의 좌절과 방황 끝에, 마침내 대학원에 진학해 공부하는 길을 선택

---

[6] 게다가 (지금은 은퇴하신) 선생님들은 자랑스레 "우리가 대학 다닐 때는 성적이 제일 우수한 학생들이 정치학과를 지망했지" 얘기하곤 했다. 지금은 그렇지 않다는 아쉬움과 한탄처럼 들리기도 했다. 왜 그렇게 달라졌을까.

했다. 공부를 하면서, 여러 선생님들께는 죄송스럽기 짝이 없지만, 어쩌면 정치학이라는 학문 자체가 쇠락襄落의 길을 걷고 있는지도 모른다는 불안감을 갖게 되었다. 더불어 '으뜸학문'이라는 식의 상투적인 말을 다시는 들먹이지 않게 되었다.[7]

그때나 지금이나 크게 다를 바 없지만, 현재 한국의 이른바 '일류대학' 내지 주요 캠퍼스 정치학과의 교수진을 보면, 거의 대부분—심한 경우 전원이 그런 경우도 더러 있다—미국에 유학해서 박사학위를 취득한 학자들로 채워져 있다. 그와 관련해서 '지적인 종속'이니 '학문의 식민성'이니 하는 비판이 일찍부터 제기되기도 했다.[8] 하지만 안타깝게도 정치학이 갖는 강한 서구 지향성은 지금까지도 전혀 흔들리지 않고 있다. 최근에는 '세계화' 열풍과 더불어 그런 추세가 한층 더 강화되는 느낌마저 든다.

이런 상황을 오로지 한국에서만 볼 수 있는 것도 아니다. 전후 일본을 대표하는 정치학자로서 일본정치사상사 연구에 새로운 기원을 연 것으로 평가받는 마루야마 마사오丸山眞男(1914~1996)는 일찍이 일본의 정치학에 대해서 이렇게 진단한 바 있다.

> 자체의 기반과 환경으로부터 문제를 끄집어내는 대신에, 유럽 학계의 그때 그때의 주제나 방법을 끊임없이 뒤쫓아가고 있다는 것이, 일본 학계 일반의 공통된 경향이며, 거기서 학문의 관념적 유희도 배태되기 마련인데, 이 같은 일본의 학문이 지니고 있는 이른바 숙명적인 취약함을 집중적으로 표현

---

[7] 나중에 알게 된 것이지만, 역사의 흐름과 더불어 정치학은 자기 영역을 끊임없이 내주어 독립시켜왔다는 것, 다시 말해서 근대 사회의 성립과 더불어 경제학과 사회학이 분가했으며, 근래에 들어서는 행정학이, 다시 최근에는 신문방송학이 독립함으로써, 좋든 싫든 간에 정치학의 영역과 위상에 변화를 가져다주었다.
[8] 예컨대 진덕규, 「한국의 정치학을 위하여」, 『한국사회연구』 1(1983)을 들 수 있겠다.

해주고 있는 것이 바로 정치학이다. 학문과 그 현실적 대상과의 분열이 여기서는 구제받을 수 없을 정도로 심각한 것이다.[9]

그런 와중(?)에 내가 전공으로 선택한 분야는 정치학 내에서 이른바 '잘 나가는' 것과 거리가 먼 한국정치사상, 동양정치사상 분야였다. 한국정치학이 제대로 뿌리내리기 위해서는 철학과 역사에 바탕을 둔 정치학 재정립이 필요하다는 주장에 공감했기 때문이다. 그만큼 '순진'(?)했다고 해야 할지도 모른다. (그렇다고 후회하는 것은 결코 아니다.) 해야 할 것들은 많고 힘들지만—예컨대 중국어·일어·한문 등의 어학과 역사·철학 인접 분야 등—, 정작 '취직'은 제일 안 되는 이들 분야는, 그래서 지금도 정치학계의 3D 분야로 꼽힌다.[10]

그와 관련해, 그 분야를 공부하는 전문적인 학회인 '한국·동양정치사상사학회'가 결성된 시점이 2001년이라는 점 또한 시사적이다. 언젠가 한 원로 선생님이 이렇게 개탄하는 것을 들은 적이 있다. "아니 그 나라 최고 국립대학교 정치학과에 그 나라의 정치사, 정치사상사를 전공한 교수가 한 사람도 없는 그런 나라가 세상에 어딨어." 아무튼 어떤 형태로든 그 학과에 한국정치사, 한국정치사상을 전공한 교수가 충원될 때, 한국의 정치학 역사에서 중요한 기점이 마련될 것이라 생각한다.

몇 년 전 나는 한 동양학 전문 출판사가 기획한 『젊은 동양학자 13인의 자전적 고백』에 참여했던 적이 있다. 어떤 생각으로 어떻게 동양학을 하게

---

[9] 마루야마 마사오, 김석근 옮김, 『현대정치의 사상과 행동』, 한길사, 1997, 343~344쪽.
[10] 이러한 측면은 내가 한국정치학회에서 발표한 논문의 제목들—「한국정치학의 불모지대: 동양정치사상」(1995), 「주변부 지식인의 허위의식과 자기정체성: 한국정치사상을 위한 마지막 진술」(1996)—이 잘 말해주고 있다. 어떤 선생님은 나의 글이 거의 '절규'(絶叫)에 가깝다고 논평한 적이 있다.

되었는지 자기 고백적인 이야기를 해보는 자리였다. 거기서 나는 정치학 부문을 맡게 되었고, 「동양정치사상과 메타 정치학의 모색」이라는 제목의 글을 쓴 적이 있다.[11] 거기서 다음과 같은 의문을 던져보았다.

> 정회원만 해도 약 1,700명에 달하는 '한국정치학회'의 경우 한국에서 가장 큰 학회의 하나로 꼽힌다. 인구비례로 따지자면 굉장히 높은 비율이라 하지 않을 수 없다. 그만큼 정치에 관심이 많다는 지표로 사용되기도 한다. 그런데도 전 세계적으로 내세울 만한 위대한 정치학자는 왜 나오지 않을까…….[12]

흔히 "정치학자들의 숫자만큼 많은 정치학이 있다"고 하듯이, 거기에 대한 답변 역시 다양하고 많을 것이다. 내가 생각하기에는 한국 정치학자들의 의무 방기와 근무 태만 등도 없지 않겠지만, 우리의 지적인 전통(한국 정치사상, 동양정치사상)을 연구하고 적극적으로 활용해서 국제적인 경쟁력을 제고시키지 못하는 것과 무관하지 않다고 생각한다.

정치사상사에서의 '근대성'

한국정치사상, 더 크게는 동양정치사상 분야에서 '근대성' modernity 문제를 얘기할 때 흔히 출발점으로 논의되는 성과는, 일본 정치학자 마루야마 마

---

11 김석근 (외), 『동양을 위하여, 동양을 넘어서』(예문서원, 2000)에 수록되었다.
12 위의 책, 121쪽.

사오의 대표작 『일본정치사상사연구』日本政治思想史硏究라 할 수 있다.[13] 그는 동경제국대학 법학부 정치학과의 일본정치사상을 담당한 최초의 전임교수가 되었던 인물이기도 하다(1940년).

훗날 그는 '일본정치사상사 연구에서의 多大한 업적'(수상 이유)을 인정받아 1985년도 아사히 상朝日賞을 수상한 직후(1986년 1월), 자신의 소감을 밝히는 글에 "일본정치사상사라는 장르가 비로소 시민권을 얻었다는 생각이 듭니다"(日本政治思想史というジャンルが初めて市民權を得た思いです)라는 타이틀을 붙이기도 했다.[14] 이는, 앞에서 말한 한국과 한국정치학 내에서 한국정치사상이 갖는 위상과 관련해서도 나름대로 시사해주는 바가 있다.

19세기 말 일본이 서구사상과 문물의 수용에 가장 열성적이었다는 것은 잘 알려진 사실이다. '탈아입구'脫亞入歐(아시아에서 벗어나 서구에 들어선다)를 내세웠던 만큼, 일차적인 목표는 서구를 배우는 것에 다름 아니었다. 정치학과 정치사상 분야 역시 그러했다. 서양정치사상은, 서구의 정신사적 바탕에 대한 탐구로서 일찍부터 개설되어 있었다. 동경제국대학 정치학과에 '일본정치사상' 강좌가 처음 개설된 것은 1939년 3월이었다.[15] 이는 1938년 4월 동경제국대학 문학부에 '고쿠타이國體 강좌'로서 '일본사상사'가 개설된 것과 같은 맥락에 속했다. 전시체제로 접어든 군국주의 일본에

---

13 마루야마 마사오, 김석근 옮김, 『일본정치사상사연구』, 통나무, 1995. 이하 『연구』로 줄인다.

14 "저에게 특히 기쁜 것은, 그 수상(授賞)에 「일본정치사상 연구의 업적」이라는 조건이 붙어 있는 것입니다. 그것은, 저의 업적에 대한 평가라기보다는, 학계 이외의 영역에서 일본정치사상사라는 장르가 비로소 시민권을 얻었다는 생각이 들어 기쁩니다." 〔『朝日人』, 1986년 3월호; 『전집』 16-365(전집 16권 365페이지를 가리킨다)〕

15 「정치학 정치학사 제3강좌」로 개설되었으며, 정식 강의 명칭은 '동양정치사상사'였다. 자세한 논의는 김석근, 「주자학과 근대적 사유의 사이: 丸山眞男의 『日本政治思想史硏究』」, 『일본연구논총』(2003년 12월) 참조.

서 일종의 이념 내지 이데올로기 교육의 일환으로 개설된 그 과목은, 1965년 '아시아정치사상사'로, 다시 1967년에는 '일본정치사상사'로 이름을 바꾸어 오늘에 이르고 있다.[16]

마루야마 마사오의 『연구』도 그렇지만,[17] 중국정치사상 분야의 대표적인 저작으로 꼽히는 샤오 꿍취앤蕭公權의 『중국정치사상사』中國政治思想史(上海, 1945)가 씌어진 것 역시 1940년대의 일이었다.[18] 더구나 샤오 꿍취앤은 코넬대학에서 서양정치철학을 전공했으며, 박사학위 논문은 해롤드 라스키Harold Joseph Laski(1893~1950)의 정치다원론을 중심으로 정치일원론과 정치다원론의 관계를 다룬 것이었다.[19] 정치학 박사학위를 받은 그가 다시금 중국정치사상사를 연구한 것이다.

이는 과연 무엇을 말하는가. 일찍부터 서양정치사상에 대한 관심과 연구가 이루어졌으며, 그것이 일정한 단계에 이르렀을 때 비로소 자신들의 정치사상에 관심을 가졌다고, 아니 가질 수 있게 되었다는 말이다. 그 주된 관심은, 당연히(!) 일본과 중국에서의 '근대적인 정치사상'일 수밖에 없었다.

뒤에서 다루겠지만, 『연구』의 논문들이 초점을 맞춘 것은 일본에서의 근대성 문제, 더 정확하게 말하자면 근대적 사유의 발생 문제였다. 또한 샤오 꿍취앤의 『중국정치사상사』 역시 쑨원孫文(1866~1925)의 정치사상을 가

---

16 『丸山眞男全集』 17권 참조. 이하 『전집』으로 줄임.
17 『연구』는 세 편의 논문, 즉 (1)「근세 일본유교의 발전에서 소라이가쿠(徂徠學)의 특질 및 고쿠가쿠(國學)와의 관련성」(1940년), (2)「근세 일본정치사상에서의 '자연'과 '작위': 제도관의 대립으로서의」(1941년), 그리고 (3) 1944년 7월, 징집되어 집을 나서기 직전까지 썼던 「국민주의 이론의 형성」(1944년)으로 구성되어 있다. 그러니까 그들 세 편은 1940년대 초반에 씌어진 논문들이다.
18 최명·손문호 옮김, 『중국정치사상사』, 서울대학교출판부, 1998.
19 그의 논문은 1927년에 영국의 권위있는 출판사 Kegan, Paul, Trench, Trubner & Co., Ltd에서 "The International Library of Psychology and Scientific Method" 시리즈의 한 권으로 출판되었으며, 옥스퍼드대학의 Modern Giants 코스의 참고목록에 지명되기도 했다.

장 성숙한 근대국가의 정치사상으로 파악하고, 거기에 이르기까지의 정치사상의 흐름을 '전제' 정치에 반항해서 '민주'를 발양해나가는 측면에서 다루었다.

'정치사상' 분야에 속한다고 한정할 수는 없지만, 한 번쯤 주목해야 할 책은 1940년대 일본에서 출간된 시마다 겐지島田虔次(1917~2000)의 『중국에서의 근대사유의 좌절』中國における近代思惟の挫折(1949; 1970년 신판)이다. 중국에서의 '근대사유'의 좌절, 그것은 마루야마 마사오가 재구성해낸, 일본에서의 근대적 사유의 형성과 대비되는 시각이었다. 그러니까 1940년대 당시 일본 학계에서는 정치사상만이 아니라 전반에 걸쳐서 그 같은 — 일본의 근대성과 중국의 정체성을 대비시키는 — 시각이 주류를 형성하고 있었다고 해도 좋을 것이다.[20]

주자학적 사유의 해체와 근대적 사유의 발생

마루야마 마사오의 『연구』는 그 후 일본(정치)사상사 분야는 물론이고 나아가서는 동양정치사상사 연구 전반에 걸쳐서 적지 않은 영향을 미쳤다. 출간된 지 상당한 시간이 흘렀지만, 아직도 그 시효時效가 완전히 다하지 않은 듯하다. 한국정치사상사 연구 역시 그로부터 알게 모르게 영향을 받았다. 그가 『연구』의 첫번째 논문에서 보여준 기본적인 문제의식은, 도쿠가와 시대의 초기 주자학을 개개 유학자의 학설보다는 전체적으로 공통되는 사유방식이라는 범주에서 이해하고, 그것이 시대의 흐름과 더불어 어떻게 변모

---

20 참고로 덧붙여두자면 시마다 겐지의 저작에 대한 비판과 극복은 溝口雄三, 『中國前近代思想の屈折と展開』(東京大學出版會, 1980)에 의해서 이루어졌다.

해가는지 살펴보려고 했다. 말하자면 도쿠가와 시대의 '정통적인' 세계상, 즉 주자학적 사유양식이 해체되어가는 과정을 추적해보려고 한 것이다.(『연구』, 64. 영어판 서문) 다시 말해 일본사상사에서 주자학적 사유의 해체와 더불어 근대적 사유가 어떻게 싹트게 되는지 더듬어보려고 했던 것이다.

그에 의하면, 도쿠가와 사상사에서 주자학적 사유의 분해(해체)과정은, 설령 보이지 않을지라도 착착 진행되고 있었으며, 그것은 곧 주자학적 사유에 대한 안티테제antithesis의 성장과정이기도 했다. 그 절정으로 설정된 것은 오규 소라이荻生徂徠(1666~1728)의 사상, 이른바 '소라이가쿠'徂徠學였다. 하지만 하루아침에 소라이가쿠가 등장한 것은 아니다. 그의 선구에 해당하는 사상가들 즉 야마가 소코山鹿素行(1622~1685), 이토 진사이伊藤仁齋(1627~1705), 카이바라 에키켄貝原益軒(1630~1714) 등이 일종의 징검다리에 해당되었던 것이다.

소라이가쿠를 '주자학적 사유에 대한 안티테제'로 본 것, 다시 말해서 소라이가쿠에 이르러 주자학이 해체된 것으로 보았던 연유는 '정치적 사유의 우위'에 있었다. 소라이에게 "길(道)이란 오로지 인간의 규범"이며 "성인의 길만을 의미하게 되었다". 그런데 "성인의 길은 오로지 나라(國)와 천하天下를 다스리는 길에 다름 아니다". "성인의 길 내지 선왕의 길의 본질은 무엇보다도 나라를 다스리고 천하를 평온하게 하는 정치성政治性에 있다."(『연구』, 195) 이는 곧 개인의 도덕과 정치의 연속적 사유를 부인하는 것으로 이어진다. 심지어 개인 도덕을 정치의 수단으로 삼을 수 있다고 한다. 소라이는 "자신의 몸을 닦는 것을 밀고 나가면서(推及) 그 나머지로써 백성들을 다스리는 것은 아니다". "사람들의 군주(人主)된 이는 설령 도리道理에서 벗어나 사람들의 비웃음을 살 만한 일이라 하더라도 백성들을 편안하게 하는 일이라면 그 어떤 것이라도 기꺼이 하겠다는 생각을 가져야 한다. 그런 마음을 가진 사람이라야 진실된 백성의 부모라 할 수 있다"고 했다.(『연구』, 197) 이를 도덕과 정치의 분리로 받아들이는 바로 그 순간, 마루야마는 마키아벨리Niccolò Machiavelli(1469~1527)의 『군주론』il Principe을 떠올린다. 마침내 그는 이렇게 자리매김한다.

> 어쨌건 소라이가쿠에게 정치적 사유의 도학道學적 제약이 이 정도로까지 배제되어 있는 이상, 근세 유럽에 있어서 과학科學으로서의 정치학을 수립한 영예를 『군주론』의 저자가 안고 있는 것처럼, 일본의 도쿠가와 봉건제하에서 '정치의 발견' discovery of politics을 소라이가쿠에 돌린다 하더라도 부당한 것은 아닐 것이다.(『연구』, 198)

일본의 마키아벨리, 오규 소라이! 마루야마가 정작 하고 싶었던 말은 그것이었으리라. 그는 근대 서구의 사상사적 발전 과정을 도쿠가와 시대의 사상사에서도 그대로 확인할 수 있다는 것, 다시 말해 일본 '근대성의 뿌리'가 있다는 것을 '증명(?)'해 보였고, '정치의 발견자' 오규 소라이를 '발견'해냈다. 첫번째 논문, 아니 『연구』 전체의 클라이맥스는 이 장면에 있다고 해도 과언이 아니다.[21]

혼히 서양정치사상에서의 근대성 혹은 근대적인 정치사상의 시발점을 마키아벨리에서, 특히 도덕과 정치 영역의 분리에서 찾곤 한다. 실제로 그것은 중세정치사상과의 격심한 단절을 알리는 국면이기도 했다. 그런데 마루야마 마사오는 그 같은 장쾌한(?) 장면을 일본정치사상사에서도 찾아낼

---

[21] 그럼에도 소라이가쿠에는 아직도 유교 내지 유교적 사유가 남아 있다는 '한계'를 가지고 있다. 그런 한계는, 소라이가쿠를 지렛대로 삼아 발전하는 '고쿠가쿠'(國學), 특히 모토오리 노리나가(本居宣長, 1730~1801)에 의해서 극복되며, 거기에 이르러 주자학적 사유는 마침내 완전히 '분해' 혹은 '해체' 되었다 한다.

수 있음을 입증해보였던 셈이다. 중국에서의 근대사유의 '좌절'과 대비시켜보라!

그러한 논지를 보완하기 위해서, 마루야마 마사오는 두번째 논문에서 주자학이나 그것의 안티테제로 설정된 소라이가쿠가 현실에서 봉건적 지배관계를 절대시하는 점에서는 차이가 없지만, 봉건적 사회질서를 바라보는 시각 내지 지탱해주는 방식 그리고 그것을 절대시하는 논리적 과정the logical basis은 서로 다를 수밖에 없다고 한다. 그래서 '자연'自然과 '작위'作爲라는 두 개의 지표를 설정하고서 – 질서 자체를 자연적인 것으로 보느냐 아니면 만들어내는 것으로 보느냐 – , 거시적으로 보면 자연에서 작위로 이행해간다고 보았다.

다만 오규 소라이의 경우, '작위'로의 논리 전개는 중세적인 사회의식의 전환을 보여주기는 하지만, 아직은 그런 질서를 만들어내는 인격이라는 측면에서 제한성을 갖는다. 소라이에게서, 질서를 만드는 인격은 ('사회계약설'에서처럼 '개인'이 아니라) 성인, 그리고 (그로부터 유추된) 정치적 지배자일 뿐이다.(『연구』, 362~363). 그것은 정치적으로는 도쿠가와 쇼군의 '절대주의'로 귀결되며, 근세 초기의 절대 군주제에 비견될 수 있다고 한다.

'국민'nation과 '내셔널리즘'(국민주의)nationalism에 대한 엄격한 개념 정의로 시작하고 있는 세번째 논문 역시 중요한 의미를 갖는다. 그에 의하면, 유구하게 빛나는 눈부신 국민적 전통을 유지해온 일본에서도 엄격한 사회과학적 의미에서의 '국민의식' 과 그것을 배경으로 한 '국민주의'가 탄생하기 위해서는 메이지유신을 기다리지 않으면 안 되었다고 한다.(『연구』, 469) 그런 관점에서 보자면, 도쿠가와 시대의 '국민'의식이나 전기적前期的 국민주의에 속하는 여러 사상 형태들 – 예컨대 해방론海防論, 부국강병론富國强兵論, 존황양이론尊皇攘夷論 – 은, 당연히 일정한 한계성을 지닌다. 그래서

"여전히 사라지지 않는 국제적인 중압 속에서 '전국 인민들의 뇌리 속에 국가(國)라는 생각을 갖도록 만든다'(후쿠자와 유키치, 『통속국권론』)는 것은, 바야흐로 메이지 사상가들이 두 어깨로 짊어져야 할 절실한 과제가 되었다"(『연구』, 516)고 전망했다.[22]

근대성과 내셔널리즘의 한국정치사상

마루야마 마사오의 『연구』에 대해서 조금 길게 말한 것은, 그 속에 근대성·자연과 작위·사회계약론·내셔널리즘과 국민국가 같은 주요한 요소들이 거의 다 담겨 있기 때문이다. 그가 전개한 논리와 주제는 단순히 일본만이 아니라 동아시아, 나아가서는 비서구 지역에서 근대와 근대성 문제를 다룰 경우, 어떤 형태로든 진지하게 생각해서 정리해야 할 측면들이기도 했다.

충분히 감지했으리라 생각되지만, '주자학적 사유양식의 해체와 근대적 사유의 발생'이라는 명제는 한국정치사상 분야를 넘어서 한국철학, 사상계 아니 한국학계 전반을 거의 휩쓸다시피 한 문제의식이 아니었던가. 그것은 종래의 '식민사관' 내지 '정체사관'(停滯史觀)을 벗어나고자 하는 바람과 맞물려서 한 시대를 풍미했으며, 심지어 지금도 일부에서 그대로 통용되는 시각이기도 하다.

내가 보기에, 그 같은 문제의식은 어쩌면 지난날 경제사 분야에서의 '자본주의 맹아' 문제와 짝을 이루기도 했다. 대학원 시절, 일본어로 번역·

---

22 그런 영역에 대한 이후의 관심과 연구는 마루야마 마사오, 김석근 (외) 옮김, 『충성과 반역: 전환기 일본의 정신사적 위상』(나남, 1998)을 참조할 수 있다.

소개된 북한의 연구논문 – "조선에서의 자본주의적 관계의 발전" 정도였던 듯하다 – 을 친구들과 열심히 강독한 것을 기억하고 있다. 그때만 해도 '사회과학'의 시대였으며, '경제사'를 일종의 교양필수처럼 여긴 시대였으니까.

그로부터 한참 시간이 흐른 후, '유교 자본주의'와 관련해서 이것저것 쓰다가 아주 흥미로운 사실을 알게 된 적이 있다. '자본주의 맹아' 문제의 연원은, 마오쩌둥毛澤東(1893~1976)이 "중국 봉건사회 내의 상품 경제의 발전은 이미 자본주의 맹아를 품고 있었다. 만일 외국 자본주의 영향이 없었더라면 중국도 완만하게 자본주의 사회로 발전하였을 것"이라고 한 발언이었다는 것. 이후 30여 년 동안 중국 사학계는 그의 발언이 정확한 과학적 논평임을 증명하기 위해 애썼다는 것. 그런데 명·청 시대를 검토한 위잉스余英時는, 대륙학자들의 수많은 논저를 읽고서 "어떠한 자본주의 맹아도 진정으로 보지 못했다"고 선언했다는 것이다.[23]

한국정치사상 분야에서 '주자학적 사유양식의 해체와 근대적 사유의 발생'이라는 명제를 아마 최초로 적용시킨 사례로는 박충석(이화여대 명예교수)의 『한국정치사상사』(삼영사, 1982)를 들어야 할 것이다. 이 책은 동경대학 법학부 정치학과에 유학, 마루야마 마사오의 지도하에 썼던 박사학위 논문을 토대로 펴낸 것이다. 거기서는 조선조 유교 정치체제의 이론적 기초를 이루고 있던 주자학의 사유체계가 17세기 후반 이래의 근세실학사상의 전개과정 속에서 어떻게 내면적으로 붕괴해갔는가, 이어 그 같은 과정에서 구축된 근세실학사상이 '개국'기에 대두한 개화파 사상과 어떻게 연결되고 있는가, 그리고 개화파 사상의 특질은 무엇인가를 규명해보려고 했다(머리말 참조).

23 이에 대해서는 김석근, 「유교윤리와 자본주의 정신?—'베버 테제'의 재음미」, 『동양사회사상』 제2집(1998, 206쪽) 참조.

'해체' 대신에 '붕괴', '극복'이라는 용어를 구사했으며, 본문에서는 조선조 정통주자학으로부터 근세실학사상으로라는 시각, 그리고 그 역사적 변용은, 근세실학사상이 조선조 정통주자학 사상을 사상 내재적으로 극복하여간 과정이라는 가설을 설정할 수 있다고 했다(6쪽). 마루야마 마사오의 문제의식과 소라이가쿠를 조선조 주자학과 실학에 거의 그대로 적용하고 있음을 어렵지 않게 알 수 있다. 이토 진사이와 오규 소라이에 해당하는 조선의 사상가는 다산 정약용(1762~1836)과 혜강 최한기(1803~1875)쯤으로 되었다.

그런 설정과 해석은, 정치사상뿐만 아니라 인문학 분야에서 '실학'이 부각되던 1970년대 말, 1980년대 초반의 전반적인 학문적 분위기와 일맥상통하는 것으로 여겨진다.[24] 그렇게 '실학'이 떠오르게 된 데에는, 역시 주자학에 대한 비판과 극복이라는 측면에 주목했기 때문이 아닐까. 그러니까 조선 후기에 정통 지배이데올로기 주자학에 대한 비판, 새로운 사조思潮로서의 실학이 내부적으로 태동하고 있었다는 것이다. 그 같은 주장과 연구는 일차적으로 일본 제국주의 식민학자들이 만들어서 덧씌워놓았던 '식민사관과 정체사관'을 겨냥하고 있었다. 그들이 한없이 폄하했던 조선의 정치사, 사상사는 그렇게 정체된 역사와 사상사가 아니라 주자학을 비판하는 실학이 있었으며, 또한 그 실학의 흐름이 개화사상으로 이어져갔다는 것이다. 다분히 도식적인 설정이 이루어지게 되었고, 분명하게 말하지는 않았지만 대략 실학 언저리에서 '근대성'이 비정比定되었다고 해도 지나친 말은 아닐 것이다.

하지만 마루야마 마사오가 두번째 논문에서 다루었던 자연과 작위, 더

---

24 김한식, 『실학의 정치사상』, 일지사, 1979. 역시 같은 맥락에서 이해할 수 있다.

욱이 사회계약 문제는 슬그머니 그대로 넘겨진 것처럼 보인다. 미리 말해 둔다면, 나로서는 일종의 방법으로 '작위'와 '계약'의 주체라는 측면에 주목하고 있다. 그리고 세번째 논문에서 다루었던 네이션, 국민국가, 그리고 내셔널리즘 문제는, 역시 동경대학 법학부 정치학과에서 유학한 김영작(국민대 교수)의 『한말 내셔널리즘 연구: 사상과 현실』(청계연구소, 1989)에서 본격적으로 다루어졌다.[25]

타이틀에 '민족주의'가 아니라 '내셔널리즘'이란 용어를 채택했던─그렇게 함으로써 내셔널리즘의 정치학적 의미를 분명하게 드러내고자 했던 것으로 여겨진다─그 책은, 여전히 그 분야의 필독서로서 빛을 잃지 않고 있다. 나 역시 적지 않은 영향을 받았으며, 지금도 참조하고 있다.

우리말 증보판을 펴내면서, 그는 한말 내셔널리즘이 한국 내셔널리즘의 원형 또는 '이념형' ideal type이라 생각한다, 시간적으로 우리나라의 근대적 내셔널리즘의 시원始原이었다는 의미에서뿐만 아니라, 한말 내셔널리즘의 전체상 속에 담긴 특징과 고뇌는 그 내용물의 형태를 약간 달리하였을 뿐 오늘의 한국 내셔널리즘의 전체상 속에 그대로 되풀이되고 있다고 했다.(iii쪽) 그러니까 한말 내셔널리즘을 19세기 후반에 그것에 한정시키지 않고서 그 현재적인 의미까지 연장시켜 이해할 것을 권유하는 것이다. 그의 말을 직접 들어보기로 하자.

그러한 현상 가운데 한두 가지만 지적한다면, 첫째 외부로부터의 도전에 대한 응전으로서 등장한 한말 내셔널리즘의 전개과정이 "타他의 도전에 대한 아我의 응전"이라는 형태로 결집되지 못하고, 우리 내부에 복잡하고 중층적

---

25 그 책의 일부는 1975년 동경대학교출판회에서 『韓末ナショナリズムの研究』로 간행된 바 있다.

인 내부 분열을 동반하고 있었던 점은 오늘날까지도 우리나라 내셔널리즘이 해결하지 못하고 있는 역사적 중하重荷이며, 둘째 다양한 내셔널리즘의 운동 주체가 "반침략"과 "반봉건"이라는 이중의 역사적 과제를 옳게 배합하지 못하고 각기 "반침략 없는 개화(반봉건)" 또는 "개화(반봉건) 없는 반침략"이라는 형태로 내적 결함을 드러내고 있었던 점도, "통일없는 근대화(또는 민주화)"나 "민주(또는 자율) 없는 통일"의 한계를 벗어나지 못하고 있는 현재의 우리 민족(남·북한 모두)의 내셔널리즘의 역사적 과제라고 생각한다.(iii~iv쪽)

한국의 내셔널리즘의 현재와 과제라는 측면에서 한 번쯤은 깊이 음미해야 할 지적이라 할 수 있다. 하지만, 그와 동시에, 보는 시각에 따라서 논란의 여지도 없지는 않은 듯하다.[26] 내셔널리즘 자체를 '도전과 응전'으로 바라보는 시각, 응전 과정에서 복잡하고 중층적인 내부 분열을 동반했다는 것, 그리고 반침략과 반봉건이라는 과제의 올바른 배합 등이 쟁점이 될 수 있겠다.

■ 새로운 시각과 문명론적 사유

일찍이 '주자학적 사유양식의 해체와 근대적 사유의 발생'이라는 명제를 제시했던 마루야마 마사오는 『연구』의 저자 후기(1952)와 영문판(1974) 서

---

26 중국근대사를 다룬 것이기는 하지만, 종래의 '충격-반응', '전통과 근대성', '제국주의' 접근법이 상이한 지형에도 불구하고, 모두 '서구 중심적인 시각'에 입각해 있다는 비판은 상당히 시사적이라 하겠다. 폴 A. 코헨, 이남희 옮김, 『학문의 제국주의: 오리엔탈리즘과 중국사』(산해, 2003) 참조.

문에서 그 명제와 관련해서 지난날 자신의 연구가 지닌 문제점을 스스로 토로하고 있다. 정통적인 이데올로기(주자학)의 해체 과정이 그대로 근대적 이데올로기의 성숙이 된다는 식의 기계적인 편향성에 빠지고 말았다고 한다. 아울러 봉건적 이데올로기를 내부로부터 해체시키는 사상적 계기가 있다고 해서 그것을 근대의식의 징표로 볼 수 있겠냐는 것이다. 다시 말해 본래의 근대의식의 성숙을 준비하는 전제조건으로 보아야 하지 않을까 하는 것이다.(『연구』, 84. 후기)

주자학적 사유양식의 해체가 그대로 근대의식의 징표가 아니라는 데 동의한다 하더라도—그가 말하는 '기계적 편향성'에서 벗어난다 하더라도—, '근대의식의 성숙을 준비하는 전제조건'으로 보아야 할 것인지 아니면 또 다른 측면으로 볼 수 있는지 하는 의문은 여전히 남는다.

사실은 그 문제에 앞서, 마루야마 마사오가 '근대'를 어떻게 보고 있는지, 다시 말해서 '근대'나 '근대성' 자체에 대한 정확한 개념 규정과 설명을 하지 않았다는 점을 지적하지 않을 수 없다. 글에서 마키아벨리가 나오고 홉스가 등장하지만, 그는 근대를 곧 주자학의 해체와 같은 것으로 여겼다.

또한 그는 상대적으로 일본의 '진보성'을 전제하면서 헤겔이 『역사에 있어서의 이성』에서 개진한 중국 제국의 특성, 즉 정체성停滯性—'지속의 왕국'—을 이미 받아들이고 있었다. 당시 중국사 연구자들 사이에 중국의 정체성은 거의 공통된 인식이었다 한다. 그래서 그는 중국이 근대화에 실패해 반半식민지가 된 반면, 일본은 메이지유신으로 동양에서는 유일한 그리고 최초의 근대국가가 되었는가 하는 것을 사상사 측면에서 검토했던 것(『연구』, 83. 후기)이라 고백하기도 했다.

그 같은 시각은 제2차 세계대전 이후 급격하게 변한다. 상대적으로 앞선 것처럼 보였던 일본의 근대, 근대국가는 제한적인 근대, 근대국가였다는 것을 시인하게 된 것이다. 서구의 근대, 근대국가를 충실하게 모방했을 뿐만 아니라 일본이 받게 된 외적인 압력을 아시아의 다른 지역, 국가들에게 떠넘기는 이중성을 지니고 있었다는 것 역시 드러나게 되었다. 1930~40년대 일본의 군국주의 파시즘과 침략 전쟁은 일본의 근대, 근대국가를 다시 한번 되돌아보게 해주었다.

또한 다른 한편으로는, 1949년 중화인민공화국의 성립과 더불어, 중국은 종래의 '지속의 왕국'에서 '대중적 기반에서의 근대화'로 높이 평가하게 되었다. 중국을 바라보는 시선이 예전과 완전히 달라진 것이다. 또한 일본의 마키아벨리로 지목되었던 오규 소라이의 사상에 대해서도 완전히 새로운 해석이 나오기도 했다.[27]

또 다른 곳에서 그는 이렇게 회고하기도 했다. "『연구』를 썼던 당시에는 'The 근대화'를 기준으로 해서 어디까지 근대화되어 있는가를 생각하고 있었다. 그러나 '근대화'의 내용에 대해서는, 적어도 그 당시의 마르크스주의자들이 생각하고 있던 '근대화'의 발전단계 파악방식에는 불만이었다. 그러나 'The 근대화'가 있다고 생각하고 있었다. 복수의 '근대화'가 있고, 그 비교가 문제라는 생각은 당시는 없었다."(『전집』, 16~54) 그러니까 근대화에는 서구의 경험을 모델로 삼아, 그렇게 나아가는 단일적이고 표준적인 경로가 있다고 보았던 것이다. 서구식으로 단일적인 노선을 따라 근대화한다는 생각과 그 외에도 (예컨대 중국식의 근대화처럼) 복수의 다양한 근대화 경로가 있을 수 있다는 생각 사이에는 상당한 격차가 존재한다.

다시금 마루야마 마사오를 다소 길게 언급한 것은, 그가 근대성·근대의식·근대화 문제와 관련해서 자신의 생각을 꾸준히 진전시켜온 반면 안

---

[27] 예컨대 渡邊浩, 『近世日本社會と宋學』(東京大學出版會, 1985) 등을 참조할 수 있다.

타깝게도, 한국정치사상 분야에서는 그러한 지적인 천착과 해석을 거의 찾아볼 수 없음을 지적하고 싶어서이다. 오히려 오래전의 수준에서 문제의식이 그대로 멈춰 있거나 아니면 주된 관심의 변화와 더불어 한편으로 밀쳐져 있다가 슬며시 자취를 감추어버린 듯한 느낌마저 든다.[28] 다른 분야에서는 과연 사정이 어떠한지 정말 궁금하다.[29]

내가 보기에, '주자학적 사유양식의 해체와 근대적 사유의 발생'이라는 명제는 아직 충분히 '정리'되지 못한 것 같다. 과연 주자학이 해체되어야 근대에 가까이 가는가. 그러면 양명학은 어떻게 보아야 하나. 더구나 주자학이 사상계의 독존적인 위상을 차지하고 있었을 뿐 아니라 유례없이 독자적인 심화 과정(사단칠정논쟁, 인물성동이론 등)을 보여준 조선 후기 사상계의 양상은 어떻게 이해해야 할 것인가 등등. 문제는 결국 '근대성'의 내실과 실체가 어떤 것인가 하는 개념 규정과 직결되는 사안이긴 하다. 또한 마루야마가 시사했듯이, 근대화의 경로에 복수의 근대화가 있을 수 있다면, 이른바 '근대성'에도 서구의 경험이 유일한 기준이 되는 'The 근대성' The Modernity(유일한 근대성)이 아니라 넓고 광활한 비서구 지역에서 다른 형태로 동시적으로 존재했던 '복수의 근대성' the modernities 같은 것을 상정해 볼 수는 없을까.[30]

---

28 최근에 나온 한국·동양정치사상사학회 엮음, 『한국정치사상사: 단군에서 해방까지』(백산서당, 2005)를 펼쳐 보면, 제5편 「조선시대(Ⅲ): 서구사상과의 만남」편에 "전기 실학의 정치사상" "후기 실학의 정치사상" 이라는 장이 설정되어 있다. 뒤이은 제6편은 「전환기의 정치사상: 근대국가 이념의 형성과 전개」로 되어 있다. 근대성 문제는 애매하게 처리되어 있다.

29 그 문제에 대해 전혀 다른 방식의 해석을 시도했던 저작으로는 김용옥, 『독기학설: 최한기의 삶과 생각』, (통나무, 1990)과 권순철, 「퇴계철학 원형의 탄생과 식민지적 근대성: 근대 일본의 퇴계연구」, 계간 『전통과 현대』 2002년 겨울호(22호) 등을 들 수 있다.

30 많은 경우 서구적인 관점에서 보기 때문에 '전근대적인' 것으로 여겨지고 있는 것이 아닐까. 서구와 만나는 시점에서는, 실은 동시적으로 존재하고 있는 것들의 만남이었다고 볼 수는 없을까.

솔직히 말해서, 나로서는 이런 문제들에 대해서 아직 뚜렷한 거시적인 밑그림을 그려내지 못하고 있다. 그러다 최근에는 근대성 문제와는 그다지 연관이 없을 것 같은 국제정치 분야, 특히 문명론적 관점에서 이루어지고 있는 연구에서 오히려 새로운 해석의 가능성을 찾아볼 수 있지 않을까 하는 약간의 기대감도 가지고 있다. 어째서 그런가.

미리 말해둔다면, 흔히 생각하는 것처럼 '근대적인' 서구 사회와 '전근대적인' 비서구 사회가 만나는 것이 아니라, 오랫동안 서로 다른 세계관을 가지고서 나름대로 독자적인 문명권으로 존재했던 몇 개의 세계들the worlds이 19세기 후반에 서로 만나게 되고, 나아가 서구 사회의 이니셔티브 initiative 아래에서 전 지구적 규모의 세계체제the World를 형성해가는 것으로 그려낼 수 있지 않을까 하는 것이다.

우리 입장에서 '국제정치학'이라는 학문 분야를 정립하기 위해 애썼던 원로학자 고故 이용희(1917~1997)의 경우, 『일반국제정치학(상)』(박영사, 1962)에서 "진정한 의미에서의 세계사는 19세기 후반에서 20세기로 들어서면서부터 시작한다",(31쪽) "그것은 구미세계의 정치세력이 전 지구적으로 팽창함에 비롯하는 것"(32쪽)으로 "역사적인 의미에서 종래 정립鼎立적인 문화권이었던 유교문화권이나 회교문화권의 제 사회는 마치 쓴 약 마시듯이 이 새로운 세계사적 의미를 수동적으로 접하게 되었"(33쪽)다고 했다. 문화권, 권역 등의 용어를 잠시 접어둔다면, 월러스틴I. Wallerstein이 제시한 바 있는 '세계체제론' the modern world system적인 발상과 아주 흡사하다는 느낌을 받는다.

또한 "국제정치학은 기본적으로 강대국 학문이기 때문에 …… 강대국 이외의 지역에서는 이러한 '국제정치학의 국제정치적인 성격'을 정확히 인식하는 것이 무엇보다 중요하다"(1997, 머리말 x)고 하면서, 종래에는 몇 개의 독자적인 '국제사회'가 존재했지만, 19세기 말에 이르러 문명의 충돌 내지 '세계관 충돌'이 일어났다고 보는 김용구(서울대 명예교수)의 시각 역시 비슷한 맥락에 서 있다.[31] 그래서 "현재 우리가 살고 있는 국제사회는 좋건 싫건 간에 그것은 15세기경부터 세계로 팽창하기 시작한 서유럽 사회의 전 지구적인 확산의 결과인 셈이다. 따라서 비유럽 사회의 입장에서 볼 때 그것은 비본래적인 것이며 그 사회에 편입되고 수용되었던 것은 정치적으로는 불평등의 시작이었고 학문적으로는 종속의 시발이었다"(1997, 간행사 vii)고 한다.

몇 개의 독자적으로 존재한 병렬적인 세계들(국제사회)의 존재, 그러다 19세기 말에 이르러 서구 사회가 주도권을 잡고 형성하게 된 전 지구적 규모의 단일 세계의 형성, 이런 관점에서 본다면 그토록 찾아내고자 애써온 '근대성'이라는 것 역시 한 번쯤 다른 시각으로 볼 수도 있지 않을까. 상이한 문명권의 충돌과 '표준' standard을 점거하려는 혈투(!)—그들은 동시적으로 존재하고 있었다—, 그 결과에 힘입어 비로소 정해진 '중심'과 '주변', 중심으로부터의 '전파'와 주변에서의 '수용' 등의 거대한 밑그림이 그려진다면, '근대성'이라는 개념 자체를 근본적으로 다시 볼 수도 있지 않을까.

나는 무엇을 하고 있나

그러면 나는 과연 무엇을 하고 있는가. 언제나 부딪히게 되는 물음이며, 동시에 끊임없이 자신에게 던져야 할 물음이기도 하다. 왠지 이쯤에서 나름

---

31 김용구, 『세계관 충돌의 국제정치학: 동양 禮와 서양 公法』, 나남, 1997; 김용구, 『세계관 충돌과 한말 외교사, 1866~1882』, 문학과지성사, 2001.

대로 고백도 해야 할 듯하다. 속내를 드러내 보이자면, 한국정치사상 분야의 연구자들이 상대적으로 많아지면서, 나의 관심은 오히려 (근대성 이전의) '고대'·'중세' 사상사로 거슬러 올라가고 있다. 누군가 '빈자리'를 조금이나마 메우는 것도 나름대로 의미있는 작업이 아니겠는가.

그 같은 관심의 이동은, 몇 년째 계속하고 있는 한국정치사상사 합동강의(서울대 정치학과 학부, 대학원)에서 고대사상사 부문을 맡게 되면서 한층 더 빨라졌다. 최근 발표한 논문들의 제목을 보더라도 "나말여초의 정치변동과 정치사상: 禪宗을 중심으로",[32] "고대국가의 제천의식祭天儀式과 민회民會: 한국정치사상사의 '고층'古層과 '집요저음'執拗低音을 찾아서",[33] 뭐 대충 이런 식이다.

애써 변명(?)하자면, 근대성이 논의되는 시점 이전의 정치사상사를 온전하게 그려가다 보면 근대성이 갖는 의미와 문제성을 전체적인 맥락 속에서 조금 다른 방식으로 두드러지게 할 수 있지 않을까 한다. 그러니 관심사에서 완전히 지워버린 것은 아니다. 사실 앞에서 '문명론적 사유'를 말하기는 했지만, 그럼에도 불구하고 '근대성'이란 주제 자체는 나름대로의 의미와 효용성을 갖는다. 다만 그것의 내역과 실체가 아직 분명하게 제시되지 않고 있기 때문에 조금 망설여지는 것도 사실이다.

그러다 보니 굳이 '전략'이랄 것까지는 없겠지만, 이를테면 그 주변 영역부터 그리고 구체적인 사안부터 조금씩 그려나가는 방식을 취해보기도 한다. 예컨대 독자적인 세계로 존재해온 '유교문명권'의 논리적 구조와 그 특성,[34] 그 같은 유교문명권에 지극히 낯선 천주교가 전해졌을 때 일어났을

---

32 『한국정치연구』(서울대학교 한국정치연구소) 제13집 1호, 2004.
33 위의 책 제14집 1호, 2005.

법한 사상적 충격과 갈등 양상,[35] 또한 서구 세계의 주요한 흐름이나 사조—예컨대 자유, 권리 등의 개념과 자유주의Liberalism—가 동아시아에 전해지고 또 수용되는 양상 여하,[36] 그 같은 토대 위에 펼쳐지는 19세기 말 사상가들의 '국민', '국민국가' 및 '내셔널리즘'에 대한 인식[37] 등을 나름대로 열심히 스케치해보기도 했다.

나 혼자만의 생각일지는 모르겠지만, 그래도 'individual'(개인) 개념의 번역과 도입을 추적하고 재구성해내려는 작업[38]이, 근대성 문제에 대해서, 가장 근접한 것이라 할 수 있지 않을까. 굳이 '개인' 개념을 선택한 것은, 그것이야말로 서구 근대사회의 가장 핵심적인 요소가 아닐까 싶었기 때문이다.[39] 더구나 근대적인 의미에서의 '개인'은 질서를 만들어내는—구체적으로는 '계약'을 통해서 '사회'를 만들어내는 것, 근대의 기원설화로서의 사회계약설!—'주체'로서의 성격을 분명하게 지니고 있지 않은가!

그 같은 맥락과 의미를 갖는 individual이란 개념/용어는, 오랫동안 유교적 소양에 젖어 있던 당시의 지식인들에게 지극히 낯선 개념이었다. 시행착오와 우여곡절을 겪으면서 다양한 번역이 이루어졌고, 마침내 '개인'

---

34 「민, 민본, 민본주의 개념에 관한 시론」, 2000년도 한국정치학회 연례학술대회 발표논문; 「'민본'과 '민주'사이의 거리와 함의」, 김형효 외, 『민본주의를 넘어서』, 청계, 2000.

35 「天主와 上帝: 다산의 西學에 대한 사상사적 독해」, 2001년도 한국정치학회 연례학술대회 발표논문.

36 「福澤諭吉에서의 '自由'와 '通義': 獨立不羈의 정치학」, 『정치사상연구』 제2집, 2000; 「개화기 '자유주의' 수용과 기능 및 정치적 함의」, 동아일보 창간 85주년 기념학술회의, 2005년 5월.

37 「김옥균과 최익현: 19세기 말 '개국'(開國)을 바라보는 두 시선」, 정윤재 (외), 『한국정치사상의 비교연구』, 한국학중앙연구원, 2000; 「兪吉濬, '文明論之槪略'을 讀む」, 『福澤諭吉年鑑』 30號, 2003.

38 「19세기 말 '개인' 개념의 수용에 대하여」, 『국제문제연구』 제24호; 「근대적 '개인'의 탄생과 그 주변: 『독립신문』을 통해 본 '주체'와 '작위'의 문제」, 2004년도 한국정치학회 연례학술대회 발표논문.

39 알랭 로랑, 김용민 옮김, 『개인주의의 역사』, 한길사, 2001; 알랭 르노, 장정아 옮김, 『개인: 주체철학에 관한 고찰』, 동문선 현대신서, 2002; 리하르트 반 뒬멘, 최윤영 옮김, 『개인의 발견』, 현실문화연구, 2005 등을 참조할 수 있다.

이란 용어로 굳어지게 되었다. 개념과 용어가 등장했다고 해서, 그 같은 사회적 의미를 갖는 존재가 곧바로 등장할 수 있을까. 그래서 나는 "그럼 지금은 그런가" 하는 의문을 던지면서, 현대 한국 사회에 가하는 비평의 잣대로 써먹기도 한다. '방법'으로서의 '개인'이라 해도 좋다.

그런 만큼, 나로서는, 나의 전략과 일맥상통하거나 직·간접으로 도움이 되는 최근의 일련의 작업 성과들을 즐겁게 반기면서,[40] '홍운탁월' 烘雲托月이라는 말을 새삼 음미해보곤 한다. 그렇다, 달을 그려내는 방법은 수없이 많다. 굳이 직접 달려들지 않더라도 그를 둘러싼 주위의 구름들을 열심히 그려가다 보면, 어느 순간 문득 달이 드러날 수도 있지 않을까. 내가 하는 작업들이 그런 구름들 중 의미있는 하나가 될 수 있었으면…….

---

40 그런 예로서 이화여대 한국문화연구원, 『근대계몽기 지식 개념의 수용과 그 변용』, 소명출판, 2004; 김홍우 감수, 전인권 편집교열, 서울대 정치학과 독립신문강독회, 『독립신문 다시 읽기』, 푸른역사, 2004; 하영선 편, 『근대한국의 사회과학 개념도입사 연구』(문학과지성사, 근간) 등을 들 수 있다.

■ 보론
정치학과 정치사상 영역에서의 근대성 논의

무엇을 가리켜 '근대성'modernity이라 하는가, 다시 말해 근대성의 내실을 과연 어떻게 볼 것인가. 근대성 논의에서 핵심적인 사안은 역시 '개념 규정' 문제가 아닐까. 결국 그 문제로 귀착될 수밖에 없지 않을까. 예컨대 마키아벨리의 경우, '정치와 도덕의 분리'라는 측면에 주목했으며, 그 점에 힘입어 지금도 근대 정치학의 출발점으로 여겨지곤 한다. 지난날 동양정치사상 연구에서도 그 같은 지표를 거의 그대로 받아들이기도 했다. 실은 나로서는 정치적인 주체로서의 '개인' individual의 탄생이, '사회계약' Social contract과 관련해서 나름대로 지표가 될 수 있지 않을까 생각해보기도 했다. 하지만 서로 상이한 논리와 사유를 가진 독자적인 문명권들의 동시적 존재라는 측면을 감안한다면, 그 같은 생각을 끝까지 밀고 나갈 수 있을까 하는 의문이 든다.

유럽 세계가 이니셔티브를 잡고서 만들어간 전 지구적 규모의 단일 세계시스템하에서 이른바 '국제정치'는 이른바 '국민국가'를 바탕으로 하는 '국가간 시스템' interstate system을 근간으로 하는 것이었다. 따라서 비서구 사회로서는 그처럼 바깥에서 주어진 국제환경하에서 독자적인 행위자로서 설 수 있을 것인가, 아니면 식민지, 반식민지가 될 것인가 하는 기로에 서지 않을 수 없었다. 거기에 비서구 사회의 '내셔널리즘'의 일차적인 과제가 있었다고 하겠다. 그런 만큼, 적어도 정치학과 정치사상 영역에서 내셔널리즘과 국민국가라는 주제는 근대성 논의에서 빼놓을 수 없는 사안이라 생각한다. 정치적 근대성의 완성이 곧 내셔널리즘의 완성, 통일된 국민국가의 완성이라 하기는 어렵겠지만, 전혀 무관하지는 않다고 해야 하지 않을까. 류큐琉球처럼 오랫동안 독자적인 왕국으로 존재했지만, 근대에 접어들면서 근대국가 일본에 강제로 편입되어버린 경우도 있으며, 식민지하의 한국처럼 '저항적인' 내셔널리즘을 거쳐서 다시금 정치적으로 독립한 경우도 있다. 역시 국제사회의 행위자로서 공인을 받는 '국가'의 존재가 중요한 지표가 된다고 하겠다.

정치적 차원에서 근대는 내셔널리즘과 국민국가의 시대였다고 할 수 있겠지만, 그들이 과연 지금도 지향해야 할 가치라 할 수 있을까. 개인적으로 나는 아니라고 생각한다. 하지만 간과할 수 없는 것은, 우리의 경우 '근대'를 제대로 거치지 못한 만큼 문제가 한층 더 복잡해져 있다는 사실이다. 지난날의 과제를 다 마무리하지 못하고 있는 상황에서 다시금 새로운 시대의 과제에 부응해나가야 한다는 것이다. 말하자면 복합적인 과제를 안고 있는 셈이며, 따라서 바라보는 시각과 해석 역시 아주 다양한 스펙트럼을 보여주고 있다. 탈근대, 탈국민국가화, 세계화를 말하면서도, 단기적인 국면에서는 여전히 '국적'nationality이 중요한 위상을 차지하고 있으며, 게다가 우리 사회에서 북한을 바라보는 시선과 입장 역시 다양하게 분화되고 있지 않은가.

황색식민지의 근대성과 아메리카나이제이션

유선영

유선영

1975년 이화여자대학교 인문사회계열 입학. 1984년 고려대학교 대학원 신문방송학과 석·박사과정을 이수한 후 1993년 2월 「한국 대중문화의 근대적 구성과정에 대한 연구 - 조선후기에서 일제시대까지를 중심으로」로 박사학위를 받았다. 1990년대 말 근대성 논의가 시작되면서 인접 분야의 근대성, 식민시기 일상 연구, 문화사, 사회사 연구자들과 학위논문을 통해 수인사와 교류가 이뤄졌고 이들과의 토론을 통해 개념들을 만들고 분석을 정교화하는 작업의 재미를 느끼고 있는 중이다.

그간 발표했던 연구들을 보니 근대 소비대중의 형성에서부터 1900~10년대 초기영화 관람과 관객성, 1930년대 유행가 신민요, 1930~40년대 초 서양영화소비, 신체기술의 근대화, 대중적 읽을거리의 근대화, 황색식민지의 아메리카나이제이션까지 나름대로 주제적, 시기적 연속성을 갖추고 있는 듯해서 한국 대중문화의 역사를 대충 꾸릴 만큼 된 것 아닌가 생각하고 있다. 이렇게 개별적인 문화 에피소드를 통해 근대적 문화구성의 궤적을 재구성하는 작업의 궁극적 목적은 한국 대중문화의 근대사를 이론화하는 것이다.

― '황색식민지의 아메리카나이제이션'이라는 문제틀과 그것의 함의

식민지 근대성의 성격과 그것의 형성 메커니즘을 규명하는 데 주력하고 있는 내 연구의 이론적 및 학문적 입지를 가장 잘 드러내는 개념을 꼽으라면 황색식민지와 아메리카나이제이션의 두 개념을 들 수 있다. 이 두 개념을 처음 사용한 것이 1997년 발표 논문「황색식민지의 문화정체성―아메리카나이즈드 모더니티」인데 지금도 그러하지만 당시에는 더 생경하고 파격적인 문제제기였다. 그리고 2001년「육체의 근대화―아메리칸 모더니티의 육화」, 2005년「황색식민지의 서양영화 관람과 소비실천, 1934~1942: 제국에 대한 '문화적 부인'의 실천성과 정상화과정」연구 등을 통해 이 두 개념을 보다 구체적으로 역사화하려 했다.[1] 왜 일제시대 혹은 식민지 시대 문화연구에서 이 두 개념이 중요하며 이것들이 우리 사회 식민지 시대 연구

---

[1] 식민적 근대성 혹은 식민지 근대성을 천착했다고 간주되는 논문들은 박사논문을 쓴 1993년 이후, 심사를 거쳐 학술지에 게재된 것만 추리면 아래와 같이 총 9편 정도가 된다:「황색식민지의 서양영화 관람과 소비실천, 1934~1942: 제국에 대한 '문화적 부인'의 실천성과 정상화과정」(2005);「초기영화의 문화적 수용과 관객성: 근대적 시각문화의 변조와 재배치」(2004);「극장구경과 활동사진보기: 충격의 근대 그리고 즐거움의 훈육」(2003);「식민지 대중가요의 잡종화: 민족주의 기획의 탈식민성과 식민성」(2002);「육체의 근대화―아메리칸 모더니티의 육화」(2001);「Embodiment of American modernity in colonial Korea」(2001);「흩눈정체성의 역사―한국의 문화현상분석을 위한 개념틀 연구」(1998);「황색식민지의 문화정체성―아메리카나이즈드 모더니티」(1997);「대중적 읽을거리의 근대적 구성과정」(1993);「한국 대중문화의 근대적 구성과정에 대한 연구: 조선후기에서 일제시대까지」(학위논문, 1993).

에서 갖는 의미는 무엇인가?

　이 문제틀이 갖는 함의를 설명하고 이해하기 위해서는 보다 복잡한, 단계적인 설명이 필요하다. 첫째, 이 개념들은 일제시대라는 식민역사 연구에서 사각지대에 있던 (대중)문화변동의 양상들을 분석할 때 설득력을 갖는다. 다시 말해 기존의 수탈론과 민족주의 사관에 충실한 연구들에서 중시했던 식민국가(일제)의 제도와 정책, 저항과 투쟁의 독립운동, 태평양전쟁과 전시동원체제 등의 연구 영역에서는 잘 드러나지 않지만 문화 영역을 연구문제로 설정할 때 더 잘 드러나는 것이다.

　둘째, 식민지 시기 문화 영역은 그 자체로 고정된 것이 아니고 변화의 과정에 있는 유동적 상태의 문화라는 인식이 전제되어야 한다. 식민시기 문화연구는 필연적으로 문화의 전환, 이행 그리고 변동과정에 대한 연구이다. 문화 변화의 국면들 혹은 변화의 궤적, 혹은 근대적 재구성 과정을 들여다보면 왜 황색식민지와 아메리카나이제이션 개념이 중요하며 의미있는 문제틀인지 알 수 있다.

　셋째, '문화'에 대한 연구는 기존의 제도사, 민족사, 전쟁사, 국가와 같은 제도 중심의 연구와는 다른 이론적, 인식론적 접근을 필요로 한다. 한 사회의 문화를 '민중 혹은 대중주체의 일상에서의 다양한 실천들'이라고 정의하면 '식민국가/제국을 행위의 주체로 설정하고 이것의 수탈, 억압, 조정과 통제'를 식민역사의 주 결정요인으로 간주하는 민족주의 그리고 국가주의 사관과는 거리를 둘 수밖에 없다. 식민국가의 통치행위가 일제시대 모든 현상들, 사건들, 징후들의 최종적이고 결정적인 요인으로 간주되고 제 영역들 — 정치·경제·문화 혹은 일상, 의식/이념 — 의 내부적 차이는 고려되지 않았는데, 나는 이것을 국가결정론state-determinism으로 규정하였고 동시에 모든 현상을 하나의 결정적 요인으로 환원하는 총체론적 시각으로 간주하였다. 그러나 문화는 '대중 주체의 자기 규정력'이 작동하는 영역으로서 '국가와 타협, 경합, 동의하거나 순응'하는 주체들의 일상 영역이다. 이 주체들의 일상 영역이 갖는 능동성, 저항성, 자율성을 드러내기 위해서는 대중의 의식과 실천에 초점을 맞추는 문화주의, 미시사, 일상사, 신문화사, 주체주의subjectivism[2] 관점이 대안이 될 수 있다.

넷째, 대중의 일상 영역은 사적인 영역으로서 제도적이고 공적인 영역과 구분되는 문제적 영역으로서 중시된다. 이 일상 영역은 국가가 행위 주체가 되는 공적 영역과는 다른 주체, 다른 논리, 다른 세력요인들에 의해 구성되는 영역임을 분명히 하고 이 안에서 대중 주체들의 주체됨, 정체성, 일상의 실천이 어떻게 구성되었는가를 볼 필요가 있다. 기존의 관점은 식민국가를 최종심급에 두는 총체론적, 결정론적 관점에서 일상의 영역이 가진 특성과 역동성을 배제하고 국가에 의해 일방적으로 규정된 것으로 치부하였다.

다섯째, 식민지에서 식민지 주민들의 사적인 일상 영역과 문화적 실천, 즉 대중 주체의 행위, 도덕, 윤리, 가치체계, 규범, 지향성, 이념, 라이프스타일, 사회적 관계양식, 실천 그리고 욕망은 도덕적 지도력과 영향력을 결여한 그리고 헤게모니를 갖지 못한 일제의 규정을 받지 않았고 그렇다고 이미 붕괴된 전통적이고 전근대적인 가치체계의 규정도 받을 수 없었다. 결

---

[2] 주체주의적 역사 관점이라는 말은 다소 낯설 수 있다. 푸코 이후 역사연구에서는 기존의 구조사, 사건사, 제도사, 사회사적 관점에서 벗어나 담론, 지식-권력을 통해 구성되는 주체(subject)의 주체성(subjectivity)에 초점을 맞추는 새로운 패러다임이 급부상하였다. 다시 말해 기존의 역사연구는 사회과학적 변인들, 즉 국가, 영웅, 제도, 정책, 전쟁, 생산양식, 경제체제, 혁명, 정치체제 같은 구조적이고 사회적이며 객관적인 요인들의 변화를 통해 역사를 설명해왔으나, 푸코 이후 언어, 문화, 담론에 의한 (민중)주체의 일상, 행태, 실천의 변화와 구성과정을 분석하면서 어떻게 사회체제가 유지되고 재생산되는지를 설명하는 역사연구가 유행처럼 확산되어갔고, 이를 주체주의적 역사관이라고 지칭한다. subjectivist-subjectivism은 주관주의적-주관주의으로 번역되는 것이 통상이나 그보다는 대중 주체의 심리, 의식, 담론, 일상, 문화 영역의 구성과 변화를 분석대상으로 삼는다는 점에서 주체주의로 번역하는 것이 타당하다고 생각한다.

국 개인들은 국가와 전통으로부터 분리된 채 개별적이고 사적인 욕망과 가치관에 따라 스스로의 주체성과 정체성을 구성하게 된다. 나는 이것을 식민시기에 특유한 '사적 영역의 과잉'으로 규정했다. 공적이고 집단적인 지도원리―민족국가의 법제, 교육, 전통적인 가치와 도덕체계 등―가 개인에 대한 통제력과 지도력을 상실한 상태에서 개인들이 사사로운 욕망과 이해관계, 관심사에 따라 자신의 주체성과 정체성을 스스로 구성하는 상황이 전개되었음을 '사적 영역의 과잉'으로 설명하고자 한 것이다. 사적 영역이 공적 영역의 기능을 부분적으로 대체하거나 확장된 사회에서는 공적 규범보다는 사적 욕망이, 국가나 제도보다는 가족이, 집합적 가치보다는 개별적 이해관계와 욕망이 우선하며 이 역학관계 속에서 '식민지의 근대적 주체들'이 구성된다.

여섯째, 공적 지도력의 부재 상태에서 식민지 근대 주체들은 근대와 근대성을 정점으로 한 새로운 상상적 가치체계 imagined regime of modern values로 자신을 변형시켜갔으며, 아메리카亞米利加는 이러한 새로운 정체성의 조정 국면에 하나의 지표이자 준거틀로 존재했다. 1920년대에서 해방 전까지 중요한 사회문화적 징후로 규정된 '아메리카니즘'에 의미를 부여하고 보면 식민지 주체들의 일상적 실천에서 '아메리카나이제이션'의 국면들은 '실체적 진실'이었지만 아직 논의되지 않은 현상이었다. 미국은 1882년 정식수교 이래 조선왕실과 긴밀한 관계를 가진 개신교 선교사들의 교육·의료·선교·출판·상업에서부터 1910년대 이후에는 영화와 재즈를 통해 대중의 의식과 일상을 지배했다고 할 수 있다. 다양하고 다층적인 경로를 통해 미국이 서구 근대성의 정화精華로서 식민지 조선인들의 '근대인 되기' becoming modern 과정에서 이상적 타자 the Other로 설정되었던 것이다. 이러한 식민지 근대 주체의 구성과정에 대타자로 작동한 미국, 그리고 미국화를 굳이 아메리카, 아메리카나이제이션으로 표현한 것은 당대의 지식인들이 미국화를 의미하는 용어로 '아메리카니즘'을 사용했다는 점, 그리고 무엇보다 흉내내기의 타자인 미국이 상상적 타자로, 이미지로, 허구적 실체로 존재했음을 역설적으로 드러내기 위한 의도가 크다. 식민시기 조선인들에게 아메리카는 미국이라는 말로 내부화되기보다 낯설게 대상화된 존재이다. 그러나 그 낯섦과 거리감이야말로 서구 근대성의 정점에 있는 것으로 간주된 미국에 대한 동경과 신비감을 자아내고 유지하는 원천이기도 하다는 것을 강조하고자 하였다. 아메리카라는 외래어 표기가 발산하는 매혹, 그리고 동시에 소격효과를 염두에 둔 것이다.

일곱째, 일제 식민지의 아메리카나이제이션을 문제 삼았다는 것은 일제 식민지배의 성격을 단일하고 획일적인 지배체제의 작동이 아닌 불안정하고 비균질적인 지배체제로 보았음을 의미한다. 나는 이 불안정하고 비균질적이며 유동적인 지배의 성격을 말하기 위해 황색식민지Yellow colony 개념을 사용하였다. 일제 식민지배는 일제 대 조선의 이항대립구도가 아닌 그 사이에 서구, 근대, 그리고 그것들의 결정체로서 상상적 아메리카가 개입해 있는 상태의, 헤게모니를 갖지 못한 지배였으며 이는 조선인에게는 일본이 결코 온전한 근대국가도, 문명국가도, 제국도 될 수 없는 본래적 한계에서 비롯된 것이다. 일본은 기독교를 앞세운 문명국이 아닌 군대와 대포를 앞세운 군사국가였고, 폭력적인 만큼 야만적이었고, 역사적으로도 오랫동안 왜구로 취급해왔던 집단적 기억과 분리될 수 없는 제국이었다. 일본은 백인의 오리지널 문명이 아닌 황색인종의 모방된 후발근대였고, 그 때문에 조선인은 현실의 식민제국과 상상적 근대 사이에서 분열적이고 양가적일 수밖에 없었다. 일제는 언제나 오리지널 근대인 서구와 비교되었고, 그 때문에 정신적 지도력을 행사할 수 없었다. 우리가 잘 알고 있듯이

총독부 관리들은 조선에서 미국에게 정신적 지도력을 빼앗기고 있음을 곧잘 개탄했었다.[3]

3·1만세운동의 진압과정에서 그리고 이후의 기독교탄압(105인 사건)은 단지 조선 내 기독교세력에 대한 탄압 이전에 제국과 식민지 주체 간에 정체성을 둘러싼 긴장과 경합이 진행되고 있었으며, 그 경합국면에서 상상적 아메리카가 중요하게 개입해 있었음을 방증하는 것이다.

황색식민지와 아메리카나이제이션 개념은 그러므로 제국과 식민지 주체와의 관계가 적어도 사적 영역에서는 그리고 근대적 정체성의 구성층위에서는 일방적인 지배와 종속의 관계가 아닌 경합의 긴장관계에 있었다는 것을 함의한다. 나의 연구들은 요약하면 식민국가와 식민지 주민들 간의 정체성을 둘러싼 경합양상에 초점을 맞추고 있는 것이다. 그리고 그 경합의 국면은 아메리카니즘을 비롯한 복수의 요인들이 작용한 다층적이면서도 분열적인 국면이었다는 것, 더 나아가서 식민지배는 분절성, 불안정성, 비균질성, 비연속성을 특징으로 하는 역사적 국면임을 말하고 있는 것이다.

식민적 근대화에서 (대중)문화 연구의 의미

식민시기에 대한 연구는 정치, 경제, 역사학에서 주로 다뤄왔고 대개는 일제의 식민지배의 성격과 실체를 민족주의 관점에서 분석하는 것이 주류를

---

3 사카우 모리야(Moriya, Sakau)는 1921년 현재 총독부 총무국장이다. 그가 일본 제국 내 중학교 교장 회의에 참석차 경유지인 경성에 들른 교장들을 대상으로 한 연설문 중 일본의 조선에 대한 정신적 지배가 소기의 성과를 거두지 못하므로 교육이 중요하다고 역설한 내용이 있다. 이 연설문을 1924년 11월 총독부가 41쪽 분량의 영문 팸플릿으로 발행·배포하였는데 팸플릿 제목이 "Development of Chosen and Necessity of Spiritual Enlightenment"이다(Government-General of Chosen, Sep., 1924. 11).

이루었다. 하지만 이 시기는 한국의 근대사에서 급격한 사회변동과 문화변동이 진행되던 때다. 왕조체제의 해체, 일제 식민지배, 전통의 해체, 신분제의 붕괴, 식민적 근대화의 추진 등 정치·경제·사회·문화의 각 층위들에서 중심적인 가치체계와 운영원리, 논리가 일거에 해체되기 시작하면서 '서구문명' 또는 '근대'라는 새로운 중심축을 기준으로 사회가 재편되는 과정에 있었던 것이다.

    19세기 후반 이후 조선사회의 변화에서 주목해야 할 것은 변화의 동력이 아래로부터의 변화가 아닌 위로부터의 변화, 정치경제의 변화가 아닌 이데올로기의 변화가 우선했고 또 그것이 주축이 된 변화였다는 점이다. 다시 말해 상층부의 일부 관료, 근대지향적 엘리트, 식민국가가 변화의 주체였으며 근대적 인프라가 결여된 상태에서 문화, 이데올로기, 의식, 제도의 변화를 우선 추진하는 경우였다는 것이다. 서구에서 근대는 이르게는 르네상스시기, 16세기 중상주의를 거쳐 산업혁명이 추동한 근대로의 이행, 생산양식과 사회운영 시스템의 변화에 의해 정치, 경제, 사회, 문화 부문이 각기 독자적인 영역으로 분화되면서 상대적 자율성을 성취하는 과정으로 설명되기도 하는데, 19세기 말 조선에서는 정치·경제·사회 영역의 독자적 분화에 비해 문화 부문의 분화가 다른 영역에 비해 빠르게 진전되었던 것이다. 구한말의 개화론과 문명론, 그리고 이의 확산을 위해 근대지향적 관료와 지식인 엘리트들, 왕실의 지원을 받아 신문·잡지·연설회 같은 언론매체가 급격히 번성했던 것은 이를 방증한다. 개화론, 동도서기론 등의 담론들의 경합에서 보듯 변화 자체보다 변화의 의미, 변화의 수단과 방식, 변화의 결과에 대한 정보와 지식이 필요했고 사회적 수요를 증폭시켰다. 식민치하에서 『조선일보』·『동아일보』·『개벽』·『삼천리』 등 신문과 잡지매체들, 그리고 그것을 통해 활동한 기자들, 지식인들이 조선 민중에 대해 가졌던 사회적 지도력과 영향력은 문화 영역이 왜 다른 영역들에 비해 선도적이었는지를 말해준다. 한마디로 19세기 말~20세기 초반 시기 조선의 근대화는 물질적·현실적 기반을 결여한 채 서구화와 근대, 문명, 개화의 담론을 통한 상부구조/문화/의식의 변화가 먼저 시작되었다. 전통의 해체와 제도개혁, 그리고 서구화는 문화적/언어적 표상에 의해 추동되고 상상되었으며, 현실에 온전히 적용할 수 없는 불구상태의 근대적 지식, 교육, 정보, 경험, 담론, 상징들에 대한 집단적 열망이 현실 변화보다 앞서 나간 것이다.

식민시기 문화, 지식, 담론이 근대성을 기준으로 하여 재편, 확산되는 과정에서 주목해야 할 점은, 신문·잡지·영화·라디오 같은 매스미디어나 레뷔Revue(무용 촌극)·유행가·재즈 등의 대중문화 장르들이 도시의 대중이나 중산층의 오락과 여가수단으로 간주된 것이 아니라, '근대성의 문화'로 즉 현대적 문화contemporary culture로 수용되었다는 점이다. 이는 서구에서 연극, 추리소설, 버라이어티쇼, 놀이공원, 밀랍인형전시관wax museum, 파노라마, 영화, 라디오 등이 노동자 및 중산층 도시 대중의 여가문화로서 부르주아 고급문화와 다른 미학적 평가를 받으며 생성, 확산된 경우와 다른 점이다. 다시 말해 식민지 조선에서 근대적 대중문화의 장르들과 매체들은 서구 근대문명과 과학기술의 결정체이자 최신 근대문화로 도입되었으며 대중문화 이상의 의미를 부여받으며 근대의 상징이자 아이콘으로 부상하였던 것이다. 대중문화는 기존 전통문화의 미학과 가치체계에 의해서도, 또 거의 동시적으로 도입된 서구 고급문화(클래식 음악, 회화, 근대소설)의 미학과 이념에 의해서도 견주어지거나 저평가되지 않았다. 오히려 신문, 잡지, 영화, 재즈, 가요, 소설은 근대적 정신, 지식, 문화의 원천이자 사회적 제도·기관으로 수용된 것이다.

이런 점에서 한국에서 대중문화는 전통문화나 통상적 의미의 고급문화에 의한 견제와 충돌없이 쉽게 지배적 문화로 확산될 수 있었다.

사실 정신적 산물로서건 소비되는 상품으로서건 문화라는 것이 독자적인 영역으로 분화되고 고유성과 자율성을 갖게 된 것은 근대에 이르러서이다. 이는 한국에선 문화가 아직 전근대적인 상태에 있는 다른 부문들의 변화에 비해 빠르게 독자성을 가진 자율영역으로 분화되어감과 동시에 자본화, 상징권력화되었음을 의미한다. 이러한 변동의 국면과 과정에서 대중문화 혹은 매스미디어의 문화자본은 급격히 상징권력으로 부상한다. 일례로 일제시기『독립신문』,『대한매일신보』, 그리고『동아일보』로 이어지는 민간신문의 영향력과 언론인들이 가졌던 권위는, 현대 한국 사회에서 신문·방송이 가진 리더십과 권위, 상징권력의 유산이라고 볼 수 있다.

또 현실적 조건은 여전히 전근대적인 상황에서 매스미디어와 서구 대중문화 양식들은 글로벌 자본주의 문화상품들, 세계의 보편적 이념과 사상 및 문화의 흐름들을 수용하면서 앞서 나간 것이다. 식민시기 대중문화, 그리고 문화야말로 글로벌 기준과 코스모폴리탄적 의식과 세계관을 전파하면서 근대문화의 첨단이자 아방가르드로 존재했던 것이다. 일례로 목조로 된 허름한 신파극 전용 연극장에서 비록 2~3년 뒤늦은 것이지만 세계시장을 지배한 할리우드 영화가 상영되었고, 유성기와 레코드를 통해 글로벌한 근대 아이콘인 재즈에 열광하는 도시 젊은이들이 등장했다. 그러나 글로벌 문화와 식민지 현실의 괴리가 클수록 문화는 상징이 되고 기호가 되며 근대적 주체로 거듭나고자 하는 개인들의 정체성 구성과정에서 결정적인 문화자본으로 급부상한다. 그리고 식민지라는 부조리한 현실 조건 속에서도 다양한 근대적 문화실천을 통해 아직 도달하지 못한 근대성을 전유하고자 하는 집합적 욕망을 부추기는 것이다. 근대적 문화실천들-근대적 지식과 교육, 단발, 양복, 유성기, 전화, 라디오, 영화관람, 영어, 극장가기, 유행, 전차, 교회가기 등—은 현실의 물적·문화적 조건에 구애받지 않고 개인 차원에서 소비, 전유, 실천할 수 있었고, 개인이 근대화된 정도를 재는 척도이자 지표로 간주되었다. 결국 모든 것이 근대성을 중심축으로 재편되고 힘의 재배치가 일어나는 국면에서 근대적 문화실천은 그 자체로 개인의 정체성에서 중심적인 역할을 떠맡으면서 권력화된다.

요약하면 식민지배와 근대화, 전통의 부정, 기존 의미질서와 관계망의 붕괴 등이 동시적으로 일어난 19세기 말~20세기 전반까지의 국면에서 시작된 문화의 자본화, 상징권력화에 대한 문제의식이 내 연구의 출발점이라고 말할 수 있다. 전환기 혹은 이행기에 처한 사회에서 새로운 중심적 가치로 급부상한 근대성은 학력, 지식, 취향, 신체기술, 박래품의 소유와 소비로 환유되고, 자신을 타자들과 구분 짓고자 하는 욕망이 지속적으로 부추겨지고 또 허용되는 식민체제하에서는, 이 환유된 물질화된 근대성materialized modernity[4]을 전시하고자 하는 열망에 사로잡힌 근대 주체들을 양산한다. 물질화된 근대성은 모던걸, 모던보이, 신여성, 신사, 인텔리겐치아들의 외양, 표정, 행동, 태도, 언어와 동작, 매너를 통해 개별적으로 육화embodiment됨으로써 타자와 구별되는 개별성individuality이 성취된다.

그리하여 식민지배를 인정할 수 없는 식민지 주체들의 주체형성에 문화 층위의 결정력이 과잉 확장된다. 타자와 구별되는 자의식, 정체성에 대한 과도하거나 과잉된 욕망에 좇기는 식민적 근대 주체들의 양산으로 귀결

---

4 알튀세르는 이데올로기는 물질화됨으로써 일상에서 재생산되고 주체를 호명하는 기능을 한다고 했다. 이때의 물질화는 사회에서 용인될 수 없는 일탈이나 범죄는 사회에서 격리되어야 할 죄라는 이데올로기를 현시하는 감옥과 형법체계, 일부일처제의 도덕적 우월성을 과시하는 결혼의례, 남녀의 서로 다른 의복체계를 들 수 있다. 근대성이라는 모호한 관념은 기차, 학교, 양장, 병원, 서양식 결혼, 교회, 양옥집, 전화, 카페, 유행가, 커피 등의 물질화된 형태로 구체화된다. 대중 주체는 근대성(개인성, 세속화, 경쟁, 권리 등)에 대한 성찰 이전에 이렇게 물질화된 산물들을 통해 근대성을 수용하고 체화한다.

되는 것이다. 이때 식민지 주체들이 구별을 통해 거리를 두고자 하는 대상, 즉 타자는, 파농에 의하면 아직 문명화되지 못한 자민족 동포들이며 이들에게는 열등한 자와의 비교에 집착하는 강박증이 치유되어야 할 성격구조로 내면화된다. 식민체제는 신경증적 사회로서 나르시시즘의 신경증적 증상을 가진 개인들을 만들어내는 것이다.[5]

'근대 주체의 구성'이라는 문제의식의 전면화

식민지 주체들의 정체성의 구성과정의 국면들을 식민적 근대의 문화현상으로 규정하고 이를 역사화하는 작업은, 바로 자신의 목소리를 갖지 못한 대중/서벌턴subaltern의 역사,[6] 구조에 의해 결정되는 것으로 간주되어 독자

---

[5] Fanon, F, *Black Skin White Masks*, C.L.Markman, trans. N.Y.: Grove Press, 1967, pp. 211~213. 파농은 이 논의를 "흑인은 비교이다"(the Negro is comparison)라는 명제로 간결하고 분명하게 정리했다.

[6] 서벌턴은 후기식민주의에서 제기된 개념이지만 그람시도 자신의 계급적 위치를 의식하지 못하며 자신이 가진 힘과 가능성을 자각하지 못하고 따라서 현재의 상태에서 벗어날 수 있는 방법을 모르는 지배계급의 대척점에 있는 대중 일반을 가리키는 말로 사용했다(Gramsci, *The Antonio Gramsci Reader : Selected writings 1916~1935*, D. Forgacs. ed., N. Y.: New York University Press, 2000, p. 210). 탈식민주의자인 스피박(G. Spivak)이 인도 여성들 일반을 가리키면서 서벌턴으로 지칭했을 때도, 권능화되지 못해 스스로를 대변하지 못하면서 남성 엘리트들의 민족주의 담론에 이용되는 존재라는 의미로 사용했다 (Spivak, G. C., "Can the subaltern speak?" in P.Williams et al. eds. *Colonial Discourse and Post-Colonial Theory: A Reader*, N.Y.: Columbia Univ. Press, 1994, pp. 66~111). 후기식민주의 서벌턴 개념에서 중요한 것은 하급관리들을 포함한 하층민 등 권능화되지 못한 주체들이 갖게 되는 양가적인 심성구조이다. 양가성을 가장 잘 드러내는 캐릭터가 하급관리인데 이들은 상사에게 충성하지만 충성을 통해 자신의 잇속을 챙기고자 하며 일반 민중에 대해서는 관리로서의 폭력, 오만, 우월감을 드러내는 존재이다. 이런 의미에서 보면 식민체제의 서벌턴이 자기 민족을 감시, 핍박하는 동족의 순사, 경찰, 주사, 서기 등이다. 이들은 동족에 대해서는 우월감을, 지배자인 제국에 대해서는 충성과 동경심을 가진 분열성을 내면화하게 된다. 그러나 서벌턴은 바로 그 양가성 때문에 동경과 자기비하, 오만과 결핍 사이의 균열을 지닌 자이며 그 균열을 의식하게 되면 오히려 탈식민화의 계기를 찾기도 한다. 호미 바바(H.Bhabha)가 식민지 주체의 양가적 주체성과 정체성 안에 잠복해 있는 제3의 공간이라고 말한 것이 바로 이 양가성 안에 생긴 균열, 틈새, 구멍, 괴리들을 가리킨다. 곧 탈식민화의 잠재력을 지닌 균열들인 것이다(Bhabha, H. "The Commitment to Theory," *The Location of Culture*, London: Routledge, 1995, pp. 19~39).

성과 의미를 잃어버린 주체의 역사, 공적 사건이 될 수 없는 일상생활의 역사를 전면화하는 작업이다. '의미를 부여받지 못한' 대중의 문화사는 역사를 주도해온 것으로 간주된 지배층 중심의 역사에서 '부차적인 현상들'로 간주되어온 역사였다. 따라서 이것들은 공식적 문서와 기록에서 배제되었으며 주류 학문이나 정통 지식체계 내에서 '학문적'인 것으로 인준되지 못했다.

이는 대중문화의 역사적 궤적을 재구성하는 작업은 인식론적, 이론적, 그리고 방법론적으로 정통 역사학의 경계를 넘어서야 함을 의미한다. 기존 역사학에서 역사적 사료document로서 가치를 인정받지 못했던 다큐멘트들, 즉 출생기록부, 호적, 병원진료기록, 부동산 거래 장부, 가계부, 사적인 문서들, 신문이나 잡지 기사같이 대중의 일상을 관찰하거나 증언한 짧고 일회적인 기록들, 여행기나 관찰기, 일기, 메모, 스크랩북, 그리고 소설 등이 사료로 재평가되고 해석된다. 신문·잡지는 식민시기 대중의 일상을 재구성하고자 하는 연구들에서 가장 많이 활용되고 있는 자료인데 이들 매체의 강점은 시의적·연속적·정기적이라는 특성, 즉 그 어느 매체보다 '세속적'이라는 사실에서 비롯된다. 대부분 최근의 '사건'이나 현상들에 대한 관찰기, 체험기, 목격담과 증언, 공식적 보고와 통계 등이 하루 단위 혹은 월간 단위로 기록되어 있을 뿐 아니라 기사화된 혹은 논의되고 있는 사건이나 사태를 평가하고 해석하는 당대의 인식과 태도, 가치지향을 알게 해주는 것이다. 1930년대 경상도 상주에 살던 30대 무직자의 일기 분석을 통해 그가 읽은 출판물들, 구매한 상품들, 외출의 빈도와 목적, 교제범위 등을 정리 연구한 것이나,[7] 역시 신문기사를 스크랩하고 그것에 자신의 주해나 논평

---

7 板垣龍太, "日記を 通じて 見た 1930年代 農村靑年の〈近代〉", 동경대학교 대학원 한국·조선문화연구회 제3회 연구대회, 2002 발제문.

을 단 스크랩일지를 분석한 것들이 좋은 연구사례이다.[8] 중요한 것은 이러한 사적인 문서들, 체험과 일상에 대한 기록이 사회성을 획득하기 위해서는 개인적 사료와 사회적 사료가 상호보완적으로 연계되어야 한다는 것이다. 이를테면 사람들의 일기, 가계부, 메모, 수첩 등을 통해 소유 물품, 직업, 소득, 소비행태, 구독 잡지나 서적, 이동경로와 이용하는 교통수단, 여가행위 등에 대한 단서들을 확보하고 이를 당시의 직업별 소득 수준, 물가, 시가지의 변화, 교통체계, 인구이동 등에 관한 공식 통계나 자료를 배경으로 재배치한다면, 식민지 대중의 일상과 그 안에서 어떻게 식민적 근대 주체로 구성되어갔는지를 밝혀낼 수 있을 것이다.

1990년대 후반 이래 식민시기 근대와 근대성의 구성과정 및 식민적 성격을 규명하고자 한 연구들은 크게 두 갈래로 나뉘는데, 기존 역사학이나 사회사, 사회학, 경제사 분야에서 새로이 근대성의 문제틀을 수용하는 한편 탈민족주의와 포스트식민주의의 영향을 받은 소장학자들의 문제의식을 수용하고 있는 넓은 의미의 사회사 갈래와, 문학, 인류학, 여성학, 언론학, 사회학, 사회사 분야에서 역시 탈민족주의, 포스트식민주의, 푸코주의 Foucaultdian approach의 영향을 받은, 역시 넓은 의미의 문화사 연구 갈래로 대별할 수 있다. 전자의 갈래가 기존 역사학의 사회과학적 인식론과 방법론을 통해 식민지의 근대화, 자본가 및 노동계급의 형성, 경제통제, 사상통제, 교육통제와 규율, 전시 파시즘체제, 도시화의 성격 등을 규명하고자 한다면, 후자는 신여성, 모더니즘, 연극, 회화, 대중문화, 근대적 개념들-어린이, 현모양처, 자유연애 등-의 확산, 소비생활, 백화점과 박람회, 근대적 독서공중의 확산, 의료와 신체 등이 구성되고 확산되는 과정을 재구성하는

---

8 백승종, 『그 나라의 역사와 말 : 일제 시기 한 평민 지식인의 세계관』, 궁리, 2002.

데 역점을 두고 있다.[9]

문화사 갈래에 속하는 연구들은 크게 보면 식민적 근대 주체의 구성과정을 규명하는 연구라고 해도 무리가 없는데, 이러한 주체구성의 역사에 대한 학문적 관심은 패러다임의 전환 즉 서구에서 1960~70년대에 부상하고 포스트모더니즘, 후기구조주의, 인류학적 구조주의, 푸코, 아날학파의 망탈리테사, 일상사와 미시사의 접근법을 확장한 신문화사 연구를 관통하는 언어주의(언어로의 전환), 주체주의subjectivism, 문화주의, 구성주의를 배경에 두고 있다. 한국에서 이러한 역사연구의 새로운 인식 전환은 1980년대 말에서 1990년대 초반에 소개되기 시작했다고 볼 수 있다.[10] 이 문화사 갈래의 연구들이 공유하고 있는 중요한 전제는, 주체의 주체성/정체성의 구성과정을 분석하기 위해 일상에서 반복적으로 이루어지는 '생경험들'

---

[9] 기존 역사학과 사회학 분야에서 제기된 근대성 연구는 역사문제연구소와 역사비평사 그리고 한국사회사학회의 일부 회원들의 문제제기에 의해 촉발되었다고 할 수 있다. 역사문제연구소에서 펴낸 『한국의 근대와 근대성 비판』(역사비평사, 1996), 『전통과 서구의 충돌―한국적 근대성은 어떻게 형성되었는가』(역사비평사, 2001), 한국역사연구회의 『우리는 지난 100년 동안 어떻게 살았을까』 1, 2권(역사비평사, 1998), 서울사회과학연구소 편, 『근대성의 경계를 찾아서』(새길, 1997), 김진균·정근식 편저, 『근대주체와 식민지 규율권력』(문화과학사, 1997), 연세대학교 국학연구원이 학술진흥재단 지원을 받아 수행한 연구결과물인 『일제의 식민지배와 일상생활』(혜안, 2004), 『일제 파시즘 지배정책과 민중생활』(혜안, 2004)을 우선 꼽을 수 있다. 그리고 위의 연구들에 참여했던 연구자들이 다수 포함된 가운데 기존의 논의와는 다소 시각을 달리하여 식민지 전시체제하 지배의 규율성과 동시에 지배의 균열성, 비균질성, 복합성의 측면을 규명하고자 한 공제욱·정근식 편, 『식민지의 일상: 지배와 균열』(문화과학사, 2006)이 있다.
후자의 연구 갈래는 위의 연구들에 다수의 연구자가 공동 저자로 참여해 있지만 주류이거나 주도적인 위치가 아닌 사회과학적, 역사학적 연구에서 미비하거나 부재한 문화, 일상, 대중, 주체에 대한 논의를 보완하거나 보충하는 형태로 참여하고 있는 실정이다. 따라서 후자의 갈래에는 전자의 집단적 연구와는 달리 개인 저작의 형태로 출판된 저술이나 학위논문들이 많다. 대표적으로 김진송의 『서울에 딴스홀를 허하라―현대성의 형성』(현실문화연구, 1999), 권보드래의 『한국 근대소설의 기원』(소명출판, 2000), 천정환의 『근대의 책 읽기: 독자의 탄생과 한국 근대문학』(푸른역사, 2003), 김영나 편, 『한국 근대미술과 시각문화』(조형교육, 2002), 최석영의 『한국 근대의 박람회·박물관』(서경문화사, 2001), 이성욱 「한국근대문학과 도시성 문제―도시문화를 중심으로」(연세대 학위논문, 2002), 그 외에도 문학 분야에서 근대도시 모더니즘과 모더니티의 경험에 대한 연구들이 다수 있다(최혜실, 신명직, 최경희 등의 연구 참조). 그 외 여성주의적 관점에서 식민지배하 젠더구성 문제를 다룬 양현아, 권명아, 김수진의 연구도 참고할 필요가 있다.

lived experiences에 주목하는 것이다.

　종래 주체의 형성은 계급, 정치체제, 이데올로기, 종교, 국가, 생산양식, 전쟁, 그리고 자연조건, 기후와 같은 자연적, 구조적, 사회적 요인들에 의해 규정된다고 간주되었으며 따라서 주체구성 자체보다는 주체를 규정하는 사회적 요인들의 변화에 더 의미를 부여했다. 그러나 새로운 역사 패러다임은 주체가 언어, 담론, 소비, 문화, 일상의 실천들에 의해 구성되고 구조화되는 양상 혹은 패턴에 주목한다. 경험은 단순한 행동이나 행위와는 구분된다. 주체가 처한 현실 조건 속에서 일어나는 행동, 감정, 반응, 소통 등은 전부가 아닌 일부가 주체의 의식에서 여과되거나 의미를 부여받게 되는데, 이렇게 의식을 통해 행위자인 주체의 영혼, 육체, 무의식에 각인되고 흔적을 남기는 행위들이 '경험'이다. 경험 개념의 강점은 인간의 행위와 의식, 감정 등 제반 실천들이 본질적으로 신체를 통해 감각과 신경, 무의식에 흔적을 남기는 신체적 경험임을 전제한다는 데 있다. 식민적 근대성에 대한 많은 연구들이 시가지 산보, 백화점, 커피와 카페, 유행가, 영화, 유성기, 단발, 양장과 양복, 독서, 노동, 기차와 전차 등의 근대적 경험들에 초점을 맞추는 것은 그 때문이다.

10　국회도서관에서 일상사, 미시사, 민중사, 망탈리테사를 키워드로 하여 검색한 결과 망탈리테사는 1988년(김정자, 「망탈리테사의 가능성과 한계점: 영국마르크스주의 사회사가들의 비판적 논의를 중심으로」), 민중사는 1979년(송건호, 「주체적 민중사의 시도」), 일상사는 1994년(박영태, 「역사인류학의 방법에 대한 연구: 독일 일상사 방법의 모델을 중심으로」), 미시사는 1997년(김기봉, 「미시사—하나의 '포스트모던적' 역사서술?」)에 처음 발표, 발행된 것으로 되어 있다. 이는 나의 박사논문의 아이디어가 기획되고 연구되던 시점에는 아직 미시사, 일상사, 망탈리테사 등의 논의가 소개되기 전이라고 말할 수 있다.

식민적 근대와 근대성

19세기 말에서 해방 전까지의 변화는 근대화, 산업화, 자본주의화 등의 보편 개념으로 설명할 수 없는 복잡성과 차이들이 존재한다. 대신 식민지 근대화 또는 식민적 근대화라는 용어가 이 시기에 대해 현재 우리가 부여하고 있는 역사적 의미 혹은 역사성이다. 식민지 근대화에 대해 새로운 인식의 지평을 연다는 기획의도를 가지고 발간된 『해방 전후사의 재인식 2』는, 식민화 과정 자체의 강제성과 폭압성은 인정하지만, 근대화 자체가 애초에 그런 폭압성을 내재하고 있으므로 식민지 근대화라는 개념 자체가 학술적으로 부적절하다면서 자본주의화, 근대화 같은 보편적 역사경로 자체에 이미 식민적 성격이 내재되어 있음이 우리 학계의 논의에서 완전히 배제되었다고 비판하였다. 일례로 당대의 조선인들에게 식민화는 근대화와 분리되지 않았다는 것이다.[11] 이는 파시즘체제도 민주주의체제와 마찬가지로 자본주의화를 추진하는 하나의 방식이라는 논의와 동일한 논리구조이다. 같은 맥락에서 박정희 군사독재체제도 근대화를 추진하기 위한 체제이며 근대화 자체가 가진 폭력성이 발현된 불가피성이 있다는 논리로 발전할 수 있다.

　식민지배 기간에 근대화, 자본화된 측면을 부각시키는 경우에 일제 지배에 동의하거나 찬양한다는 오인은 나의 연구에도 해당될 수 있다. 물론 『재인식』 연구자들의 문제의식에 기본적으로 동의하지 않지만, 이러한 오해는 식민지 근대화, 식민지 근대성, 식민적 근대성, 식민적 근대 등 유사한 개념들이 혼용되면서 연구자가 가진 기본 입장들이 드러나지 못한 데 일부

---

11 『해방 전후사의 재인식 2』의 편집위원 대담에서 논의되고 있다. 638~652쪽 참조.

원인이 있다고 해야 할 것이다. 식민체제하 근대적 대중문화의 도입과 확산 양상을 부각시키면 외견상으로는 폭압적 강제력에 기반한 식민화 양상은 뒤로 물러나며, 대신 할리우드 영화, 재즈, 유행가, 카페, 댄스, 쇼핑을 즐긴 도시 대중들의 일상이 전면에 부각되면서 식민체제가 대중의 동의 혹은 순응에 기반하여 유지되었다는 인식을 줄 여지가 있는 것이다.

결론을 미리 말하면, 식민지배하에서도 산업화, 자본주의화, 합리화, 노동주의 같은 근대적인 변화가 이루어졌고 해방 이후 한국이 경제성장 중심의 근대화를 도모하는 데 인프라가 되었다는 식민지 근대화론은 나의 학문적 입지와는 큰 거리가 있다. 이 차이를 설명하기 위해서는 영어표현이 도움이 되는데 식민지 근대화는 modernization of colony로, 식민적 근대성은 colonial modernity로 구분하게 되면 한글 개념에서는 약화된 의미의 차이가 보다 선명하게 드러난다. 식민지 근대화는 식민지의 물질적, 제도적, 행정적, 이념, 정치체제 차원의 근대화를 가리키며 이것들은 통계나 분류 가능한 지표, 범주들에 따른 측정 또는 평가가 가능하다. 도시화율, 공장 수, 노동자 수, 평균임금, 도로율, 우체국과 도서관 등 공공시설과 이용자 수, 가구당 소득, 평균 교육 연수, 매체 보급률, 병원, 학교, 기차 등 교통수단, 복지시설의 신설과 증가 등은 확실히 식민치하의 근대화 그리고 자본주의화를 가리키는 지표가 될 수 있다. 하지만 이것은 부분적이거나 파편화된 표면의 팩트들일 뿐이다.

반면 식민적 근대성 개념은 물질적, 제도적 차원의 변화보다는 총제적인 사회·문화 변동과정에서 필연적인 사회적 관계방식의 변화, 식민지 주체의 자의식과 정체성의 변화, 중심적인 가치체계의 몰락과 생성, 당대의 주체들에게 지각된 세계관과 정서구조 등에 초점을 맞춘다. 주체의 위치에서 식민지배, 급격한 변화 등을 분석하고 규명하려 한다는 점에서 식민지 근대화 개념과 다르다. 식민지배 상황에서 일본화된 근대 혹은 박래품으로 수입된 근대가 전통 및 기존의 체제와 충돌하며 확산되는 과정을 식민지 주체들의 주체성, 정체성, 사회적 관계와 일상생활을 통해 들여다보면, 식민국가에 의해 지도, 계획, 강제된 근대화가 필연적으로 내재하게 되는 식민지배의 역사성이 드러나게 된다. 일례로 김억이 민요조의 서정시를 한국적 근대시로 정립하고자 했지만 시재詩材와 상징을 일본근대시에서 차용함으로써 시적 이미지의 일본화로 흐른 것은 그 한 가지 사례이다.[12] 이는 식민지 지식인들 일반의 문제이기도 하다. 지식인들이 민족주의에 입각하여 근대화 기획을 실천한다고 해도 제국에서 생산된 이론과 기준을 중심으로 자국의 전통과 문화를 타자화하고 재구성하려 하기 때문에 결국은 식민성을 내재하고 마는 것이다.[13]

이때 식민성이란, 제국의 시선과 기준에 따라 자신을 평가하면서 중심부 제국의 주변자리로 기꺼이 포섭되거나 제국의 지배를 자연스러운 것으로 인정하는 세계관과 자신은 열등한 자라는 콤플렉스이다. 이런 식민성은 자국의 자원과 자본을 기꺼이 제국의 이익에 기여하게끔 동원하고 투자하는 매판 성격을 띠게 되며, 제국의 기준에 따라 흔들리는 주체성과 정체성, 즉 결핍, 허구, 위선, 이중성, 분열성을 무의식의 은밀하고 깊은 가장자리에 심어놓게 된다.

한국에서는 근대성, 근대화라고 말하면 근대를 필연적인 문명의 발달 단계로 보는 보편주의적 입장을 가진 것으로 이해되는 것이 보통이다. 이

---

12 임용택, 「김억의 시에 나타난 일본적 요소 – 정감과 운율을 중심으로」, 『일본문화학보』 제7집, 1999, 335~348쪽.

13 Chatterjee, P., *National Thought and the Colonial World*, Minneapolis: Univ. of Minnesota Press, 1995; 유선영, 「식민지 대중가요의 잡종화」, 『언론과 사회』 제10권 4호, 2002, 7~57쪽.

때문에 종종 식민지의 근대 경험에 대한 논의가 식민지배를 긍정하는 것으로 오해되기도 한다. 한국에서 근대성에 대한 논의는 크게 세 가지 흐름으로 대별될 수 있다. 가장 정통적인 것이 근대화론에서 말하는 서구 보편사로서의 근대이다. 개인의 등장, 민주주의, 대중 중심주의, 자본주의, 산업화, 노동 중심주의, 효율성, 포디즘Fordism 등은 근대화의 동력이자 동시에 근대화의 결과로서 근대성을 논할 때 논의되는 개념들이다. 두번째가 1990년대의 포스트모더니즘, 그리고 세번째가 거의 비슷한 시기에 도입된 포스트콜로니얼리즘post-colonialism의 (반)근대성 논의로서, 보편적 문명사의 발달 단계로 상정하는 근대론이 패권적 담론임을 적시하고 반근대성론을 공론화하는 데 기여하였다.

나의 연구에서 근대성 논의는 두번째와 세번째의 근대성 관점이 시기를 달리하면서 영향을 미쳤다고 볼 수 있다. 1990년대 초 학위논문에서는 근대 합리주의, 과학주의, 도구주의와 생산주의에 의해 문화생산과 소비가 이분화되고 더 나아가서 문화소비/실천영역을 기능주의적으로 접근—산업화사회의 오락 기능—해왔음을 문제시했다는 점에서 일견 포스트모더니즘의 문제의식을 공유한 것으로 해석될 수 있었다.

하지만 실제는 그렇지 않다. 그보다는 '대중문화의 근대성에 대한 회의와 의혹'을 휴머니즘의 관점에서 성찰하고자 했다. 근대 이전의 대중의 문화(민속문화)는 신과 자연의 질서를 유지하고 축원하는 축제, 그리고 의례와 연관을 갖고 있었다. 축제와 제의는 인간에게 창조와 과시의 열정 표출, 자연, 그리고 신과의 합일에서 체험하는 무아지경의 일체감, 타자와 하나가 되는 공동체적 희열, 자기 헌신과 희생, 자발적이고 자생적인 문화의 생산자와 소비자가 일치하는 자생성과 자발성, 쾌락을 향한 순수한 희구를 제공했으나, 근대는 삶을 분절화하고 파편화하면서 쾌락을 오락으로, 창조를 소비로, 몰입의 열정을 관음증으로, 체험을 구경으로 전락시켰고 TV와 영화 스크린의 평면을 응시하며 키득대거나 환상을 소비하는 근대인을 만들어갔다는 일종의 문명비판론에서 출발한 것이다. 그래서 내가 대중문화의 근대성이라고 말할 때의 근대성은, 인간이 주변의 대상들을 지배하고 소유하며 궁극에 가서는 소비의 대상으로 절하시켜버리는 무의식과 의식, 태도를 자연스럽게 실행하게 되는 정향성定向性, orientation을 가리킨 것이었다.

하지만 90년대 초 시점에서 한국 대중문화는 문화를 소유와 소비의 대상으로 대상화하는 근대성의 특징들을 보이나 동시에 전근대적인 낭비성, 축제성, 일회성의 측면도 가지고 있었다. 이러한 근대성과 전근대성의 동시성이 '한국 대중문화의 근대적 구성과정'에서 결정적인 시작 국면인 식민시대에 대한 관심으로 발전한 것이다. 표현의 미학보다 스토리에 방점을 두는 텍스트들, 드라마의 과잉과 이에 대한 대중의 지속적인 선호, 권선징악의 플롯 남발과 이분법적 갈등구도의 전형화와 반복, 유흥성과 희화성으로 일관하는 선정적 오락물의 범람, 시간 죽이기 이상의 의미를 찾기 어려운 수다와 입담으로 점철된 연예오락문화는, 근대의 시공간을 지배하는 전근대의 무의식이자 그것의 발현이었다.

이런 특성들은 대한민국의 높은 교육수준과 경제발전, 세계화 수준을 고려하면 '부조리'한 것이었다. 오히려 1940~60년대 '웃음과 눈물로 시끌벅적한 유랑극단 문화'의 현대적 확장이라고 볼 수 있었다. 그것은 문화 변화가 경제 사회 변화에 비해 지체된다는 것을 고려하더라도 그대로 지나치기에는 심상치 않은 '한국적 특수성'의 일단으로 보였다. 그리고 이러한 특수성을 설명하기 위해서는 근대 이후의 변화, 즉 압축적 근대화와 식민지배의 역사라는 맥락 속에서 문화양식의 변화를 구성할 필요가 있어 보였다.

그리고 당연하게도 이때 지체된 혹은 잔여적이라고 말한 전근대성은 근대성에 대해 열등하거나 후진적인 것이 아니라 근대화·문명화의 과정에서 인간이 상실하고 있는 '대상과의 합일에서 오는 쾌락'에 대한 일종의 초혼사招魂詞로 개념화되었다. 1900~10년대의 시끌벅적 소란법석인 영화·연극관람 행태는 20년대 중반에 이르면 근대의 매너와 교양으로 간주된 '정숙한 관람'으로 변화하게 되는데, 나의 문제의식은 이때 어떤 양태의 관람이 더 인간에게 즐거움을 주는가 하는 것이었다. 그리고 문화경험의 진정하고 순수한 즐거움은 대상에 대한 완전한 몰입, 즉 자아가 없는 무아無我의 상태에서 도달할 수 있다고 보았다. 자아를 버리고 대상과 합일하는 것은 '의식과 감각의 어떤 상태'이며 이는 외부에서 주어지는 것이 아니라 개인의 내적 과정이자 상태라고 보면, 세계와 자연을 지배하고 소유하는 관점에서 보도록 습성화된 근대인들에 비해 신과 자연과 자신을 분리하지 않은 전근대인들이 그런 내적 과정에 더 쉽게 도달할 수 있다고 본 것이다. 이 기준에서 보면 1920년대 이전의, 영화 속 기차와 호랑이를 보면서 비명을 지르고 소란을 피운 것은 영화 스크린에 비치는 대상들을 자신의 세계와 분리하지 않은 전근대인의 관람형태라고 볼 수 있었다. 현대에 오면 그것을 허구로, 기술적 조작, 영화적 문법으로 인지하고 시각적 효과 자체의 규모와 스펙타클을 침묵 속에 즐길 수 있게 된다.

이러한 근대성 인식은 1990년대 중반 포스트콜로니얼리즘 이론을 접하면서 식민성과 분리될 수 없는 탈근대성론으로 내재적 발전을 하게 된다. 한국에서 90년대 초 포스트콜로니얼리즘은 포스트모더니즘과 거의 동시에 영문학, 페미니즘, 신좌파적 마르크시즘에서 사이드E. Said, 바바H. Bhabha 등 주요 이론가들의 저작을 소개하는 식으로 도입되었다. 포스트콜로니얼리즘은 때로는 탈식민주의로 지칭되기도 하는데 논자에 따라 의미는 조금씩 다르지만 구분없이 쓰이기도 한다.

　　근대와 근대성 개념을 기준으로 해서 보면 포스트콜로니얼리즘은 근대를 서구 제국주의의 확장의 역사라는 관점에서 비틀어 본다. 근대는 제국 대 식민지, 주인 대 노예, 주체 대 타자, 문명 대 야만, 백인 대 유색인종이라는 이분법에 따라 세계를 위계적 구도로 재편한 제국주의의 역사임을 선언하는 것이다. 제국주의를 통해 서구문명이 근대 세계의 중심, 그리고 꼭지점에 자리하면서 식민지 주체들은 정치·경제·군사적 예속상태에서 더 나아가 스스로를 세계의 타자로 설정하는, 즉 서구적인 것을 기준으로 자신을 평가하고 집단적 콤플렉스를 갖는, 파농F. Fanon이 규정한 '흰 가면을 쓴 검은 피부'의 분열적이고 양가적인 주체들로 구성된다.[14] 그리하여 식민지, 주변부 타자들에게 내면화된 서구 중심주의, 백인 인종주의, 근대주의는 식민지배 이후의 역사 단계에서도 여전히 스스로를 타자로 인식하는 비서구 주변부 주체들에 의해 유지되고 공고화된다. 대신 비서구의 주변부의 식민의 역사를 경험한 주체들의 정체성과 주체성은 자신의 것이 아닌 서구 중심부, 백인의 그것을 준거로 하여 구성되기 때문에 불안정하게 흔들리면서 자신을 열등한 자로 낙인stigma찍는 탈주체화de-subjectification 상태에 있다.

　　이러한 포스트콜로니얼리즘에서의 유동적이고 불안정한 주체에 대한 논의는 후기구조주의, 정신분석학, 페미니즘, 푸코의 담론정치 이론을 수용하면서 식민 '이후'의 시대에도 여전히 제국의 정치적, 도덕적 우월성과 지배가 계속되는 '후기' 식민주의 상황을 해체하기 위한 '탈' 식민적 기획이라고 말할 수 있다. 동시에 이러한 문제틀은 현재의 글로벌 세계체제에서 인

14　포스트콜로니얼리즘의 正典인 파농(F. Fanon)의 *Black Skin, White Masks*(1967) 참조.

종, 디아스포라(散民), 서벌턴, 문명충돌과 문화 차이 등의 문제를 이해하는 데 통찰을 준다.

내게 포스트콜로니얼리즘이 갖는 의미는 학위논문에서 천착했던 근대성이 식민성과 분리될 수 없으며 오히려 식민의 역사가 보다 전면화되어야 한다는 확신을 주었다는 데 있다. 이는 학위논문을 작업하면서 깨달았고 많은 의문과 질문들로 남겨두었던 문제들의 답을 찾아갈 수 있게끔 유도하는 등대와도 같았다. 그것은 바로 대중문화의 근대적 구성과정을 더듬어가면서 의문을 갖게 된 '일제식민 지배기의 아메리카니즘'의 정체였다.

아메리카니즘을 1920~30년대 할리우드 영화와 재즈를 앞세운 소비적 대중문화의 확산과 도시 젊은층에 미친 영향에 초점을 맞춰 설명하는 것은 문제를 단순화하는 것에 다름 아니었다. 거기에는 임진왜란 이후의 오랜 적대 국가였던 왜구 일본의 식민지배에 대한 거부감과 저항감, 1882년 한미수교 이래 선교를 앞세운 미국을, 핍박받는 약소국 민족을 구원해줄 은혜롭고 정의로운 나라로 간주한 집단적 오인, 서구를 모델로 한 근대화에 대한 강렬한 욕망, 그리고 강제력 외에 정신적 지도력을 인정받지 못한 일제의 폭압적 식민정책 등의 요인들이 작용한 결과였다. 이 지점에서 프랑스 식민지 알제리 주민들의 외상trauma과 정신질환에 대한 임상적 분석과 치료를 통해 제국주의의 비인간성을 폭로한 파농의 저작들이 왜 포스트콜로니얼리즘의 정전正典이 되어야 했는지를 절감할 수 있었다. 식민지 지배의 내상은 표면상의 근대화 지표들에서가 아닌 식민지 주민의 문화·언어·정체성·주체성에 깃들여 있다는 것, 이 내상은 탈식민 이후에도 제국의 지배와 도덕적 우위를 스스로 인정하는 불안정하게 흔들리는 주변인들, 타자들을 양산하며 포스트식민주의의 기반이 된다는 것을 일깨워주었기 때문이다.

식민지배의 트라우마: 황색식민지 조선의 아메리카나이제이션

1997년 12월에 발표한 「황색식민지의 문화정체성—아메리카나이즈드 모더니티」는 일제 식민지배기를 전근대에서 근대로의 이행기이자, 기존의 질서체제가 부정되거나 붕괴되고 새로운 (식민적 근대) 질서를 구성해가는 과정의 불확실성과 유동성, 모호성이 지배하던 시대였다는 점을 강조하면서, 그 유동적 이행국면에서 또 다른 역사로서 존재한 식민시기 아메리카나이제이션을 학문적 연구주제로 부상시키기 위한 나의 첫 시도였다.

이 글에서 나는 아메리카나이제이션의 작동 메커니즘을 설명하기 위해 '황색식민지' the Yellow colony 개념을 처음 사용했다. 식민의 주체인 일본의 정치적, 도덕적, 문화적 권위 그리고 문명화의 우위를 인정할 수 없는 조선인의 심상지리를 전제하지 않고는 아메리카나이제이션 현상은 해독 불가능하기 때문이었다. 백인문명을 지향하면서도 현실에서는 황인종 일본의 지배를 받아야 했던 식민지 조선인의 자기비하와 모멸감, 근대문명의 원산지이자 일본보다 강한 서구에 대한 동경, 새롭게 근대 문명세계의 패자로 부상하는 미국에 대한 호의와 의존, 임진왜란 이후 왜국으로 폄하해 온 일제에 대한 뿌리 깊은 거부감과 저항의 감정구조를 전제할 때, 왜 일제 식민지배하에서 미국화가 문제가 되어야 하는가의 의문에 답할 수 있는 것이었다.

또 황색식민지 개념은 서구 백인의 지배를 받아온 다른 아시아, 아프리카, 인도, 이슬람권 식민지 주민들의 정체성 구성, 즉 파농이 『검은 피부, 하얀 가면』 Black Skin, White Masks 에서 논의했던 백인 아버지 White Father 를 타자로 설정한 식민지 주체들의 심리 메커니즘과는 다른 경로, 다른 차원에서 접근할 필요가 있다는 문제제기이기도 했다. 이 논점을 보다 명료하게 정리한 것이 「흩눈정체성의 역사─한국의 문화현상 분석을 위한 개념틀 연구」(1998)이다. 이 글에서는 개화기에서 식민지배에 이르는 기간은 구질서의 해체, 식민지배, 전통의 소멸, 신분제 붕괴, 식민국가에 의한 수탈적 근대화의 추진 등 정치·경제·사회·문화의 각 층위에서 급진적인 변화가 추진되던 기간이라는 점에 의미를 두었다. 기존의 중심적인 가치체제와 운영원리, 논리가 일거에 해체되면서 대신 '근대'와 '근대성'이 새로운 가치와 의미체계를 만들어가던 시기였으며 따라서 중세도, 근대도 아닌 모호하고 불확실하며 유동적인 상태가 상당기간 지속된 이행기였음을 강조한 것이다. 불확실성과 유동성을 특징으로 하는 사회는 사회 구성원인 개인에게도 정체성의 해체와 동시에 새로운 정체성을 구성하도록 요구한다. 아메리카나이제이션은 이러한 개인 차원의 모호하고 유동적인 정체성의 국면에서 작동한 준거틀이자 흉내내기의 대상으로서 타자였던 것이다.

개인들의 자의식과 정체성을 구성해온 공적이고 집합적인 전통규범과 가치체계가 해체되는 상황에서 식민지 조선인들은 식민국가 일제의 도덕적·문화적 지도를 거부하고 대신 사적인 이해와 욕망에 따라 자아정체성을 구성하게 되었다. 일제는 국가로서 정당성과 가치규범의 지도력을 갖지 못하였으며 전통 또한 사회 구성원을 통합하고 규율하는 힘을 상실했기 때문에 식민지 피지배민들은 아노미 상태에서 욕망이 추동하는 바를 따라 개별적으로 정체성을 구성해야 했던 것이다. 나는 이를 '사적 영역의 과잉'으로 규정했고 이러한 역사는 자원과 힘의 배분과정에서 여전히 가족주의, 연고주의 같은 사적 연결망이 강고하게 작동하는 현상으로 존속하고 있다고 지적했다. 사적 연결망이 공식적이고 제도적인 절차와 규범보다 더 강한 영향력을 갖는 우리 사회의 특성 또한 식민지배의 사후결과 consequence

로 설명할 수 있다고 본 것이다.

이러한 식민국가-개인, 전통-개인 사이의 간극 안에서 미국, 근대, 서구문명을 준거 삼은 새로운 정체성의 구성이 가능했다. 이쯤에서 분명히 해야 할 것은 일제가 제도적으로, 그리고 공식적인 차원에서 식민지 조선의 생활조건을 규정한 것은 분명하지만 개인의 내적인 의식, 욕망, 가치, 규범은 온전히 규정할 수 없었다는 것이다. 이러한 논의는 기존의 일제 식민사 연구흐름에서 보면 새로운 시각이었지만 중요한 것은 개인의 사적인 욕망이 과잉되었다고 해서, 또 일제가 아닌 미국을 타자로 설정한 정체화의 과정에 있었다고 해서 그것이 일제 지배에 대한 저항적 주체의 구성과정으로 이해될 수는 없다는 것이었다. 서구를 모델로 한 근대인이 되고자 하는 욕망은 동시에 식민지배에 순응하는 주체이거나 저항하는 주체, 혹은 무관심한 주체의 어느 쪽도 될 수 있었다는 것이다. 해방 후 친일청산위원회에서 심문을 받은 친일인사들 중 상당수가 내적으로는 미국을 동경하고 친미적 태도를 지녔다는 보고는,[15] 식민시기 근대인이고자 하는 욕망이 정치, 이념, 민족 차원과는 무관하게 제3의 영역으로 존재했음을 시사한다.

급변하는 세상에서 사람들이 분명하게 자각했던 것은 근대로의 변화는 거스를 수 없으며 따라서 중요한 것은 누가 먼저 근대인이 되느냐 하는 것이었다. 3·1운동의 실패 이후 그동안 일제의 교육체제를 거부해오던 조선인들이 갑자기 태도를 바꿔 보통학교, 중학교, 고보, 사범대, 경성제대에 들어가기 위해 사력을 다했던 것은,[16] 근대교육과 학력, 학위야말로 가장 확실하게 근대체제로 들어가는 보증서였기 때문이다. 우편 강의록에 의한 영

---

15 1948년 민족정경문화연구소는 장덕수, 유진오, 김활란, 주요한 등을 이 부류에 속하는 인사들로 분류하였다. 권영민, 『해방직후의 민족문학운동』, 서울대학교출판부, 1986, 52쪽.
16 오성철, 『식민지 초등교육의 형성』, 교육과학사, 2000.

어독학 열기를 필두로 근대적 지식과 교육을 통해, 영화와 유성기 같은 근대 문명의 아이콘들에 대한 소비를 통해, 신문과 잡지 등 근대의 담론을 전파하는 인쇄물을 통해, 서구산 박래품의 소유와 소비를 통해 근대인이 되고자 하는 집합적 욕망은 1920년대 중반 이후 급물살을 탄다.

그러나 식민상황에서 근대와 근대성은 물질적, 현실적 기반을 결여한 채 관념적, 단편적, 파편적, 그리고 상상으로 추구되었고 그 결핍과 부재에 대한 자의식과 열등감은 더욱더 강렬하게 근대적이고 서구적인 생활양식, 소비재, 지식, 문화상품들의 소유와 소비에 집착하게 했으며 동시에 자신의 근대성을 타자의 시선에 노출시키고자 하는 전시욕망을 수반하였다. 자신을 관찰하는 타자들의 인정을 획득하기 위한 이 전시욕망은 다양한 사회적 기호와 코드들을 생산시키는데, 아메리카亞米利加[17]는 이 국면에서 가장 다양하고 실질적인 모델(혹은 코드)을 제공했다. 선교사와 미션스쿨, 교회, 일제기간 내내 지배적이었던 할리우드 영화, 1920년대 중반 이후 1940년대 전시까지 이어진 문명의 기호로서 재즈, 영화에 재현된 서구 중산층 생활양식과 물질문화, 부르주아 매너와 자유연애의 퍼포먼스는 식민지 주민들에게 허용된 가장 유용한 '근대 이미지들과 감각'의 교과서였던 것이다.

아메리카나이제이션 개념은, 이렇게 미국과 미국의 이미지가 사적이고, 문화적이며, 비공식적인 층위에서 식민지 조선인의 행동과 의식, 가치지향을 틀 지우는, 파농이 말한 일종의 '통괄적 허구' governing fiction로 작동하고 있었음을 말하고자 했다. 그리고 이것은 해방 직후 조선의 전통문화보다 미국문화가 더 익숙하게 느껴진 것에 대한 의문, 그리고 미국문화가 급속히 확산되는 기현상奇現象에 대한 하나의 답이라고 확신했다.[18] 그리고

---

17 일제시기에 아메리카를 한자를 사용하여 이렇게 소리 나는 대로 표기하였고 이 표기방식이 일반적으로 신문, 잡지 등의 기사에 사용되었다.

미국의 실체를 모른 채 이미지와 상상으로 생성된 미국을 지향했다는 의미에서 미국화라는 개념 대신에 '아메리카나이제이션'이라고 표기함으로써, '일제 식민지의 미국화'라는 현상 자체에 내포된 비틀림, 균열, 과잉된 욕망, 분절성, 피상성을 드러내고자 하였다.

　이 문제의식을 보다 명료하게 드러낸 것이 2001년의「육체의 근대화—아메리칸 모더니티의 육화」이다. 이 연구는 1930년대 도시의 식자층 조선인들에게 회자된 '아메리카니즘' Americanism이 근대를 지향하는 식민지 주체들의 육체기술body technique과 아비투스에 어떻게 작용했는가를 분석한 것이다. 육체기술은 인류학자 모스Moss가 시대별, 사회별로 특정하게 문화적으로 정향지워진 '신체를 움직이는 방식'이 존재한다고 말하기 위해 사용한 개념이다. 요가와 수영이 특정한 신체 움직임으로 서로 구분되듯이 사회별로 일반적인 사람들의 걸음걸이, 교양과 매너, 표정, 제스처 등도 모든 사회와 시대에서 동일한 양태로 존재하는 것이 아니라 문화적으로 편향된 신체적 아비투스에 의해 차별화된다. 이것이 사회적으로 구성된 신체기술, 신체의 아비투스라고 한다면 식민지배 시기는 새로운 근대적 신체기술을 배우고 흉내내는 시기였으며, 이때 흉내내기의 대상이 미국적 신체기술이었다는 것이 주요 논지였다.

　이를테면 '눈을 내리깔고 다소곳하게 앉아 있기'보다 '눈을 똑바로 뜨고 상대를 바라보며 다양한 표정과 제스처를 통해 자신의 생각을 적극적으로 표명'하는 것이 근대 (신)여성의 매너라는 지침들이 쏟아졌고 이러한 신체기술은 연속적 동작을 보여주는 할리우드 영화에서 가장 잘 습득할 수

---

18 임희섭, 백낙청은 해방 후 전통문화보다 오히려 미국문화에 더 친근감을 느끼는 '기현상'에도 불구하고 현대에 와서 식민시기 미국화의 의미와 미국의 의미가 평가절하된 것은 민족주의 사관에 원인이 있다고 지적한 바 있다. 임희섭,『한국의 사회변동과 문화변동』, 현암사, 1984; 백낙청,「한국에 있어서 미국의 의미」,『민족문학과 세계문학 II』, 창작과비평사, 1985 참조.

있었다. 영화를 통한 시각적 이미지 외에도 미국은 소리(재즈), 사람(선교사 등)을 통해 미국적 근대, 즉 물질주의, 소비주의, 자유연애와 신여성, 중산층 라이프스타일, 개인주의, 감각적 쾌락주의를 각인시켰고, 그것들을 '있음직한 유토피아'로 제시하고 그 안에서 근대적인 신체기술이 어떤 것인지를 제시했던 것이다.

미국화에 대한 문제의식은 단순히 '일제하의 미국화'를 말하고자 함이 아니다. 실질을 결여한 근대의 이미지, 기호, 코드 들은 식민지 주민들에게 더욱 강력한 주술적 매혹의 대상이 되는 동시에 내부의 열등감, 자기부정과 비하, 타자의 시선에 대한 과민성, 육체와 외양을 통한 전시욕망의 과잉, 비교하는 시선의 내면화, 이분법적 세계관, 피부 밑에 잠복 대기 중인 억압된 공격성, 제국의 기준을 따른 흉내내기, 외부 자극에 대한 민감성과 불안감을 내면화하게 만든다. 이것이 아메리카나이제이션 현상의 무의식, 곧 식민적 근대성의 징후들이다. 나아가 아메리카에 대한 욕망은 황인종 일본의 식민지배에 대한 문화적 부정이자 거부이며 식민지배라는 현실의 중압감을 덜어내는 집단적 탈주, 문화심리적 탈주로 접근한 것이다.

국가주의 그리고 민족주의 패러다임과 대치 또는 보완

이러한 논의는 기존의 역사서술을 지배해온 민족주의 사관과 국가결정론/국가주의, 엘리트/영웅주의, 그리고 사회학적 역사관sociological history에서 벗어난 것이다. 식민지 도시 경성에서 일군의 모던걸과 모던보이, 젊은 룸펜 지식인과 예술가들, 중상층의 도시민, 교복을 입은 남녀 학생들 외 다수의 도시민들이 재즈에 열광하고, 할리우드 영화와 스타들에게서 몽환적 유토피아를 꿈꾸고, 카페와 다방의 유성기를 통해 흘러나오는 베토벤과 커피 한 잔에서 위로를 구하며, 극장의 버라이어티쇼와 레뷰 공연에 장단을 맞추는 식민지 주민들의 일상과 욕망은, 상해임시정부, 청산리전투, 3·1만세운동, 광주학생운동, 또는 지원병과 징용으로 표상되는 폭압적이고 착취적인 식민지배와 저항적 민족의 역사에선 존재하지 않았던 것이다. 적어도 1990년대 중반 이전에는 그러했다. 한편 1999년 김진송의 『서울에 딴스홀을 허하라』를 시작으로 하여 1920~30년대의 식민지 도시 경성을 중심으로 한 젊은층, 인텔리겐치아, 중상층의 일상과 문화, 근대화의 양상들을 당대의 신문, 잡지에 스케치되거나 관찰한 서술과 증언을 퍼즐 맞추듯 모자이크화한 연구서들에는 식민국가도, 저항적 민중도, 의병도, 투사도, 고문과 폭력의 식민역사도 존재하지 않는다.

  식민국가 일제의 폭압과 수탈에 초점을 맞추는 민족주의 및 국가주의 사관은, 분명히 식민지 도시의 개인을 중심으로 한 일상에 초점을 맞추는 연구들과는 다른 역사쓰기인 것이다. 그리고 아직도 짙은 그늘을 드리우고 있는 민족주의/국가주의 사관에서 보면 '식민적 근대도시의 일상'을 역사화하는 일련의 연구작업들은, 민족이 아닌 개인을, 조선인이 아닌 근대인을, 국가가 아닌 일상을 중심에 두고 다른 국면들을 드러내게 함으로써 저항과 수탈의 역사에 균열을 내고 있는 것으로 보일 수 있다. 일제 식민치하에서 제국의 착취와 폭력, 민중의 분노와 저항, 궁핍과 억압의 역사는 멀찍이 후면으로 밀려나갔으며 전면에는 점차 근대화되어가는 생활양식, 가치관, 신문과 라디오, 카페와 극장, 소설, 그리고 이를 소비하는 도시 대중이 나와 있었다. 이러한 양상들은 어찌 보면 식민지 근대화론, 브루스 커밍스 등이 주장하듯이 한국의 근대화 기반, 즉 초기 인프라는 일제시대에 이루어졌다는 논의의 연장선상에서 이해될 수 있었다.

하지만 내가 보고자 하는 것은 식민지배하에서 파편적·불연속적으로 이뤄진 근대화에 대한 경험이었고, 앞에서 설명한 것과 같은 '식민지(적) 근대성'의 내면화 과정이었다. 일례로 「식민지 대중가요의 잡종화: 민족주의 기획의 탈식민성과 식민성」(2002) 논문은 보다 명백히 한국 지식인의 식민주의적 속성과 한계를 드러내기 위한 목표를 가지고 썼다. 일제하 지식인들에게 국가, 민족, 국민, 탈식민의 개념은 모호하고 양가적이었으며, 이것은 일본화한 소리와 음악풍조에 위기감을 느끼고 조선색과 조선혼을 표출하는 조선적 소리인 민요를 근대화하겠다는 탈식민주의적 신민요 프로젝트의 실현 과정에서 한계를 드러낸다. 우선 조선적 민요의 근대적 복원이라는 목표가 전통문화에 대한 근본적 부정과 평가절하, 자기부정에서 시작하였다는 점, 양악화와 근대화에 방점을 두면서 일본 연주자들, 일본의 테크놀로지와 녹음시설을 활용하는 것에 대한 긴장감 부재, 작곡가와 음악 관계자들의 근대음악체계에 대한 불완전한 지식과 숙련도 등의 한계로 인해 일본의 음악자원들에 의존하게 되고 결국은 신민요가 일본풍을 내재하게 되었음을 재구성한 것이다.[19]

이러한 작업은 민족주의를 넘어서지 않고는 될 수 없으며 국가주의 패러다임 또한 같은 맥락에서 극복해야 할 대상이었다. 일제시대 연구에서 국가주의 패러다임은, 문화 분야로 한정하면 민족주의의 기본적 문제틀,

---

19 이 글은 1930년대 트로트 유행가와 함께 인기를 모은 대중가요인 신민요의 접합 과정에 대한 분석이다. 신민요는 전통 민요의 리듬, 멜로디에 서양악기와 음계와 결합한 잡종으로서 민족주의자 엘리트들에 의해 의도적으로 구성되었다. 1920년대 양악, 일본민요와 유행가, 서양민요 그리고 판소리와 전통민요가 혼존하는 상황에서 엘리트들은 조선혼과 조선심의 유지 및 노래의 근대화라는 명분하에 신민요 작사, 작곡에 나섰다. 그리고 전통 가창자 그룹인 기생 출신 가수들을 통해 소리와 발성 면에서도 민족성을 구현했지만 당대의 물질적, 기술적, 음악적 자원의 미비 때문에 부득이 일본풍의 민요와 재즈 소리가 끼어드는 것을 허용했다. 문제는 조선음악에 대한 자기비하의 식민성과 왜곡된 타자지향성이 민족적 소리에 대한 나름의 틀(스키마)을 찾지 못하게 했고 식민상황에서 감과 오역, 번안에 의존하면서 식민화되고 말았다.

즉 물리적 폭력을 독점하고 있는 식민국가의 정책과 의도가 식민지 주민의 일상과 현실을 전면적·일방적으로 규정한 것으로 간주한다. 그리하여 일제시대 영화연구의 경우도 영화법제, 검열, 정책, 일제의 선전용 국책영화 등을 시기별로 정리하는 것이 대종을 이룬다. 국가주의는 다른 한편으로 생산주의 패러다임과 불가분의 관계에 있는데, 일제 영화정책의 규정을 받는 영화생산자(감독, 제작사, 배우 등) 및 그것의 결과로서 텍스트에 대한 분석이 주류를 이루게 된 것이다.[20] 국가주의와 생산주의는 그리하여 식민국가가 허용한 조건 안에서 할리우드 영화와 스타들에 몰입하고 유행을 좇던 조선인들의 일상생활과 의식을 대수롭지 않은 것으로 밀어내며 의미를 부여하지 않는다. 이러한 양상들은 문화주의, 소비주의, 수용자 중심의 관점을 취하지 않으면, 다시 말해 대중의 소비, 시장, 수용, 실천의 관점에 서지 않으면 보이지 않고 나아가 아예 존재하지 않는 것으로 간주되는 것이다.

    2005년 2월 "한국사회사학회 특별심포지엄 : 일본 제국주의 지배와 일상생활의 변화"[21]에서 필자는 「1930년대 문화영화에 대한 시장과 소비의

20 일례로 다음과 같은 연구들이 있다. 조희문, 「극영화 國境의 영화사적 위상에 대한 연구—조선총독부가 제작한 선전영화」, 한국사회정책연구원, 『사회정책논총』 14집 1권, 2002, 221~242쪽; 이준식, 「문화선전정책과 전쟁동원 이데올로기—영화통제체제의 선전영화를 중심으로」, 방기중 편, 『일제 파시즘 지배정책과 민중생활』, 서울: 혜안, 2004, 187~245쪽; 이중거, 「일제시대 우리 영화: 흥행과 제작의 난제」, 『韓國學』 29, 1983, 19~27쪽; 박누월, 「한국영화 20년: 1904년 활동사진수입부터 39년 9월까지」, 『영화』, 109호, 1986년 11월호, 120~129쪽; 김소희, 「일제시대 영화의 수용과 전개과정」, 『한국학보』, vol. 75, 1994, 242~273쪽; 김수남, 「개화기 영화문화와 근대화의 의식형성」, 『청주대청예논총』 13권, 1997, 217~227쪽; 최영철, 「일본 식민치하의 영화정책」, 『漢陽大韓國學論集』 11, 1987, 246~264쪽.

21 이 심포지엄은 2005년 2월 3~4일간 서울대에서 있었다. 정근식, 강내희, 신주백, 공제욱, 윤건차, 정호기 외 서울대 사회학과 박사과정 중에 있던 조형근, 김백영, 김인수, 주윤정 등으로 구성된 연구팀의 2년간에 걸친 연구결과를 발표하는 자리였는데 식민국가의 행위, 공적 제도, 정책 요인 중심의 사회학적인 접근이 아닌 식민지 대중의 일상과 의식, 수용 국면에 초점을 맞춘 문화주의적 접근으로 식민시대의 일상의 한 국면을 재구성한 것은 강내희의 「식민지 시대 영어교육과 영어의 사회적 위상」과 나의 글뿐이었다. 따라서 지배적이고 주류의 국가주의, 구조주의 그리고 아직도 유지되고 있는 민족주의적 사관과 문화주의적 사관의 미묘한 긴장이 연출되었다. 이 심포지엄의 발제문들은 2006년 『식민지의 일상: 지배와 균열』(문화과학사, 2006)에 수록되었다.

저항」을 발표하였는데, 제목과 달리 이 글은 일제의 국책 문화영화와 대척점에 있던 할리우드 및 서구영화, 즉 외화外畵에 대한 조선대중의 열망과 수용에 대한 분석이다. 일제시대 외화관람을 단순한 상업영화의 일회적·도피적 소비가 아닌 매우 복합적이고 모순적이며 양가적인 요인들로 직조된 사회문화적 맥락 속에서 문화적 탈주와 저항의 뉘앙스를 지닌 소비실천으로 해독하였다. 전시戰時 총동원체제하에서도 총독부와 일제의 모호한 문화정책, 식민지 문화 행정의 이중성, 소자본가였던 일본인 극장주와 흥행주들의 일관된 상업주의와 영리추구, 조선통치 자금을 확보하기 위해 조선 내 일본자본가의 이익을 보장하고자 했던 총독부, 이미 익숙해진 할리우드 영화문법과 취향, 일제 식민체제에 대한 외부자 의식, 일본영화의 기피 등을 통해 태평양전쟁 이전까지의 전시체제에서도 계속된 오락 위주의 서양영화 관람의 의미를 재구성한 것이다.[22]

 영화소비에 영향을 미친 사회문화적 요인들을 접합하면서 당대의 영화시장, 그리고 소비실천의 맥락과 성격을 드러내고자 했던 이 연구는, 결과적으로 매우 많은 함의를 지닌, 기존에 논의되지 않았던 식민통치의 일단을 드러내는 성과(?)를 보여주었다. 적어도 일제하 문화연구에 천착해온

---

22 이 글은 대폭 수정, 보완하여 2005년 「황색식민지의 서양영화관람과 소비실천, 1934~1942: 제국에 대한 '문화적 부인'의 실천성과 정상화과정에 대한 분석」의 제목으로 학술지 『언론과 사회』 13권 2호 (2005년 5월호)에 발표되었다. 1922년경 시작된 외화 검열을 계속 강화해온 일제는 1934년 상영제한제를 실시했고 1941년 12월 태평양전쟁을 기해 영미영화의 수입 및 상영을 전면 금지했다. 이 글은 이 시기의 이러한 외화제한정책에도 불구하고 매출·관중 동원 면에서 급성장을 기록한 영화소비현상을 분석하였다. 글로벌 영화사의 주변부 시장으로 기능한 조선의 외화배급상황, 외화와 대척관계에 있던 일제 국책영화에 대한 식민지 대중의 수용, 영리를 추구했던 극장자본의 상업주의적 대응과 흥행방식의 변화, 총독부의 이중적이고 모호한 문화정책, 식민지 일본인 상업자본의 보호에 목적을 둔 조선총독부의 '조선특수사정론', 1942년 이후 상업적 악극 위주로 이루어진 극장문화의 재편과 비정상적 전개 등의 요인을 통해 외화관람과 소비실천의 궤적을 재구성했다. 그리고 외화 전면금지 이후 전시체제에 역행 또는 모순되는 유흥적 연예문화의 성행을 통해 외화관람이 문화실천의 측면을 지니고 있지만 동시에 식민적 근대성의 일단을 내재화하게 되는 양가적 과정임을 드러냈다.

나로서는 ① 일제통치가 폭력과 무력만이 아닌 대중의 상업적 유흥과 오락, 취향의 표출을 허용함으로써 식민체제를 관리하려 했다고 볼 수 있었다. 또한 ② 일제 그리고 일제의 제국통치 정책을 조선에 구현하는 조선총독부는 문화정책의 큰 그림을 갖고 있지 않았다. 또 총독부는 조선의 흥행계(극장과 배급업계)를 장악하고 있던 일본인 자본가들과 상인들의 영리도 보장해야 했기 때문에 외화관람이 지속될 수 있는 여지, 즉 억압적 식민통치 내 제3의 저항공간이 만들어진 것으로 보았다. 일제가 식민지에 적용할 문화정책을 갖지 않았다는 말은 설명이 필요하다. 영국의 인도통치 사례에서 보듯 식민제국은 식민지의 문화에 대해서는 상대적으로 주의를 기울이지 않는 경향이 있다. 식민지 주민들의 문화 영역은 경제적 수탈, 정치적 통제, 사상 개조 등 식민통치의 필수 영역들에 비해 상대적으로 정책적 고려의 대상이 되지 못하는 것이다. 이 때문에 식민지 문화정책은 임기응변적으로, 문제가 생기면 이를 해소하는 식의 접근과 처방이 주를 이루었다. 이 과정에서 조선에서는 일본 본토에서보다 다소 유연하거나, 문화법제가 시기적으로 지연된 채 시행되곤 했다.

이것은 일본이 조선의 문화행정에 대해 개방적이거나 유화적이었다고 말하기보다는 전시체제의 동원(물자동원 및 지원병, 징용, 정신대 등)을 위해, 영화에 열광하는 조선대중과 국지적인 타협과 고려를 했다고 보는 것이 옳다. 강조하지만 동시에 극장계와 영화배급계를 장악하고 있던 일본인 자본가들과 상인들의 이윤보장의 필요도 중요한 요인이다. 그렇지 않다면 전시체제하 물자궁핍시대에도 불구하고 극장이 계속 증설되고 극장 관객도 1932년도에 연 500만 명, 1937년도에 1,100만 명, 태평양전쟁 기간인 1942년엔 2,600만 명을 기록하는 증가세를 설명하기 어렵다. 동시에 시종일관 저급함과 음란·외설로 비난받았던 일본화한 재즈 공연,[23] 가요와 무용·코

믹 만담으로 구성된 버라이어티쇼, 애트랙슌attraction,[24] 가수들 위주의 악극, 신파극 등이 계속 흥행되었던 것을 설명하기 어렵다.

전시체제임에도 이러한 상업적이고 유흥적인 연예물에 몰려든 조선 대중의 문화소비를 나는 일제의 전쟁과 식민체제에 대한 '무관심의 저항'으로 읽었다. 1930년대 말 이후 일본이 전쟁에서 패한다는 필패론과 미국 필승론을 내용으로 한 루머들이 빈발하자 루머전파자를 색출하기 위한 일제의 검색도 치열해졌고[25] 사상탄압도 극심했지만 조선 대중은 할리우드 상업오락영화, 그리고 영화를 자유롭게 볼 수 없게 되자 자극적이고 유흥적인 애트랙슌, 악극, 버라이어티쇼에 탐닉하면서 극장으로 몰려든 것이다. 이 글에서 나의 결론은 일제 식민치하에서 도입되고 정착과정을 거친 대중문화양식들은 결과적으로 상업성·유흥성의 연예문화가 지배적인 특징으로 되고 만다는 것이었고, 이것을 식민적 근대성을 나타내는 징후로 해독하였다.

민족주의와 국가주의로부터 자유로운 입장을 취할 때 새롭게 보이는 현상들은 별도의 설명이나 해명이 없다면 식민체제에 순응하여 살아가는 대중의 일상을 부각시킴으로써 결과적으로 폭압적 식민통치가 아닌 문화적 식민통치를 강조하는 것으로 오해되기도 한다. 하지만 분명한 것은 이

23 일본은 반미정책의 일환으로 재즈 금압정책을 실시했는데 대중에게 근대문명의 코드로 간주되며 사랑받고 있는 재즈를 완전 금압하는 경우 전시국민동원에 지장이 있다고 판단하여 재즈의 변주인 일본식 재즈, 즉 경음악(light music)을 만들었으며 수많은 경음악단이 시민과 군대 위문공연에 나섰다.

24 애트랙슌은 1890년대~1900년대 초의 초기영화를 가리키는 말이기도 하다. 놀이공원의 유희, 극장의 다소 선정적인 댄스공연, 기차가 정면으로 달려드는 모습, 정글의 야수, 거센 파도, 파리나 뉴욕의 마천루들 등 스토리보다 볼거리를 촬영하여 편집한 영화들을 가리켰다. 즉 놀람, 충격, 선정성을 위주로 하는 볼거리들을 가리킨다. 조선에서는 1910년대까지의 초기 영화시대에도 애트랙슌이라는 말을 사용하지 않았으나 30년대 할리우드 영화가 부족하자 극장주들은 20년대까지 연극과 영화상영 극장에서 성행하던 막간(幕間)쇼 형식의 버라이어티쇼를 다시 부활시켰고 당시 사람들이 이를 애트랙슌이라고 불렀다.

25 이시재, 「일제말의 조선인 流言의 연구」, 한국사회학회, 『한국사회학』 제20집, 1987, 211~230쪽.

러한 일련의 연구들이 한국의 근대와 근대성의 성격에 대한 천착인 동시에 한국 사회에 대한 비판적 작업이라는 점이다. 일제의 폭력적이고 착취적인 국면을 드러내는 것 못지않게 식민적 근대성의 속살을 헤집고 그것을 우리 내부의 식민성과 연관짓는 것은, 식민지배에 대한 이중의 비판적 작업임을 자각하는 것이다.[26] 그것은 일제 식민지배에 대한 비판인 동시에 식민지배의 효과가 우리 내부에 착근된 집합적 성격구조collective character structure로 나타나고 있음을 말하고 있기 때문이다.

결어

식민적 근대성이라는 개념은 나의 작업을 인도하는 이정표 구실을 하지만 아직 이 개념은 내게 그 실체를 전부 드러내지 않았다. 영화면 영화, 가요면 가요, 신체기술이면 신체기술의 각 영역별로 그 영역에 고유한 식민지 근대성의 접합요인들, 과정, 양상이 매우 다르게 나타나기 때문이다. 쉬운 예로 영화는 할리우드의 상업화된 연예코드가 관객의 영화 취향과 문법으로 전유되었지만, 가요는 일본의 재즈풍 경음악, 엔카, 창가, 찬송가가 중첩적으로 리듬, 멜로디, 가사, 발성과 표현에 작용하였다.

이는 다른 말로 하면 시각적으로는 할리우드식 서사와 장르 관습을 통해 서구화가 진행되지만, 청각적으로는 전통적인 가락과 리듬, 일본의 가요와 민요들을 통해 일본풍의 토착화와 변형이 진행되었다. 근대적 시각문화와 청각문화의 분기bifurcation는 시각적 코드(이미지와 스펙터큘러)가 글로

---

26 임영호, 「한국 언론학에서 비판적 패러다임의 문제설정: 반성과 전망」, 『한국방송학보』 15(2), 2001, 343~379쪽.

벌 기준으로 재구성된 반면 청각적 코드는 아시아 혹은 동양적 기준으로 토착화될 수 있음을 의미한다. 이러한 영역별 차이는 문학, 연극, 고전음악, 무용 분야에서도 관찰될 수 있다. 영역별로 식민지 근대성의 일단을 특수화할 수 있겠지만 그것이 다른 영역들을 대표하거나 일반화할 수 없기 때문에 식민적 근대성의 실체는 내게 아직도 모습을 다 드러내지 않았다.

이러한 분기와 복잡성은 식민적 근대화가 무엇보다 타율적이며 제국의 이익과 기획에 맞추어 조정되기 때문에 결과된 것으로 볼 수 있다. 식민국가에 의해 부문별로 선택적 집중과 도구적 개발이 이뤄지며 결과적으로 식민사회는 부문간 비대칭성, 불연속성, 비체계성 때문에 균열과 틈새를 벌리면서 다음 단계로 넘어가는데 전 단계의 문제들이나 결여와 모순이 해소되지 않은 채 진전되는 식민적 및 압축적 근대화는 어떤 식으로든 그 모순을 발현하기 마련이다.

일례로 식민지 문화지형에서 절대적 지배 우위를 누리던 외화관람은 비식민지 혹은 제국에서 대중이 경험한 영화적 근대성과는 본질적으로 다른 메커니즘과 효과를 지닌다. 남미에서는 민족주의 근대주의자 엘리트들에 의해 영화가 자국의 근대화를 재현하고 전파함으로써 제국주의를 경계함과 동시에 국민국가의 민족주의를 결집하는 매체로 활용되었고, 일본에서는 가부키와 사무라이 등 전통문화를 재현함으로써 일본적 정신과 동양문화의 기치를 표상했으며, 미국에서도 서부영화를 통해 유럽과 차별적인 미국적인 것을 구성하는 매체로 기능했지만, 한국에서는 소수의 국산영화를 제외하곤 할리우드 영화가 보여주는 중상층 소비자본주의의 판타지에 열광하는 일군의 영화팬(할리우드키드)를 양산하는 데 그친 것이다.

이러한 근대성의 경험에 내재하는 균열, 틈새들은 주체의 주체성, 정체성, 식민지 사회의 집합적 성격구조 혹은 가치체계를 탈식민주의자들이 규명한 것과 같은 타자의 그것-제국에 대한 양가적 동일시, 타자에 대한 응시의 시선, 감각적 과민성, 불안감의 내면화-으로 재구성한다. 순수한 의미의 근대적 주체, 개인주의적이며 능동적이고 합리적인 개인이란 식민적 근대화 과정에서는 허구이자 수사에 그치는 것이다. 이런 차이는 식민지 근대화론으로는 포착되지도 않고 설명될 수도 없다. 식민적 근대성은 식민지 주민이 근대적인 것들-공장, 제도, 기차, 영화, 양복, 학교 등-에 대한 경험과 수용과정을 통해 배태하게 되는 식민성 또는 그것의 흔적을 후기/탈식민주의의 관점에서 성찰하는 하나의 문제틀로서 여전히 유효한 것이다.